Loden – Als Frau im Unternehmen führen

Als Frau im Unternehmen führen

– Feminine Leadership –

von

Marilyn Loden

Rudolf Haufe Verlag
Freiburg im Breisgau

CIP-Titelaufnahme der Deutschen Bibliothek

Loden, Marilyn:
Als Frau im Unternehmen führen = Feminine leadership / von Marilyn Loden. [Einzig berecht. Übers. aus d. Amerikan. von Erwin Schuhmacher]. – Freiburg im Breisgau: Haufe, 1988
(Haufe-Management-Praxis)
Einheitssacht.: Feminine leadership <dt>
ISBN 3-448-01907-0

ISBN 3-448-01907-0 Bestell-Nr. 01.29

Einzig berechtigte Übersetzung aus dem Amerikanischen von Erwin Schuhmacher

Titel der Originalausgabe: „Feminine Leadership“

Umschlagentwurf: Philippe Dudek, Freiburg i. Br.

Satz und Druck: Rombach GmbH Druck- und Verlagshaus, Freiburg i. Br.

Vorwort

Während der vergangenen zehn Jahre wurden Hunderte von Büchern über das Thema Frauen im Management veröffentlicht; in Zeitungen und Zeitschriften erschienen Tausende von Artikeln; zahllose Seminare berieten Frauen in Fragen ihrer beruflichen Laufbahn. Daher könnte man fragen, warum angesichts dieser vielen bereits verfügbaren Ratschläge noch ein weiteres Buch zu diesem Thema auf den Markt kommt. Die Antwort ist sehr einfach: weil dieses Buch anders ist.

Bisher haben sich alle Bücher und Artikel auf die Schwächen weiblicher Manager konzentriert. Das vorliegende Buch stellt ihre Stärken in den Mittelpunkt. Im Gegensatz zu den üblichen Ratschlägen für Frauen, wie sie ihren angeborenen Managementstil *ändern* müßten, damit er besser mit den traditionellen Methoden übereinstimmt, rät dieses Buch den Frauen, wie sie ihre natürlichen Fähigkeiten zum eigenen Nutzen und dem ihrer Organisationen *fortentwickeln* sollten. Während praktisch alle bisherigen Veröffentlichungen das traditionelle männliche Führungsmodell als Modell zur Selbstverwirklichung anpreisen, verkündet dieses Buch, daß es einen anderen, komplementären und ebenso effektiven weiblichen Führungsstil gibt.

Bei der Wahl eines Titels für dieses Buch war ich mir der möglichen negativen Reaktion vieler Männer und vielleicht auch einiger Frauen auf den Ausdruck „weibliche Führungskraft" durchaus bewußt. Für viele Männer sind die Ausdrücke „weiblich" und „Führungskraft" widersprüchlich, schließen sich sogar gegenseitig aus. In ihren Augen müssen Führungspersönlichkeiten aggressiv, emotionslos und distanziert sein. Einigen Frauen bereitet der Ausdruck „weibliche Führungskraft" deshalb Unbehagen, weil er auf Unterschiede zwischen den Geschlechtern zu einer Zeit hinweist, in der viele Leute versuchen, sich selbst und andere davon zu überzeugen, daß es gar keine Unterschiede gibt und Männer und Frauen hinsichtlich des Managementstils vollständig austauschbar sind.

Trotz dieser wahrscheinlichen Reaktionen habe ich diesen Titel gewählt, weil er meines Erachtens sowohl die Einzigartigkeit als auch die Stärke vieler weiblicher Manager zum Ausdruck bringt. In einem sehr realen Sinne sind Frauen ebenso geborene Führer wie Männer es sind. Es ist jetzt an der Zeit, den einzigartigen Stil vieler weiblicher Manager ebenso klar zu definieren wie die positiven Auswirkungen, die er auf Organisationen haben kann. Dann werden mehr Frauen begreifen, daß sie das Image der Männer nicht einfach kopieren müssen, um Erfolg zu haben.

Jeder Tag bringt neue Beweise für die einzigartigen Fähigkeiten und Perspektiven, die Frauen als Gruppe in das Wirtschaftsleben einbringen. Diese Fähigkeiten sollen die traditionellen männlichen Managementmethoden ergänzen, nicht ersetzen. Aus rein individueller Sicht mögen diese unterschiedlichen Managementfähigkeiten und Perspektiven subtil und schwer zu unterscheiden sein. In einer Gesamtschau jedoch, gemessen an einer großen Zahl von Frauen, verschwinden die Feinheiten, und die Unterschiede heben sich deutlicher hervor. Frauen als Gruppe haben eindeutig ihren eigenen Führungsstil, und dieser Stil kann einen bedeutsamen Beitrag zum Wirtschaftsleben leisten.

Ganze Industrien, Produkte, der Wettbewerb, selbst die Gesamtheit der Beschäftigten – alles befindet sich im Wandel: In den Vereinigten Staaten sind heute weiße Männer zum ersten Male in der Minderheit. Nach einer Statistik des U.S. Bureau of Labor des amerikanischen Arbeitsministeriums sind heute fast 45 Prozent aller in amerikanischen Unternehmen beschäftigten Personen Frauen.

Ist es nicht angesichts dieses Wandels an der Zeit, daß sich auch das traditionelle Führungskonzept zu wandeln beginnt? Ich meine nicht Wandel um des Wandels willen, sondern Wandel zum Besseren – mit dem Ergebnis produktiverer, beseelterer und humanerer Arbeitsplätze. Die Richtung ist bereits deutlich erkennbar, ebenso die zentrale Rolle, die die weibliche Führungskraft spielen kann, um diesen Wandel Wirklichkeit werden zu lassen.

Marilyn Loden

Inhalt

Teil I

Kapitel 1

Unternehmensführung im Wandel

Dieses Buch handelt von der Zukunft – von Potentialen und Möglichkeiten. Neue Ideen werden über den Beitrag, den weibliche Manager zum Erfolg und Wachstum der Wirtschaft leisten können, erforscht. Männern und Frauen soll das Bewußtsein für eine andersartige Form der Unternehmensführung geschärft werden – für weibliche Führung. Im einzelnen wird dargestellt, worin diese Führungsform besteht, wie sie sich von traditionellen Managementmethoden unterscheidet und, was am wichtigsten ist, wie sie die gegenwärtigen Bemühungen zur Lösung der Produktivitätsprobleme fördern und unterstützen, die Betriebsmoral verbessern und stagnierende Organisationen neu beleben kann.

Das Konzept weiblicher Unternehmensführung hat während der vergangenen Jahre langsam Gestalt angenommen. Es wurde geboren aus den Erfahrungen von Hunderttausenden von Frauen, die heute in einst ausschließlich dem Mann vorbehaltenen Managementpositionen in der realen Welt des alltäglichen, von Wettbewerb beherrschten Wirtschaftslebens hart arbeiten. Es handelt sich um einen Begriff, der auf den Erfolgen wie den Frustrationen dieser Frauen basiert, keinesfalls auf einer akademischen Theorie, die in irgendeinem Elfenbeinturm erdacht wurde.

Die genauen Parameter dieser unterschiedlichen Führungsstile sind noch nicht endgültig entwickelt. Doch liegen bereits überwältigende Beweise für ihr Vorhandensein und dafür vor, daß sie einen sehr notwendigen Beitrag zum Wirtschaftsleben und zur Gesellschaft leisten können. Bevor sich ihr Potential voll ausschöpfen läßt, muß es von den großen Unternehmen erst anerkannt und bestätigt werden.
Die Eigenschaften, mit denen weibliche Unternehmensführung definiert werden können, sind keineswegs ausschließlich auf Frauen

beschränkt. Man kann sie gewiß auch bei Männern antreffen. Es trifft auch zu, daß einige Frauen sich bei einem vorwiegend männlichen Führungsstil geborgener fühlen, ebenso wie es Männer gibt, die weibliche Methoden natürlicher finden. Der entscheidende Unterschied ist jedoch der, daß Frauen als Gattung diese besonderen Führungseigenschaften stärker demonstrieren als Männer. Die Tatsache, daß der Terminus weibliche Führungskraft verallgemeinert und nicht unbedingt für jede Frau zutrifft, macht ihn keineswegs weniger gültig, relevant oder bedeutungsvoll.

Bei der Erörterung der Wurzeln weiblicher Führungskraft haben einige Leute die Frage aufgeworfen, ob dieser einzigartige Führungsstil das Ergebnis angeborener Unterschiede zwischen Männern und Frauen oder nur eine Funktion der Sozialisation sei. Die Frage ist zwar interessant, jedoch im wesentlichen hypothetisch. Wo der unterschiedliche Führungsstil auch seinen Ursprung haben mag, er ist heute viel konzentrierter bei Frauen als Gruppe, denn unter Männern anzutreffen. Deshalb scheint die Beschreibung „weiblich" durchaus angebracht.

Langfristig betrachtet werden einige der gegenwärtigen Unterscheidungen zwischen männlichem und weiblichem Führungsstil sich vielleicht verwischen, da beide Geschlechter daraus Nutzen ziehen, daß sie vom Managementstil des jeweils anderen betroffen werden. Doch scheint mir unwahrscheinlich, daß die grundlegenden Stilunterschiede zwischen weiblichen und männlichen Managern je völlig verschwinden werden. Die Vorstellung eines „Visionärs" scheint mir schwer zu akzeptieren, der vor kurzem erklärte: *„In fünfzig Jahren sehe ich eine Situation vor mir, in der es innerhalb von Organisation keine Unterschiede mehr zwischen Männern und Frauen als Klassen geben wird. Es werden zwar viele Unterschiede bestehen, die jedoch rein individueller Art sein werden."*

Im Gegenteil. Ebenso wie geschlechtsspezifische Unterschiede in praktisch allen Aspekten des Lebens bestehen, ist es höchstwahrscheinlich, daß auch ein ausgesprochen weiblicher Managementstil Bestand haben wird. Und das wird für alle von Nutzen sein, da der neue weibliche Führungsstil kein Ersatz für den traditionellen männlichen sein soll. Beide haben ihre eigenen Stärken, die zum Gesamterfolg der jeweiligen Organisation beitragen können. Zusammen repräsentieren sie ein ganzheitliches Management – fähig, das gesamte Spektrum menschlicher Begabungen voll auszunutzen.

Betrachtet man weibliche Führungsformen als wirksame Ergänzung zu dem von Männern bevorzugten traditionellen Managementstil, dann erkennt man auch, wie die andersgearteten weiblichen Stile und Perspektiven die Effektivität des Managements steigern und den Organisationen und der ganzen Nation zu mehr Wachstum und Wohlstand verhelfen können. Man frage sich doch einmal ernsthaft, ob die Gesellschaft wirklich besser dran wäre, wenn weibliche Manager sich genauso verhielten wie ihre männlichen Kollegen, oder wenn ein weiblicher Richter im Gerichtssaal dieselbe Denkweise zur Geltung brächte wie ein männlicher? Sobald die Wirtschaft und die Gesellschaft mit den Vorteilen weiblicher Führungsformen besser vertraut geworden sind, dürften die Antworten auf diese Fragen ganz selbstverständlich sein. Zuvor muß jedoch erst einmal die Existenz weiblicher Führungsstile grundsätzlich erkannt und akzeptiert werden.

Ich persönlich nahm einen besonderen weiblichen Führungsstil erstmals zur Kenntnis, als ich 1974 die Firma Bell Telephone System in Fragen innerbetrieblicher Organisation beriet. Im Frühjahr 1974 wurde ich beauftragt, ein Fortbildungsprogramm für Führungskräfte zu entwickeln und zu leiten. Es sollte im Betrieb das Gespür für Sexismus am Arbeitsplatz schärfen und die Integration von Frauen ins Management und in andere, nichttraditionelle Jobs, erleichtern. Meines Wissens war dieses Programm damals das einzige seiner Art. Bis zum heutigen Tag bleibt es das ehrgeizigste jemals unternommene Bemühen in dieser Richtung.

Sieben Jahre lang, bis zum Herbst 1981, lockte dieses Programm Teilnehmer aus allen Gegenden des Landes an. Es wurde dann auch für Teilnehmer aus anderen Unternehmen freigegeben. Während jener Jahre hatte ich die Gelegenheit, aus erster Hand die drängenden und strittigen Fragen zu erörtern, die sich aus dem Wandel der Rollen und Beziehungen zwischen Männern und Frauen innerhalb der Organisation ergeben. Insgesamt unterhielt ich mich mit mehr als 4000 Managern, die nach und nach an dem Programm teilnahmen. Diese Gruppe setzte sich gleichmäßig aus Frauen und Männern zusammen. Die Teilnehmer kamen aus allen Altersgruppen, Rassen und geographischen Regionen. In den Diskussionen wurde ich gewahr, wie weibliche Manager frustriert wurden, sobald sie in ihrer Laufbahn eine passende Position innerhalb der von Männern beherrschten Institutionen anstrebten. Ich sah auch das Mißverhältnis zwischen den Ratschlägen, die man ihnen erteilte, und den tatsächlichen Problemen, mit denen sie konfrontiert waren. Meines Erachtens verniedlichten diese Lösungen die Komplexität der Probleme dieser Frauen und ignorierten weitgehend den Wert, den Frauen zur Managementfunktion beisteuerten.

Im Sommer 1981 schied ich bei Bell System aus, um meine eigene Unternehmensberatungsfirma zu gründen. Für ein besseres Verständnis entschloß ich mich, mich näher mit diesem Thema zu befassen. Was verhinderte den Erfolg so vieler kompetenter Frauen im mittleren und oberen Management? Warum erreichten so wenige von ihnen die oberen Ränge in Organisationen? Warum waren so viele von ihren Jobs frustriert? Beim Nachdenken über meine persönlichen Erfahrungen mit weiblichen Managern aller Ebenen und über die Fortschritte, die das Streben nach Selbstbehauptung den Frauen in den siebziger Jahren beschert hatte, schien mir, daß die Bemühungen zur Förderung gleicher Berufschancen zu oft zwiespältige Ergebnisse gebracht hatten.

Zweifellos waren inzwischen mehr weibliche Führungskräfte als je zuvor tätig, doch schien ihr Einfluß auf die Arbeitsweise von Organisationen bestenfalls minimal. Viele Analysten der späten sechziger Jahre hatten vorausgesagt, die wachsende Zahl weiblicher Manager werde die Arbeitswelt humanisieren. Statt dessen erwies sich die Mehrzahl der erfolgreichen Frauen nur als Clowns der männlichen Kollegen. Bis herab zu den Nadelstreifenkostümen und Krawatten legten diese Frauen es darauf an, mit den Männern in Wettbewerb zu treten und sie mit deren eigenen Waffen zu schlagen. Diese Strategie war bei vielen erfolgreichen Frauen sehr populär. Einige jedoch entwickelten ein ganz andersartiges Bewußtsein, und dieses war es, das mir den ersten wirklichen Einblick in den von ihnen bevorzugten weiblichen Führungsstil erlaubte.

Ausgangssituation

Bei Gesprächen mit weiblichen Führungskräften in Seminaren für Managemententwicklung und bei Konferenzen im ganzen Land hatte ich den Eindruck, viele dieser Frauen stellten allmählich die Voraussetzungen in Frage, die ihre Organisationen ihnen für ihre Tätigkeit vorgegeben hatten. Die meisten Fragen stellten Frauen, die noch an ihrer Laufbahn schmiedeten und auf der Suche nach ihrem persönlichen Managementstil waren. Einerseits fiel es ihnen schwer, ihren bevorzugten Managementstil zu beschreiben. Andererseits hatten sie keine Mühe, ihr Unbehagen über die traditionellen Managementrollen zu artikulieren, die sie spielen sollten, wenn sie Erfolg haben wollten. Mehr noch: Sie begriffen, daß diese traditionellen Rollen sie daran hindern, die volle Bandbreite ihrer natürlichen Fähigkeiten zu nutzen, und ihnen Verhaltensweisen abverlangten, die ihre Leistungsfähigkeit als Managerin einschränkten. Aufgrund der Klagen dieser Frauen, daß sie „ihre Identität verloren", daß „ihre Kompetenz eingeengt sei" und sie zu „männlichen Clowns" würden, entstand in mir ein klares Bild ihres Dilemmas. Mir schien, ihre Sorgen stünden in engem Zusammenhang mit dem Modell effektiven Managements, dem zu folgen man von ihnen erwartete. Dieses Modell setzte voraus, es gebe nur einen „richtigen"

Weg des Managens, weitgehend aufbauend auf dem Verhalten jener, die in der Vergangenheit erfolgreich gemanagt hatten. Kurz gesagt, es repräsentierte die traditionelle Methode des Managens und Führens. Da jedoch bis zum Ende der sechziger Jahre nur wenige Frauen im Management vertreten waren, basierte das Modell fast ausschließlich auf Erfahrungen erfolgreicher Männer.

War es aber vernünftig anzunehmen, daß weibliche Manager auf genau derselben Linie tätig sein könnten und sollten? Mehr noch, die meisten Männer und viele weibliche Manager stimmten dieser Annahme zu – oft mit sehr unterschiedlichen Begründungen. In Gesprächen mit männlichen Managern kam deutlich zum Ausdruck, daß die meisten von ihnen beiden Geschlechtern gleiche Eigenschaften für erfolgreiche Führung zusprachen. Doch beruhten ihre Beschreibungen gewöhnlich auf einem paramilitärischen Modell von Kontrolle und Konkurrenzverhalten. Andererseits gaben Frauen, die diese These unterstützten, häufig zu, daß ihre natürlichen Neigungen sich doch etwas vom traditionellen Managementmodell unterschieden. Dennoch hielten sie am traditionellen Stil fest, um zu beweisen, daß sie genauso befähigt waren wie die Männer.

Ich stellte Beobachtungen an, was mit Frauen geschah, die vor einem Jahrzehnt die Managementleiter bestiegen hatten. Dabei kam ich zu sehr verschiedenen Schlußfolgerungen. Mir schien, der traditionelle Managementstil sei für viele Frauen nicht effektiv. Wenn auch einige höchst erfolgreiche Frauen ähnlich wie ihre männlichen Kollegen tätig waren, und einige wenige von ihnen sogar die meisten ihrer männlichen Kollegen in deren Machismo anscheinend noch übertrafen, schien der großen Mehrheit der weiblichen Manager der traditionelle Führungsstil in den meisten Unternehmen nicht zu behagen. Wichtiger noch: Dieser traditionelle Stil steigerte nicht ihre angeborenen Fähigkeiten und hinderte sie daran, von ihren natürlichen weiblichen Fähigkeiten und Instinkten bestmöglichen Gebrauch zu machen. Statt dessen nötigte er viele Frauen, auf eine Weise tätig zu sein, die sie als unnatürlich empfanden, und die sie in ihrer Rolle als Manager weniger effektiv machte.

Fragen zur weiblichen Führungsfähigkeit

Als ich mich weiterhin informell mit Frauen über diese Idee eines Managementstils unterhielt, tauchte eine ganze Anzahl wichtiger Fragen auf:

- Welche Fakten existierten bereits, die den Gedanken unterstützen, Frauen könnten einen anderen, natürlicheren Managementstil haben als Männer?
- Warum kam aus der kleinen Elite von Frauen, die bereits den Weg ins oberste Management geschafft hatten, nicht mehr Unterstützung für das Konzept weiblicher Führungsfähigkeit?
  Hatten sie in ihrer Mehrheit das traditionelle Modell aufgrund größerer Erfahrung übernommen, oder wirkten andere Faktoren mit?
- Was fanden die (überwiegend in mittleren Management tätigen) Frauen, die die traditionelle Managementmethode ablehnten, persönlich an dieser Methode ineffizient und einengend? Bezog sich ihr Unbehagen auf bestimmte Aufgaben, deren Erledigung man von ihnen erwartete, oder gibt es tatsächlich irgend etwas am Gesamtansatz, das sie abschreckte?
- Angenommen, man könne jene Aspekte des traditionellen Führungsmodells identifizieren, von denen einige Frauen meinten, sie machten sie weniger leistungsfähig: Ließe sich dann nicht auch ein unterschiedlicher Führungsstil identifizieren, der weiblichen Managern von Natur aus angemessen ist und auch in Organisationen effektiv funktioniert?
- Angenommen, die Charakteristika dieses anderen Stils könnten definiert werden – haben einige Frauen diese nichttraditionelle Managementmethode schon angewendet? Wenn ja, wer waren sie und wie waren sie?
- Nun zur kritischsten und pragmatischsten Frage von allen: Wenn Frauen über einen anderen und effektiven Managementstil verfügen, wie kann dann diese nichttraditionelle Methode spezifisch für Organisationen genutzt werden? Wo liegt hier der Mehrwert für Unternehmer?

Überblick über die entsprechende Literatur

Meine Suche nach Antworten auf die obigen Fragen begann mit der Lektüre eines erheblichen Teils der populären Selbsthilfeliteratur für weibliche Manager. Nach dem Studium einiger der bekanntesten Lehrbücher zum Thema „Wie bin ich erfolgreich?" stellte ich fest, daß die den Frauen offerierte konventionelle Weisheit darin bestand, sie zu ermuntern, sich wie Männer zu verhalten. Fast alle Ratschläge zielten darauf ab, eventuell bestehende Unterschiede zwischen Männern und Frauen zu verwischen. Die „Experten" redeten den Frauen ein, sie sollten sich einerseits strategischer, selbstbewußter und wettbewerbsorientierter und andererseits weniger emotional und empfindsam verhalten. Außerdem wurde den Frauen nahegelegt, dreiteilige, dunkelblaue Kostüme zu tragen, Golf zu spielen und sich gründliche Kenntnisse in den verschiedenen Leistungssportarten anzueignen. Vor allem sollten sie niemals ihr Privatleben im Büro diskutieren.

Zwar stieß ich gelegentlich auf das Eingeständnis, Frauen könnten in die Tätigkeit des Managens spezifische Einsichten einbringen; doch waren derartige Kommentare gewöhnlich ziemlich unbestimmt und gaben keinerlei brauchbare Hinweise darauf, wie man ihre speziellen Eigenschaften wirksam zum Einsatz bringen könnte. Statt dessen konzentrierten die meisten Ratschläge sich darauf, wie Frauen typisch männliche Verhaltensweisen entwickeln sollten.

Aufgrund der Dürftigkeit der Informationen in diesen populären Management-Lehrbüchern sah ich mich veranlaßt, meine Suche anderswo fortzusetzen. Im Zuge der Überlegung, ob diese Unterschiede im Führungsstil nicht vielleicht auf Unterschiede in der Biologie und der Sozialisation zu suchen seien, bemühte ich mich um die Ansichten von Fachleuten in beiden Bereichen, und verglich meine eigenen Beobachtungen und Eindrücke mit denen anderer Unternehmensberater. Außerdem hatte ich die Möglichkeit, von einer bedeutenden Personalberatungsfirma verwendete normative Daten zu studieren. Diese Firma testete jährlich Tausende von männlichen und weiblichen Managern auf ihre beruflichen Fähigkeiten. Diese Daten konzentrierten sich auf eine Vielfalt grundlegender Managementfähigkeiten und beruflicher Präferenzen.

Die Ergebnisse waren recht bemerkenswert. Auf der untersten Ebene entdeckte ich sehr viele Belege für bedeutsame geschlechtsspezifische Unterschiede. Darüber hinaus war erkennbar, daß diese Unterschiede sich auf alle Aspekte des Lebens auswirkten, das Wirtschaftsleben eingeschlossen. Ein stetig wachsender Bestand an empirischen Daten aus Biologie, Psychologie und Soziologie überzeugte mich, daß die Behauptung, zwischen männlichen und weiblichen Führungsstilen gebe es größere Unterschiede, nicht nur eine interessante These, sondern eine Tatsache war. Doch war ich immer noch nicht in der Lage, genau zu artikulieren, wie diese Unterschiede das Verhalten männlicher und weiblicher Manager in einem unternehmerischen Rahmen beeinflußten. In welchen spezifischen Situationen würden weibliche und männliche Manager wahrscheinlich unterschiedlich reagieren? Wie würde sich ihr Verhalten auf die jeweiligen Organisationen auswirken?

Entwicklung zweier Führungsmodelle

Um meine Beobachtungen noch zu erweitern und die Grundidee in mehr Einzelheiten zu erkunden, führte ich eine Reihe interessanter Gespräche mit mittleren und leitenden Managern beiderlei Geschlechts, wobei ich sie um eine Beschreibung ihres Managementstils bat. Ich wollte genau herausfinden, wie sie ihre Rolle auffaßten und welche Funktionen ihrer Ansicht nach ein effizienter Manager wahrnimmt. Aus den Ergebnissen dieser Interviews stellte ich eine Liste mehrerer entscheidender Variablen zusammen, die von der Mehrheit der Befragten als bedeutsame Managerfunktionen identifiziert worden waren.

Dazu gehörten:

- Nutzung der Macht
- Management der Arbeitsbeziehungen
- Problemlösungen
- Konfliktmanagement
- Motivierung der Mitarbeiter
- Festlegung von Unternehmenszielen
- Fällen von Entscheidungen
- Teamarbeit

Unter Verwendung dieser Variablen und anderer in den Gesprächen mit „Experten" gesammelter Daten entwickelte ich dann zwei Führungsmodelle. Sie enthielten für jede der oben identifizierten Managementmethoden zwei deutlich unterschiedliche Ansätze. Das eine war ein traditionelles Managementmodell auf der Grundlage allgemein akzeptierter Standards männlichen Verhaltens, während das zweite, nichttraditionelle Modell sich auf Eigenschaften stützte, die als eher weiblich gelten, darunter das Ausdrücken von Gefühlen, die vermehrte Nutzung der Intuition bei Problemlösungen und die verstärkte Betonung der Rolle zwischenmenschlicher Beziehungen.

Nunmehr war es Zeit herauszufinden, was ein großer Querschnitt der männlichen und weiblichen Manager von diesen beiden von mir definierten, sehr unterschiedlichen Ansätzen hielt. Reflektierten diese Managementmodelle die Realität? Beschrieben sie wahrheitsgemäß die grundlegenden Unterschiede des Verhaltens von Männern und Frauen? Wenn ja, welche Implikationen ergaben sich daraus für den einzelnen und für die Organisation?

Um meine Hypothese zu testen, wählte ich aus einer Vielfalt von Organisationen und kaufmännischen Betrieben zweihundert Frauen und fünfzig Männer für weitere Interviews aus. Die Frauen teilte ich in zwei Gruppen auf: die einen waren in ihren selbstgewählten Berufen als leitende Führungskräfte in komplexen Organisationen oder als selbständige Unternehmerinnen erfolgreich, die anderen befanden sich innerhalb des Managements auf dem Wege nach oben und entwickelten erst noch ihren eigenen Führungsstil. Die Männer wurden nach etwas anderen Kriterien ausgewählt. Es waren Manager, die von ihren weiblichen Kollegen als aufgeschlossen bezeichnet worden waren. Jeder hatte über die Frage der Unterschiede zwischen beiden Geschlechtern beim Managen gründlich nachgedacht und war gewillt, offen und frei über persönliche Beobachtungen und Erfahrungen zu sprechen.

Bestätigung des weiblichen Führungsmodells

In der ersten Testwoche beharrten einige der von mir interviewten, höchst erfolgreichen Frauen auf ihrer Ansicht, daß es die von mir identifizierten Unterschiede gar nicht gebe. Andere, die diese Unterschiede zugaben, verweigerten eine Teilnahme, weil sie Repressalien innerhalb ihrer Organisationen befürchteten. Als sich schon Entmutigung bei mir einstellen wollte, traf ich auf Managerinnen, die daran interessiert waren, über meine Thesen zu diskutieren, und die viele meiner Meinungen und Erfahrungen teilten. Plötzlich stieg die Zahl der potentiellen Teilnehmerinnen an, da jede von mir interviewte Frau mich mehreren anderen an diesem Thema interessierten Damen empfahl.

Die Begeisterung dieser Gruppe für dieses Thema war enorm. Es schien, als hätte ich eine bisher nicht entdeckte Quelle von Energie und Interesse angezapft. Die meisten Frauen waren hoch erfreut, ihre Erfahrungen als nichttraditionelle Manager weitergeben zu können, und sprachen bereitwillig über die vielen Unterschiede, die sie bei den geschlechtsspezifischen Managementstilen von Männern und Frauen beobachtet hatten. Darüber hinaus waren viele auch in der Lage, die Vorteile zu identifizieren, die ihrer Ansicht nach diese Unterschiede dem einzelnen und den Organisationen boten.

Interessant war auch die Reaktion der männlichen Manager auf diese Idee: zwar fiel es den meisten schwerer, die Auswirkungen der Unterschiede zwischen den Führungsstilen zu artikulieren, doch gaben sie im allgemeinen zu, daß diese existieren. Einige der Herren zitierten Beispiele für bei weiblichen Kollegen beobachtete Stilunterschiede und waren im allgemeinen der Ansicht, sie seien für die Organisation wertvoll. Nur ein kleiner Prozentsatz der von mir Befragten vertrat die Ansicht, die Frauen sollten sich wie Männer verhalten, wobei sie zugaben, daß dies die vorherrschende Meinung in den meisten Organisationen sei.

Aus diesen Interviews kristallisierten sich drei Hauptergebnisse heraus:

- Zunächst einmal hatten meine für den Vergleich der beiden Führungsstile entwickelten Modelle mit geringfügigen Abänderungen Bestand. Nach allgemeiner Ansicht sind viele individuelle Unterschiede nicht geschlechtsspezifisch. Einige Manager waren sich bestimmter Verschiedenheiten weniger bewußt als andere. In jedem Falle aber unterstützten sehr viele Männer und Frauen meine These.
- Es bestand große Übereinstimmung bei den interviewten männlichen und weiblichen Managern, daß beide Stile wirkungsvoll harmonieren können. Man beschrieb sie als „komplementär", als „ausgewogen" und als „den sich verändernden unternehmerischen Anforderungen besser entsprechend". Übereinstimmend meinte man, diejenigen Organisationen würden am leistungsfähigsten sein, die beiden Stilen Entfaltungsraum lassen.
- Trotz umfangreicher Unterstützung an der Basis für die Anwendung beider Führungsstile waren viele der befragten Damen und Herren der Ansicht, die meisten Organisationen hätten noch nicht gelernt, einen speziellen weiblichen Führungsstil anzuerkennen oder zu fördern.

Auf mein Drängen, Beispiele anzuführen, konnten viele keinen einzigen Fall benennen, bei dem der neue Führungsstil innerhalb eines Unternehmens formal anerkannt und bekräftigt wurde. Dieses interessante Ergebnis machte mich besonders betroffen.

Die derzeitige Industriegesellschaft steckt in einer enormen Produktivitätskrise. Während der ganzen siebziger und der frühen achtziger Jahre verschlechterte sich stetig die Qualität der von vielen der größten und angesehensten amerikanischen Unternehmen angebotenen Produkte und Dienstleistungen. Gleichzeitig verfiel die Betriebsmoral unter Arbeitern und Angestellten vieler Unternehmen. Einen großen Teil der Schuld an diesem ernstzunehmenden Rückschlag gab man veralteten Managementmethoden, die übermäßig unpersönlich und rein umsatzorientiert waren. Und doch schien es, daß die Organisationen trotz des offenkundigen Bedarfs eines grundlegenden Wandels in der Unternehmensführung nicht die vitale Rolle erkennen, die weibliche Manager zur Bewältigung dieser Probleme spielen können.

Diese mangelnde Nutzung natürlicher weiblicher Führungsfähigkeiten schien sich gleichermaßen nachteilig für die individuelle Managerin wie für ihre Organisation auszuwirken. Mit dem überlieferten Führungsstil war nichts mehr zu gewinnen, jedoch viel zu verlieren – warum waren die Unternehmen da nicht in der Lage oder nicht gewillt, etwas zu ändern? Was hielt sie davon ab, das Beste aus den Begabungen und Fähigkeiten ihrer weiblichen Führungskräfte herauszuholen? Hielt sie blanker Sexismus davon ab, die einzigartigen Begabungen weiblicher Manager anzuerkennen, oder waren da andere, subtilere Faktoren am Werk? Es schien, daß meine Suche nach Antworten darauf eben erst begann.

Weiblicher Führungsstil kontra traditionelle Unternehmensführung

Es mußten noch viele Steine dieses Puzzles zusammengesetzt werden, bevor diese Antworten zutage traten. Der Zustrom von Frauen in Managementpositionen während der späten sechziger und der siebziger Jahre hatte ein bisher noch nicht angezapftes Reservoir weiblicher Begabungen geschaffen. Nie zuvor in der Geschichte unserer Gesellschaft hatten so viele Frauen herausragende Führungspositionen besetzt. Und doch übte diese starke weibliche Präsenz nicht die geringste Wirkung auf die Art und Weise aus, wie Unternehmen gemanagt wurden.

Inmitten dieser Konfusion blieb ein Faktum klar erkennbar. Innerhalb der Hierarchie amerikanischer Unternehmen wurden die Führungsfähigkeiten von Zehntausenden von Frauen, die sich nicht ohne weiteres dem traditionellen männlichen Führungsmodell anpaßten, nicht voll genutzt. Im Grunde unterschieden sich diese Frauen nicht von ihren Geschlechtsgenossinnen. Doch war ihre natürliche Methode zu managen und zu führen durchaus andersartig, und sie verfügten über hervorragende Fähigkeiten, die Effektivität von Organisationen zu verbessern. Doch war die Voraussetzung für die Nutzung dieser Begabungen zunächst einmal die Erkenntnis, welche Kräfte innerhalb der Organisationen bestrebt waren, jede Form weiblicher Führung zu behindern und zu untergraben.

Warum hatte der massive Zustrom von Frauen zum Management die Kultur und den Führungsstil der Organisationen so wenig beeinflußt? Die Antwort hängt meines Erachtens mit der subtilen, aber sehr mächtigen maskulinen Voreingenommenheit zusammen, die immer noch in den meisten Unternehmen anzutreffen ist. Diese Vorurteile transzendieren das Individuum und leben als eine der fundamentalen Thesen fort, die unsere Unternehmenskultur beeinflussen und formen.

In einem Artikel der Zeitschrift *Savy* beschreibt die Psychologin Beth Milwid die Ergebnisse einer umfassenden Studie über das Bankwesen und über in juristischen Berufen und in der Architektur tätige Frauen. Sie verweist auf die Hindernisse, vor denen viele Akademikerinnen stehen, selbst wenn sie ihre Kompetenz bewiesen haben, mit schwierigen Jobs fertig zu werden. Es heißt u. a.:

„Die Probezeit war endlich vorbei. Doch dann taten sich vor den Frauen wesentlich größere Hindernisse auf – die von Männern beherrschte

Unternehmenskultur. Die Gespräche der Männer am Getränkeautomaten verstummten, wenn eine Frau vorbeiging. In die Diskussion während eines offiziellen Essens wurden sie nicht einbezogen, Beschlüsse wurden auf eine Weise gefaßt, zu der sie keinen Zugang hatten. Das Netz der männlichen Kumpanei erwies sich als undurchdringlich. Auch wenn die Beziehungen zu männlichen Gleichgestellten im allgemeinen angenehm waren, so galt das nicht für die Beziehungen zum oberen Management, zu den Männern mit wirklicher Macht.“[1]

Ein Artikel in der Zeitschrift *Working Woman* behandelt dasselbe Thema, und zwar im Kontext der „großmächtigen“ Investmentbanken:

„Doch vererbte Vorurteile sterben nur unter Schwierigkeiten aus, und der Kampf der Frauen ist noch nicht vorbei, vor allem nicht um den Zugang zu den höchsten Unternehmensebenen . . . Eine Managerin, die anonym bleiben will, beschreibt die ersten Wochen in ihrem neuen Job: Ein leitender Direktor der Firma rief die vor dem Abschluß ihrer Ausbildung stehenden Mitarbeiter zu sich, darunter die Hälfte weiblichen Geschlechts, um sie den Angehörigen seiner Abteilung vorzustellen. ‚Er stellte alle Männer vor, aber keine der jungen Damen. Die sah er einfach nicht. Ich war darüber so erregt, daß ich nicht wußte, wie ich mich verhalten sollte.‘ “[2]

Arlene Johnson ist Vizepräsidentin von Catalyst, einer New Yorker Organisation, die in Zusammenarbeit mit Einzelpersonen und Unternehmen Laufbahn- und Familienoptionen entwickelt. Bei einem Gespräch über die wirksame Nutzung weiblicher Begabungen sagte sie: *„Es gibt Schranken für die Mobilität der Frauen nach oben. Sie sind sehr subtil und überall anzutreffen und beruhen auf falschen Anschauungen und Mythologien. Der nächste Schritt unserer Arbeit wird darin bestehen, dieses Thema ins allgemeine Bewußtsein zu rücken.“*

Mrs. Johnson setzt sich dafür ein, den überholten stereotypen Vorstellungen über die Unfähigkeit der Frauen, effektive Manager zu sein, den Boden zu entziehen. Sie glaubt auch, daß „das Betonen von Unterschieden schließlich gegnerische Beziehungen schafft". Sollte jedoch der weibliche Führungsstil jemals in Unternehmen praktiziert werden und zu deren Wachstum und Vitalität beitragen, dann müßten diese Unterschiede auch offiziell anerkannt werden. Dieser alternative Stil wird erst akzeptiert, wenn die Unternehmen seine Vorteile und positiven Auswirkungen für die ganze Organisation erkannt haben.

Im August 1982 berichtete *The New York Times* über eine Gallup-Umfrage: *„68 Prozent der Frauen mit Collegebildung erklärten, das weibliche Geschlecht erhalte nicht die gleichen Anstellungsmöglichkeiten ... Mehr noch: Auf die Frage, ob eine Frau mit den gleichen Fähigkeiten wie ein Mann eine echte Chance habe, Chef eines Unternehmens zu werden, antworteten 71 Prozent der Frauen mit Collegebildung, dies sei nicht der Fall."*[3] Von einem sehr persönlichen und pragmatischen Standpunkt aus können Frauen es sich nicht länger leisten, diese Tatsache zu ignorieren, wenn sie hoffen, ihr volles berufliches und gewinnbringendes Potential zu verwirklichen.

Die Abneigung der meisten Organisationen, sich aktiv die weiblichen Führungseigenschaften zunutze zu machen, hat ihren Ursprung in der gesellschaftlichen Entwicklung der vergangenen beiden Jahrzehnte. Wer das Vorurteil gegenüber weiblicher Führungskraft und das ungenutzte Potential des weiblichen Führungsstils besser verstehen will, muß sich in die Zeit der späten sechziger und der siebziger Jahre zurückversetzen, in der Frauen in Scharen ins Management einbrachen. Zweck dieses Rückblicks in die Vergangenheit ist nicht, Kritik anzubringen oder Schuldzuweisungen vorzunehmen. Vielmehr soll er den Ursprung der gegenwärtigen Herausforderung besser verständlich machen.

2. Kapitel

Herrschaft des Mannes im Unternehmen

Der Science-fiction-Autor H. G. Wells hat einmal gesagt: *„Wir leben alle im Rückblick auf vergangene Erfahrungen, und nicht im Hinblick auf künftiges Geschehen, was jedoch unvermeidlich ist.“* Seine Weisheit ist von besonderer Relevanz für das Verständnis der Position heutiger Managerinnen, da ihre Situation in den zeitgenössischen Organisationen noch stark von den Umständen beeinflußt wird, die beim Beginn des starken Zustroms von Frauen in Managementpositionen in den späten sechziger Jahren vorherrschten.

Noch bis in die frühen sechziger Jahre war das Management ein exklusiver Herrenklub – und die meisten Organisationen hätten es gerne dabei belassen. In diesem historischen Kontext verdienen zwei Schlüsselfakten besondere Beachtung: Zunächst einmal stand die amerikanische Wirtschaft Ende der sechziger Jahre in voller Blüte. Darum hatte es den Anschein, als sei der traditionelle Managementstil weiterhin voll auf der Höhe. Zweitens erklärte Titel VII des 1964er Gesetzes über die Civil Rights, die Bürgerrechte, jede Diskriminierung von Frauen im Bildungswesen oder bei der Beschäftigung für illegal. So war der damalige starke Andrang der Frauen ins Management weitgehend das Ergebnis gesetzlicher Absegnung. Diese Tatsache, daß Unternehmen gezwungen wurden, weiblichen Managern infolge gesetzlicher Vorschriften ihre Türen zu öffnen, hatte dauernde Rückwirkungen auf Frauen als Gruppe – sowohl auf ihre Beziehungen zu den Unternehmen, als auch darauf, wie sie sich verhalten mußten, um im Management erfolgreich zu sein.

Titel VII des Civil Rights Act von 1964

Laut Rechtstitel VII dieses Gesetzes war es den Unternehmen nicht mehr erlaubt, Mitarbeiter wegen ihres Geschlechts zu diskriminieren. Um diesem Gesetz noch mehr Wirkung zu verleihen, erließ Washington im Jahre 1967 die Ausführungsverordnung No. 11375. Eine frühere Verordnung hatte bereits einige Formen unzulässiger Diskriminierung aufgeführt, die zur Verweigerung von Staatsaufträgen führten. Die neue Verordnung fügte denen noch die Diskriminierung wegen des Geschlechts hinzu. Die Richtlinien der Bundesregierung befaßten sich auch mit der Diskriminierung bei Lohn- und Gehaltszahlungen und bei der Trennung der Geschlechter. Was bedeutete das für Unternehmen, die Geschäfte mit der Bundesregierung tätigen wollten? Beliefen die Aufträge sich auf mehr als $ 10 000, dann mußten sie sich streng an diese Verordnung halten, wollten sie nicht auf das Geschäft mit der Regierung verzichten. Jede Diskriminierung aufgrund des Geschlechts konnte hinfort viele Firmen teuer zu stehen kommen. Also mußten nunmehr auch Frauen ins Zentrum der Aktivitäten der Unternehmen aufgenommen werden, bis hin zu Jobs im Management.

Dieses Menetekel an der Wand war nicht schwer zu deuten. Selbst Firmen, die keine Geschäfte mit der Regierung tätigten, begriffen nun, daß es besser für sie wäre, die Frauen allmählich ernster zu nehmen. Bis 1972 dehnten Gesetzesnovellen zum Rechtstitel VII dessen Vorschriften auf alle Unternehmen mit mehr als vierzehn Beschäftigten aus. Für große und kleine Betriebe galten dieselben Verpflichtungen. Obwohl die Unternehmen verpflichtet waren, Frauen für ihr Management einzustellen, schrieb ihnen kein Gesetz vor, daß sie das auch gerne tun mußten. Außerdem hatten die meisten Institutionen kein Interesse daran, Frauen den Übergang in ihre neue Rolle zu erleichtern oder zu erforschen, wie deren erhöhte Präsenz sich auf die Organisationskultur auswirken könnte. Statt dessen herrschte die Meinung vor, die Frauen sollten sich nun so gut wie möglich anpassen. Eine Anekdote aus der ersten Zeit der Anwesenheit von Frauen in den Militärakademien soll diesen Punkt beleuchten.

Sie erinnern sich vielleicht, daß die ersten Frauen in die Militärakademie Westpoint, Annapolis und die Luftwaffenakademie als Ergebnis eines Kongreßbeschlusses des Jahres 1975 eintraten. Wegen der starken männlichen Traditionen, die für diese Institutionen typisch waren, verfolgte die Öffentlichkeit mit großem Interesse den Fortschritt jedes weiblichen Kadetten auf dem Wege in die maskuline Welt des Militärs. Viele Monate lang hatte man den Eindruck, die Tagespresse bringe ständig irgendeine Story über die „jungen Mädchen" in ihrer Ausbildung zum Offizier.

Innerhalb jeder dieser Akademien machte man sich erhebliche Sorgen darüber, wie die Anwesenheit von Frauen die Normen, Gewohnheiten und Traditionen der Institution beeinflussen könnte. An einer der Schulen wurde das Thema bei einer Zusammenkunft mit dem Kommandanten angesprochen. Seine Antwort war einfach und traf den Nagel auf den Kopf. „Außer bei den Toiletten wird sich hier nichts ändern!", rief er aus. Die Geschichte hat ihn widerlegt. Uns interessiert daran nur der Widerstand gegen jeden Wandel, den seine Bemerkung deutlich macht.

In der Welt der Unternehmen verlief die Sache sehr ähnlich. Um den Anordnungen der Regierung zu entsprechen, riefen die Organisationen Frauen in Managementpositionen, die früher Männern vorbehalten waren. Und um die Regierung zu überzeugen, daß sie „affirmativ" auf die entsprechenden Gesetze und Verordnungen reagierten, wurden in vielen Organisationen ausgeklügelte Mechanismen in Gang gebracht, um die entsprechenden Fortschritte laufend zu verzeichnen. Das war der Beginn der affirmativen Zahlenspielereien, die die Organisationen sehr ernst nahmen.

So wurde innerhalb eines großen Unternehmens der Fernmeldeindustrie eine spezielle Einheit eingerichtet, die den Fortschritt aller affirmativen Handlungen genau verfolgen und Personalbewegungen auf allen Unternehmensebenen aufzeichnen mußte. Mehr als zweihundert Leute waren ganztägig mit diesem statistischen Geschehen und seiner Aufzeichnung beschäftigt. Leider widmete man weitaus weniger Aufmerksamkeit der ungeheuren Aufgabe, den

Frauen diesen Übergang ins Management so reibungslos und schmerzlos wie möglich zu gestalten. Wie bei den Militärakademien, erwartete man auch hier von den Frauen, daß sie sich den gegebenen Normen und Standards des Verhaltens anpaßten.

Die Frauen sollen sich anpassen

Seit dem Ende der sechziger Jahre war Anpassung ein Haupterfordernis für Frauen in nichttraditionellen Laufbahnen, das Management eingeschlossen. Im soziologischen Sinne waren die Frauen in eine fremdartige Kultur eingebrochen, als sie in Scharen ins Management einzogen. Damit sie in dieser für sie fremden Umwelt gedeihen konnten, mußten sie diese zunächst einmal begreifen und sich dann ihren Sitten, Gewohnheiten und akzeptierten Verhaltensweisen anpassen. Die Kultur innerhalb eines Unternehmens ist ebenso real wie die Kultur innerhalb jeder anderen gesellschaftlichen Gruppe. Die Wertvorstellungen einer Unternehmenskultur werden von denen geformt, die sie beherrschen; und diese grundlegenden Prinzipien sind für alle Beschäftigten der allgemeingültige Wegweiser. Wertvorstellungen formen das grundlegende Glaubenssystem, dessen man sich bedient, um die Aktivitäten einer Organisation zu lenken, ihre Ziele zu bestimmen und geeignete Verhaltensnormen festzulegen.

Die Unternehmenskultur, mit der weibliche Manager es zu tun haben, ist allein von Männern geformt. Betty Friedan hat als erste diese den Mann in den Mittelpunkt stellende Kultur und das dadurch geschaffene Umfeld als „Maskulinismus“ beschrieben. Sie bediente sich dieses Ausdrucks, um das Klima zu beschreiben, das Abiturientinnen nach ihrem Schulabschluß in den frühen achtziger Jahren an der Harvard University vorfanden.[4] Es ist zugleich eine zutreffende Beschreibung der Kultur, mit der weibliche Manager in der zeitgenössischen Unternehmenswelt umzugehen lernen müssen.

Wenn die Organisationen auch nicht alle Eigenschaften dieses Maskulinismus in gleicher Stärke zur Schau stellen, so sind ihre prinzipiellen Wertvorstellungen doch praktisch in jedem größeren Unternehmen anzutreffen.

Der Maskulinismus

Im tiefsten Grunde läßt sich die ganze Story der Frau im Management – ihre Erfolge, ihre Fehlschläge und ihre Zukunftsaussichten – innerhalb des Kontextes des Maskulinismus verstehen. Um dieses Verhältnis besser zu begreifen, muß man sich zunächst ihn und seine Wertvorstellungen, ferner die von ihm getragenen Unternehmensstrukturen mit dem dazugehörigen Betriebsklima, sowie die von ihm geförderten Verhaltensweisen genauer anschauen.

Herzstück des Maskulinismus ist der Begriff des Konkurrenzdenkens. Innerhalb der Weltanschauung des Maskulinismus läßt sich das gesamte Wirtschaftsleben – ja das Leben überhaupt – in Begriffen eines ständigen Wettbewerbskampfes mit eindeutig erkennbaren Gewinnern und Verlierern beschreiben. Das primäre, alles andere überragende Ziel ist, über den Gegner zu siegen oder zu triumphieren. In dieser Hinsicht ähnelt der Maskulinismus in den Unternehmen den Wertvorstellungen, Zielen und selbst der Struktur des Militärs, wurde zweifellos sogar von ihm geformt. In ihrem Buch *Games Mother never taught you* (Spiele, die deine Mutter dich niemals gelehrt hat) diskutiert die Autorin Betty Harragen die Ähnlichkeiten zwischen der Unternehmenswelt und dem Militär. Sie schreibt: „*Wenn es einen Platz gibt, an dem die meisten Frauen nie gewesen sind und an dem sie hoffen, niemals zu sein, dann ist das die Armee. Deshalb mag es vielleicht eine erschütternde Offenbarung sein, wenn man als Gehaltsempfänger eines Geschäftsunternehmens erkennt, daß man einer klassischen militärischen Organisation angehört. Ich meine damit nicht irgendeine harmlose mittelalterliche Legion, aus der fahrende Ritter sich gelegentlich verkrümelten, um die*

Ehre ihrer angebeteten Dame zu verteidigen, sondern eine moderne, söldnerähnliche, gut gerüstete und wissenschaftlich beratene militärische Operation."[5]

Innerhalb der Unternehmenskultur des Maskulinismus ist auch die Ethik des Leistungssports sehr lebendig und gut aufgehoben. In den Gesprächen leitender Manager wimmelt es nur so von Analogien und Metaphern aus der Welt des Sports. Ausdrücke wie Spielplan, ins Ziel gehen, Punkte machen und dergleichen gehören zum alltäglichen Bestand der Geschäftssprache. Tatsächlich genießt das Konzept des Geschäftemachens als sportlicher Wettkampf unter den erfolgreichsten Topmanagern des Landes große Popularität.

In seinem Buch *The Gamesman* beschreibt der Psychologe Michael Maccoby die Ergebnisse seiner Studie über das Verhalten von leitenden Managern. „*Der Mitspieler (Gamesman) ist der neue Mensch, und in dieser Studie wirklich der führende Charakter. Sein Hauptinteresse gilt der Herausforderung, einer Wettbewerbstätigkeit, bei der er sich als Sieger hervortun kann. Er ist ungeduldig gegenüber anderen, die langsamer und vorsichtiger sind. Er nimmt gerne Risiken auf sich und motiviert andere, über sich selbst hinauszuwachsen. Auf die Arbeit und das Leben reagiert er wie auf ein Spiel.*"[6]

Wertvorstellungen des Maskulinismus

Da das Wirtschaftsleben in der Kultur des Maskulinismus als Wettkampf angesehen wird, folgt daraus, daß gewisse Wertvorstellungen und Verhaltensmuster ermutigt und bestärkt werden – nämlich solche, die mit dem Endziel Sieg übereinstimmen.

An erster und hervorragender Stelle dieser Wertvorstellungen steht das Verlangen nach strenger Kontrolle. Zu seiner Unterstützung bedarf es eines autoritären Managements. Unter Nachahmung des militärischen Modells wird die traditionelle Organisation entlang starrer, hierarchischer Linien strukturiert. Die Basis dieser Pyramide bildet die große Masse der Beschäftigten des Unternehmens, an der Spitze steht der verantwortliche Geschäftsführer. Dazwischen liegen auf immer niedriger werdenden ansteigenden Stufen die verschiedenen Ebenen oder Ränge der Manager.

Der erfolgreiche Aufstieg auf dieser Leiter oder auch nur die Fähigkeit, sich überhaupt auf ihr zu halten, erfordert absoluten Respekt und Unterwerfung gegenüber der unmittelbar darüber befindlichen Kommandoebene. Der Rang wird zur höchsten Quelle des Respekts, auch wenn er nicht immer an Fähigkeiten oder professionelle Sachkunde gebunden ist. Betty Harragan beschreibt diese Situation an anderer Stelle ihres Buches: *„... strukturell betrachtet hat Ihr Boß Macht über Leben und Tod. Ihr einziger und alleiniger unmittelbarer Vorgesetzter stellt Ihr einziges Verbindungsglied zur Hierarchie dar ... Es gibt überhaupt keine Möglichkeit, Ihren Boß zu übergehen, zu überstimmen, zu ignorieren, herauszufordern, ihm den Gehorsam zu verweigern oder ihn zu kritisieren, ohne in diesem Spiel dafür bestraft zu werden."*[7]

Ein zweites Charakteristikum des Maskulinismus ist Selbstbehauptung oder aggressives Verhalten. Ebenso, wie man den Vorgesetzten absoluten Respekt schuldet, muß man gegenüber den Untergebenen ein selbstbewußtes und dominierendes Verhalten demonstrieren. Nach der traditionellen Definition muß ein Führer die Handlungen seiner Untergebenen leiten und kontrollieren. Man erwartet von ihm, daß er als Chef seinen Untergebenen sagt, was sie tun sollen, und daß diese ihrerseits seine Anweisungen ausführen.

Die Beziehungen zu Gleichgestellten sollten dagegen von Konkurrenzdenken bestimmt sein. Da das Wirtschaftsleben als Wettstreit mit internen und externen Konkurrenten angesehen wird, müssen gleichgestellte Manager um eine immer kleiner werdende Zahl von Stühlen auf der nächsten Ebene der Pyramide rivalisieren, wie bei dem altüberlieferten Gesellschaftsspiel „Reise nach Jerusalem". Erklimmt jemand eine höhere Sprosse, erfolgt jede Beförderung stets zu Lasten eines Kollegen.

Eine dritte, in maskulinen Organisationen hoch geschätzte Eigenschaft, ist die Fähigkeit zu analytischem oder strategischem Denken. In *The Gamesman* beschreibt Dr. Maccoby folgendermaßen den erfolgreichen Unternehmenschef: *„Er schätzt neue Ideen, neue Techniken, kühne Methoden und Abkürzungen auf dem Weg zum Ziel. Er spricht und denkt knapp, dynamisch, gelegentlich spielerisch, und hat blitzartige Einfälle. Das eigentliche Ziel seines Lebens ist, zu den Siegern zu gehören, und wenn er von sich selbst spricht, käme die Diskussion unweigerlich auf das Thema seiner Taktiken und Strategien im Konkurrenzkampf der Unternehmen."*[8]

Im Wertsystem des Maskulinismus ist die Kontrolle durch gut geplante Organisation und Kalkulation eine hoch geschätzte Tugend. In den letzten zwanzig Jahren wurde der Leiter der Abteilung für strategisches Planen zu einer Schlüsselfigur in den meisten großen Organisationen und die Entwicklung von Plänen und Strategien zu einer der zeitraubendsten Aufgaben.

Neben diesen drei Eigenschaften legt die Unternehmenskultur auch hohen Wert auf die Erhaltung einer objektiven und unemotionalen Haltung gegenüber dem Geschäftsleben. In einem Rahmen, in dem die Bedürfnisse des einzelnen oft den Gesamtzielen der Organisation untergeordnet und gelegentlich auch geopfert werden müssen, gilt eine gefühlsbetonte Beziehung zu Menschen als unproduktiv. Statt Zufriedenheit der Mitarbeiter als Maßstab managementmäßiger Effektivität gelten finanzielle Ergebnisse häufig als einziges Führungskriterium.

Das maskuline Führungsmodell

Stil der geschäftlichen Operationen:
wettbewerbsorientiert

Organisationsstruktur:
Hierarchie

Grundlegendes Ziel:
gewinnen

Stil des Problemlösens:
rational

Schlüsseleigenschaften:
starke Kontrolle
strategisch
unemotional
analytisch

Fremdartige Kultur

Die Welt der Unternehmen von heute setzt sich zusammen aus Wertvorstellungen, Traditionen, Strukturen und Verhaltensnormen, die eng mit dem Maskulinismus verknüpft sind. Demnach ist vieles von dem, was dieser Maskulinismus propagiert, der Mehrheit der Frauen in unserer Gesellschaft fremd. Weder die Natur noch gesellschaftliches Konditionieren bereitet die Frauen angemessen auf ihre erste Begegnung mit dem Maskulinismus innerhalb der Unternehmen vor. Dr. Haro Kellner, ein Organisationsberater und klinischer Psychologe, hat einen erheblichen Teil seiner Laufbahn dem Studium der Auswirkungen des Maskulinismus auf weibliche Manager gewidmet. Bei der Beschreibung des Dilemmas, das die männliche Unternehmenskultur für Frauen erzeugt, benutzte er häufig folgende Analogie:

„Stellen Sie sich vor, sie kommen in einen abgelegenen Winkel der Welt, in dem Sprache, lokale Sitten, Alltagsaktivitäten und Kommunikationsmuster sich vollständig von allem unterscheiden, was Sie je erfahren haben. Vom Augenblick Ihrer Ankunft an fühlen Sie sich unbehaglich und fehl am Platz. Die Menschen betrachten Sie neugierig, halten jedoch Distanz. Ihre Versuche, das Eis zu brechen, scheitern sämtlich an Ihrer Unkenntnis lokaler Sitten und Gewohnheiten. Im Laufe der Zeit fühlen Sie sich mehr und mehr isoliert. Da es niemanden gibt, der Ihre Wahrnehmungen des Geschehens teilt, beginnen Sie an sich selbst zu zweifeln und verlieren das Zutrauen in Ihr eigenes Urteil. Nach einigen Monaten bekommen Sie Heimweh. Nichts an diesem fremdartigen Ort scheint Ihre besten Fähigkeiten herauszufordern. Sie sind vielmehr voll und ganz damit beschäftigt, die dort herrschenden Spielregeln zu erkennen, damit Sie sich entspannen und zu sich selbst finden können. Was noch schlimmer ist – niemandem wird Ihre Frustration bewußt. Die anderen Menschen scheinen nur ungeduldig zu werden, weil es so lange dauert, bis Sie sich der neuen Umgebung anpassen."

Wie man in der maskulinen Kultur Erfolg hat

Die meisten Unternehmen und sonstigen Institutionen haben während der vergangenen beiden Jahrzehnte wenig getan, den Frauen die Anpassung an die maskuline Unternehmenskultur zu erleichtern. Vielmehr galt dort überwiegend die Devise „schwimmen oder untergehen". Jedoch gab es zahlreiche Beobachter der Szene, die den aufstrebenden Managerinnen ihren Rat anboten, „wie man Erfolg hat". In den siebziger Jahren wurde der Büchermarkt überschwemmt mit Neuerscheinungen, die Ratschläge, Empfehlungen und Warnungen für Frauen enthielten, die an einer „Karriere" im Wirtschaftsleben interessiert waren. Obwohl jedes Buch behauptete, einzigartige Strategien oder Erkenntnisse zu vermitteln, waren die Grundthesen aller Bücher sich sehr ähnlich. Alle basierten auf der Empfehlung, die Frauen selbst müßten sich ändern, wenn sie Karriere machen wollten.

Mit dieser Idee als Eckpfeiler wurden weibliche Manager zum Ziel der massivsten Anpassungsempfehlungen in der modernen Geschichte. Denjenigen, die Kleider trugen, rieten die als Bekleidungsingenieure firmierenden Ratgeber, sie sollten lieber Nadelstreifenkostüme tragen. Damen, die sich bei geschäftlichen Besprechungen ruhig und nachdenklich zeigten, wurden Lehrgänge für Selbstbehauptung und selbstsicheres Auftreten empfohlen. In ihrer Schulzeit hatten die meisten weiblichen Manager nie an Mannschaftssport teilgenommen. Also schien es eindeutig notwendig, daß sie für ihr Vorwärtskommen ein Training in strategischem Denken und sportlichem Verhalten brauchten. Und dann war da noch die Frage der Gefühle. Wie sehr könnte doch das professionelle Image dieser Frauen leiden, wenn es geschähe, daß sie sich während ihrer Tätigkeit einmal gehen lassen und weinen würden! Wie sollten die Männer in ihrer beruflichen Umgebung mit Tränen und emotionalen Ausbrüchen fertig werden? Da mußte doch einfach etwas geschehen, um dieses ernsthafte Problem zu lösen! Glücklicherweise gab es mehrere Experten zu dem Thema „Wie man seine Emotionen im Büro beherrscht", um den Frauen in dieser sensitiven und kritischen Frage beizustehen.

Wie haben denn nun die Frauen auf diesen unaufgeforderten Beistand reagiert? Sehr positiv. Weil ihnen der Erfolg ihrer Karriere am Herzen lag, nahmen die meisten diese Ratschläge sehr ernst. Genau genommen haben nur wenige der heutigen Managerinnen diese Ratschläge einer Vielzahl von „Experten" für erfolgreiches Managen an irgendeinem Punkt ihrer Laufbahn nicht berücksichtigt. Doch hat trotz großen Interesses der meisten Frauen und selbst einiger Männer anscheinend keiner dieser Ratschläge den Status weiblicher Manager in Organisationen entscheidend gefördert. Mehr noch: Die von den meisten Experten betonte Notwendigkeit der Anpassung war bis zum heutigen Tag der einzig wirklich bedeutsame Einfluß auf die berufliche Karriere weiblicher Manager.

Die Anpassungsrollen

Im heutigen Wirtschaftsleben ist das Konzept der Anpassung und Gewöhnung für Frauen so tief verwurzelt, daß dieser Vorgang sich tatsächlich in drei identifizierbare Phasen aufgliedern läßt. In der ersten Phase werden Frauen in die maskuline Kultur eingeführt und ermuntert, mit der Anpassung zu beginnen. Mit der Zeit, wenn es ihnen gelingt, „die Spielregeln zu erlernen", steigen einige zur Ebene zwei auf und werden auf Bewährung in den Herrenklub aufgenommen. Nach und nach erreichen einzelne Frauen auch die dritte Phase und werden zu isolierten Superstars, die gelernt haben, sich ihrer Umwelt anzupassen, indem sie die Wertvorstellungen des Maskulinismus übernahmen und sie nicht in Frage stellten.

Obschon Anpassung weiblichen Managern die Möglichkeit eines gewissen beruflichen Erfolges bietet, fordert sie von ihnen die Unterdrückung und im wesentlichen sogar Verleugnung eines großen Teils ihrer natürlichen Identität und vieler ihrer höchst nützlichen Fähigkeiten. Und nicht alle sind willens, diesen Preis zu zahlen.

Während der vergangenen sieben Jahre haben Beobachter des Unternehmensumfeldes die einzelnen Stufen dieses Adaptionszyklus identifiziert und analysiert. Die in diesem Kapitel beschriebenen drei Phasen sollten nicht allumfassend sein, stellen jedoch die Hauptrollen dar, die während der beiden vergangenen Jahrzehnte weiblichen Managern offen standen. Die Auswirkung des Maskulinismus auf Frauen als Gruppe wird noch deutlicher, wenn man jede einzelne Stufe dieser schrittweisen Anpassung untersucht, die Frauen während ihrer Laufbahn durchlaufen sollen. Zu den drei entscheidenden Adaptionsphasen gehören:

Phase I: Verbrüderung wird in Aussicht gestellt
Phase II: Die erste Runde ist gewonnen
Phase III: In „splendid isolation" – einsam an der Spitze

Die nachfolgenden Fallbeschreibungen schildern den tatsächlichen Anpassungsvorgang während jeder Phase. Auch wenn sie so abgefaßt wurden, daß die Anonymität der erwähnten weiblichen Manager gewahrt bleibt, beruhen sie doch auf realen Erfahrungen. Vielleicht repräsentieren sie nicht das wirkliche Erleben jeder Managerin, die sich dem Maskulinismus anpassen mußte, doch beschreiben sie viele Schlüsselprobleme, mit denen Frauen fertig werden müssen, wenn sie auf der Managementhierarchie nach oben klettern und dabei weitgehend ihre eigene Identität unterdrücken müssen.

Phase I: Verbrüderung wird in Aussicht gestellt

Rachel war fest entschlossen, erfolgreich zu sein. Zunächst erwarb sie den akademischen Grad eines MBA, da man ihr gesagt hatte, ohne ihn würde sie in keiner Organisation eine Spitzenposition erreichen. Dann gab sie sich ein vollständig neues äußeres Erscheinungsbild, einschließlich des „richtigen" Nadelstreifenkostüms und eines Aktenkoffers von Mark Cross. Nachdem sie jedes greifbare Buch über sportliche Tricks, Macht und Selbstbehauptung in großen Unternehmen verschlungen hatte, erhielt sie schließlich einen Job bei einer der größten Firmen für Unternehmensberatung in Chicago.

Es war nicht gerade ihr Herzenswunsch, in der Forschungsabteilung anzufangen, da dies bedeutete, sie würde praktisch keinen Kontakt mit den Klienten der Firma haben. Doch wurde ihr von jedermann versichert, dies sei ein guter Platz, um den Beruf von der Pike auf zu erlernen. Und als ihr Boß ihr außerdem erklärte, einige Kunden hätten nicht gerne Frauen um sich, zeigte sie viel Verständnis und erklärte sich bereit, nicht allzusehr auf einer Betätigung außerhalb des Büros zu bestehen. Sie überließ dem Boß die Entscheidung, wann die Zeit dafür gekommen sein würde.

Inzwischen arbeitet Rachel daran, ihr Image als Führungspersönlichkeit zu verbessern. Sie hat angefangen, Golf zu spielen, kann über (amerikanischen) Football im Büro fachsimpeln und nimmt auf eigene, beträchtliche Kosten an einem Lehrgang für freie Rede teil, um ihre entsprechenden Fähigkeiten zu steigern. Gelegentlich fühlt sie sich immer noch als Fremde, wenn sie bei einer Dienstbesprechung mit ihren männlichen Kollegen zusammentrifft, doch sieht sie ein, daß dies ihr ganz persönliches Problem ist. Die Männer scheinen alles einfach anders und mit leichterer Hand zu erledigen als sie es tut. Sie nimmt das als Hinweis darauf, daß sie immer noch nicht ihre eigene Angst vor dem Erfolg überwunden hat.

Ihr wird klar, daß ihre Art, die Dinge zu erledigen, nicht „professionell" genug ist. Sie muß einfach aufhören, ihren Untergebenen gegenüber das nette Mädchen zu sein, und darf ihren Gefühlen nicht erlauben, die Oberhand zu gewinnen. Vor allem jedoch muß sie weiterhin daran arbeiten, mit ihrem Boß und ihren männlichen Kollegen zurechtzukommen. Die scheinen alles konkreter vor sich haben zu wollen als sie selbst. Außerdem vermeiden es die Männer offensichtlich, direkt über ihre eigenen Motive und Gefühle gegenüber wichtigen Angelegenheiten zu sprechen. Vielleicht kann ein weiteres Strategiebuch ihr mehr Aufschluß darüber geben, wie sie das im einzelnen tun!

Bei ihrem angestrengten Bemühen, eine erfolgreiche Führungskraft darzustellen, verschlingen viele Frauen Ratschläge „wie man Erfolg hat" und modifizieren willig ihre äußere Erscheinung, ihre Interessen und ihr Verhalten, um in das Klischee eines guten Managers zu passen. Solche Anpassung schränkt zwar die negative Wirkung ein, die ein weiblicher Manager auf Gleichgestellte in einem neuen, noch nicht erprobten Umfeld haben kann. Sie begrenzt aber auch die Fähigkeit, die naturgegebenen Instinkte als weibliche Führungskraft voll zu entfalten. Statt zu lernen, dem eigenen Gefühl zu vertrauen und die eigenen Auffassungen für wirksames Managen zu nutzen, verursacht diese freiwillige Verpflichtung zur Verbrüderung die jungen Frauen, nach und nach zu verleugnen, was sie wirklich denken und fühlen. Diejenigen, die den ersten Versprechungen zur Verbrüderung nachkommen, integrieren viele männliche Eigenschaften in ihren Managementstil und legen nach und nach die natürlichen Eigenschaften und Fähigkeiten ab, die ihnen als weibliche Führungskräfte nützlich sein könnten. Sobald sie sich selbst und anderen bewiesen haben, daß diese Metamorphose gelungen ist, sind sie bereit, in die nächste Phase des Anpassungsprozesses überzuwechseln.

Phase II: Die erste Runde ist gewonnen

In der Wall Street, wo sie Firmengesellschafterin ist, gilt Beth als aufsteigender Stern. Ihr Boß und ihre männlichen Kollegen schildern sie als scharf, logisch und aggressiv. Einige sprechen sogar von der Möglichkeit, sie könnte einmal Firmenpartnerin werden.

Abgesehen von ihrem „bemerkenswerten Konkurrenzdenken" wird sie auch wegen ihres unemotionalen Anpackens der Probleme bewundert, sowie wegen ihrer Fähigkeit, bei Männern den Eindruck zu erwecken, sie würden von ihr voll geschätzt. Die Tatsache, daß einige der Frauen in der Firma sie als echten „Killer" bezeichnen, verstärkt nur noch ihre Meinung, sie habe es endlich geschafft, sich in eine Frau zu verwandeln, die das Zeug hat, bis ganz oben an die Spitze zu gelangen.

Anders als diejenigen, die noch immer an ihren Verbrüderungsverpflichtungen basteln, hat Beth es geschafft, die erste Runde für sich zu entscheiden, und peilt jetzt die nächste große Stufe auf der Unternehmensleiter an. Für Beth bedeutet gewinnen nicht alles; vielmehr ist es nunmehr das einzige.

Ihr anfängliches Interesse, stets Kontakt mit ihren weiblichen Kollegen zu halten, ist jetzt dem Gefühl gewichen, keinen Bedarf mehr an weiblicher Unterstützung zu haben. Sie hat es geschafft, die meisten Frauen hinter sich zu lassen, und erkennt, daß jetzt zuviel Kontakt mit anderen Frauen ihrem Image schaden könnte. Außerdem interessiert sie sich jetzt nur noch für die wenigen Personen, die als potentielle Rivalen in Frage kommen.

Beth hat volles Verständnis für die Lage ihrer Firma. Wegen der steigenden Zahl weiblicher Klienten wächst auch der Druck, eine Frau als Partnerin zu haben, und sie ist fest entschlossen, diese Frau zu sein. Da sie auch begreift, daß oben nur für *eine* Frau Platz ist, weiß Beth, daß es für sie ganz entscheidend darauf ankommt, die weibliche Konkurrenz genau zu studieren und die Konkurrentinnen auszumanövrieren, um zu gewinnen.

Obwohl Beth sich dessen bewußt ist, daß in der Firma mehrere hochqualifizierte Frauen tätig sind, stellt sie niemals die Annahme in Frage, daß auf Teilhaberebene nur Platz für eine Frau frei ist. Statt dessen konzentriert sie ihren Geist und alle Bemühungen darauf, diese eine Frau zu sein und die nächste Runde zu gewinnen.

Bis die Organisationen Frauen als ernstzunehmende Kandidaten für Jobs im Topmanagement ansehen und nicht nur als Aushängeschilder, ist jede an höheren Positionen interessierte Frau gezwungen, sich dem Problem zu stellen, wie man auf faire Weise an einem Wettkampf teilnimmt, in dem mit Tricks gearbeitet wird. Eine weitverbreitete Methode, die Frauen heute anwenden, um mit diesem Widerspruch fertigzuwerden, ist Anpassung. Dazu gehört die Übernahme vieler aggressiver Verhaltensweisen, die zumMaskulinismus der Unternehmen beitragen, und danach das Ausschalten jeglicher weiblicher Konkurrenz.

Diese Strategie wird anscheinend am stärksten in den Betrieben unterstützt, die ihre Verpflichtung zur Gleichstellung der Geschlechter nur äußerlich wahrnehmen. Während die Frau, die die erste Runde für sich entschieden hat, daran arbeitet, den Männern ähnlicher zu werden und sich bei ihnen *beliebt* zu machen, wird sie zugleich zu einem Haupthindernis für die Leistungen anderer Frauen. Da sie nämlich alle anderen Frauen als Rivalinnen betrachtet und den maskulinen Führungsstil übernimmt, ignoriert sie die Tatsache, daß Frauen durchaus die erforderliche Begabung für den Erfolg besitzen. Zur Demonstration ihrer Loyalität gegenüber den Wertvorstellungen des Maskulinismus mag sie sich außerdem auch noch verpflichtet fühlen, den ersten Stein zu werfen, wenn sie mit einer Managerin konfrontiert wird, die sich um ihren eigenen weiblichen Führungsstil bemüht, statt sich einfach anzupassen.

Zwar verwirklichen viele, die die erste Runde für sich buchen konnten, niemals ihren Traum, die absolute Nummer eins zu werden. Doch gelingt es einigen, die Konkurrenz aus dem Felde zu schlagen und den Weg bis zur Spitze zu bewältigen. Diese Frauen vergleicht man gelegentlich mit einer Bienenkönigin, weil sie dahin tendieren, ihren speziellen Status zu schützen. Ich sehe sie eher als Personen in „splendid isolation". Es sind für mich Frauen, die sich verpflichtet fühlten, viele mit den schädlichen Auswirkungen des Maskulinismus verknüpfte Fragen zu ignorieren, um ihren Platz an der Sonne zu erringen.

Phase III: Splendid isolation

Margaret war die erste Frau in einer von der Zeitschrift *Fortune* zu den führenden 500 Unternehmen gerechneten Firma, die dort Vizepräsident wurde. Acht Jahre später ist sie immer noch die einzige Frau an der Spitze. Nachdem sie durch ihren Aufstieg den Kontakt zu den anderen weiblichen Mitarbeitern verloren hat, ist sie jetzt hinsichtlich Rat und Unterstützung ganz von den sie umgebenden Männern abhängig. Da viele von ihnen der Meinung sind, Margaret habe „verdammtes Glück" gehabt, einen solchen Aufstieg geschafft zu haben, sind ihnen die Probleme gleichgültig, mit denen die stark im Blickfeld stehende einsame Frau an der Spitze fertigwerden muß.

Als einziger weiblicher Topmanager wird Margaret häufig gebeten, Vorträge über das Thema Frau im Management zu halten. Außerdem ist sie stark gefragt als Aufsichtsratsmitglied in anderen Organisationen, die in solcher Position auch eine Frau haben wollen. Obwohl sie von ihrer Firma unentwegt ermutigt wird, eine aktive Rolle in der Geschäftswelt zu spielen, versucht sie immer noch, weitgehend unbeteiligt zu bleiben. Sie weiß sehr gut, daß die ihr erwiesene Aufmerksamkeit bei gleichrangigen Kollegen nicht gut ankommt, und hat erfahren, daß diese selbst von ihr ganz harmlos gemeinte Bemerkungen kritisieren. Daher weigert Margaret sich auch, informelle Interviews zu geben, und liest bei Vorträgen einen vorbereiteten Text ab.

Aufgrund der Erkenntnis, daß sie im Betrieb keine Basis hat, die sie unterstützt, lernte Margaret auch, alleine mit ihrer Situation fertigzuwerden. Nach außen hin leugnet sie, in ihrer Position als einzige Frau im oberen Management spezielle Probleme zu haben. Privat jedoch, im Umgang mit ihren wenigen vertrauten Freunden, von denen keiner in ihrer Firma arbeitet, klingt ihre Geschichte ganz anders. Da sie die Prüfungen und Herausforderungen ihrer Laufbahn allein zu bestehen hatte, ist sie auch unempfindlich gegenüber Problemen, die andere Frauen in ihrem Unternehmen zu haben scheinen. Nach Ansicht von Margaret haben die es leicht, und die Forderungen und Ersuchen, die von diesen Frauen manchmal an sie gestellt werden, empfindet sie als Belastung. Sie meint, das Drumherum, das viele im Zusammenhang mit dem Bedarf an Rollenmodellen und Netzwerken machen, sei einfach lächerlich. Sie ist ohne jegliche weibliche Rollenmodelle an die Spitze gelangt und glaubt daher auch nicht, daß andere Frauen diese brauchen.

In ihrer *splendid isolation* sieht Margaret heute ihre Situation als Norm für jede Frau, die Erfolg haben will. Obwohl sie weiß, daß es vielen Männern gelingt, eine erfolgreiche berufliche Laufbahn mit einem befriedigenden Familienleben zu verbinden und enge Freundschaften zu pflegen, hält sie sich mit solchen Betrachtungen nicht weiter auf. Statt dessen ist sie stolz darauf, es alleine geschafft zu haben, und meint, andere Frauen müßten es ebenso tun.

Zweifellos haben viele Frauen in leitenden Managementpositionen diesen Platz erreicht, weil sie sich dem männlichen Managementstil angepaßt haben. Und es trifft auch zu, daß viele Frauen an diesem Anpassungsprozeß nichts Falsches sehen. Denn ebenso wie ein Fisch sein ganzes Leben im Wasser verbringt, ohne zu wissen, daß es naß ist, haben diese in splendid isolation operierenden Damen ganze Karrieren damit verbracht, den Maskulinismus zu kopieren, ohne zu wissen, daß es ihn überhaupt gibt. Sie haben gelernt sich anzupassen, und haben damit Erfolg gehabt. Warum sollte das bei anderen Frauen anders sein?

Bis jetzt erforderte eine erfolgreiche Managementlaufbahn die Aufgabe des eigenen weiblichen Führungsstils und die Anpassung an maskuline Verhaltensnormen. Frauen, die dazu besonders befähigt waren, hatten die größten Chancen als Frauen in splendid isolation. Während jedoch einige weibliche Manager tatsächlich jede der hier beschriebenen drei Phasen im Verlauf ihrer Karriere durchlaufen, ist das bei anderen nicht der Fall. Viele bleiben in der Anfangsphase stecken. Andere entscheiden sich dafür, den Anpassungszyklus aufzugeben und aus der Unternehmenswelt überhaupt auszuscheiden. Bis heute ist es nur einem kleinen Prozentsatz der Frauen, die in großen Unternehmen tätig sind, möglich gewesen, ihren weiblichen Führungsstil zu entwickeln und zu nutzen, statt eine angepaßte Rolle zu spielen.

Was hat die Verkündung des Civil Rights Act heute, über zwanzig Jahre danach, und was hat das Anpassungsverhalten den berufstätigen Frauen genutzt? Oberflächlich betrachtet erscheinen die Statistiken recht eindrucksvoll. Nach einer Studie des Statistischen Bundesamtes vom Jahre 1980 waren 30,5 Prozent aller Manager weiblichen Geschlechts, verglichen mit nur 18,5 Prozent im Jahre 1970. Mehr noch: In mehreren Bereichen mit schnellem Wachstum, etwa Gesundheitsfürsorge, Journalismus und öffentliche Verwaltung, hatten Frauen schnell die Mehrheit in leitenden Positionen besetzt.[9]

Stolpersteine auf dem Weg zum oberen Management

Solche statistischen Zahlen können jedoch täuschen. Denn trotz dieses unglaublichen Anstiegs der Zahl von Frauen in leitenden Stellungen bleibt das Topmanagement weiterhin die ausschließliche Domäne der Männer. In der Aufzählung der 500 führenden amerikanischen Unternehmen im Wirtschaftsmagazin *Fortune* bleibt Katharine Graham von der Washington Post Company die einzige Topmanagerin in diesen Unternehmen.[10] Das Topmanagement in den größten amerikanischen Unternehmen ist zu mehr als 95 Prozent männlich. Einer der Redakteure von *Fortune* stellt dazu fest: *„... obwohl Frauen sich nun schon seit zehn Jahren auf der Leiter nach oben befinden ... scheint bisher noch keine die oberste Sprosse erklommen zu haben. Bittet man Personalberater, Frauen zu benennen, die Präsidenten oder Vizepräsidenten eines der 500 von Fortune aufgezählten Unternehmen werden könnten, dann zieht man eine Niete. Selbst Unternehmen, in deren leitendem Management Frauen bereits tätig sind, geben privat befragt zu, daß diese nie am Vorstandsschreibtisch sitzen werden."*[11]

In ihrem Ringen um ihr Vorwärtskommen in großen Unternehmen haben viele Frauen vielleicht auf viel mehr verzichten müssen, als sie als Lohn für ihre Anpassung erhielten. Wenn Anpassung das ist, was die Unternehmen von den Frauen erwarten – warum hat dieses Verhalten dann den Frauen, die sie praktizieren, nicht mehr Erfolg eingebracht? Warum zögern die meisten Männer an der Spitze immer noch, Frauen als echte Kollegen zu akzeptieren?

Die Antwort mag teilweise mit dem zusammenhängen, was Dr. Natasha Josefowitz als „klonalen Effekt" bezeichnet hat. In ihrem Buch *Paths to Power* schreibt sie: *„Ebenso wie Individuen und Familien dazu tendieren sich zu vermehren, tun dies auch Gruppen und Organisationen. Die Tendenz ist, verlorengegangene Mitglieder durch Leute zu ersetzen, die ähnliche Eigenschaften haben, oder aber Menschen zu akzeptieren, die die Dynamik der gewohnten Kommunikationsmuster nicht allzusehr verändern würden."*[12]

Da das Berufsprofil des typischen leitenden Managers immer noch folgendes ist: weiß, männlichen Geschlechts, fünfzig Jahre alt, mit einer nicht berufstätigen Ehefrau, zwei Kindern, und ziemlich konservativen Anschauungen über die Rollen von Frau und Mann in der Gesellschaft, kann es eigentlich nicht überraschen, daß Frauen nicht an die Spitze gelangen. Bewußt oder unbewußt befördern Unternehmenschefs weiterhin Leute, mit denen sie vertraut und die ihnen angenehm sind.

Anpassung: ein Trugschluß

Der „klonale Effekt" ist jedoch nicht der einzige Grund dafür, daß Frauen selten über das mittlere Management hinaus gelangen. Das grundlegende Konzept weiblicher Manager, sich männlichen Normen anzupassen, enthält seinen eigenen 08/15-Kniff. Wenn alles gesagt und getan ist, ganz gleich, wie anpaßbar einige sein mögen, bleiben Frauen schließlich immer noch Frauen. Selbst wenn sie versuchen, sich genauso wie ihre männlichen Partner zu verhalten, werden sie von anderen immer noch nicht im selben Licht gesehen.

Um den wesentlichen Gehalt dieses Dilemmas auszudrücken, wurde vor einigen Jahren bei weiblichen Managern ein satirischer Vergleich zwischen Managern und Managerinnen populär und war in vielen Unternehmen im Umlauf. Nachfolgend eine Version, die die Runde machte:

Wie man einen Manager von einer Managerin unterscheidet

- Ein Manager ist aggressiv; eine Managerin ist streberhaft.
- Ein Manager kennt sich in Details aus; sie pickt sich die Rosinen heraus.
- Er gerät gelegentlich in Wut, weil er so in seine Arbeit verbissen ist; sie wird zickig.
- Er weiß, wie man eine Sache zu Ende bringt; sie weiß nicht, wann sie diese fallen lassen sollte.

- Er nimmt eine feste Haltung ein; sie ist hart.
- Er ist ein Mann von Welt; sie ist schon herumgekommen.
- Er scheut sich nicht zu sagen, was er denkt; sie spricht affektiert.
- Er trinkt Martinis, weil er unter starkem Streß steht; sie ist beschwipst.
- Er übt seine Autorität geschickt aus; sie ist machtbesessen.
- Er hat die Leiter des Erfolgs erklommen; sie hat sich ihren Weg nach oben erschlafen.
- Er ist ein strenger Zuchtmeister; für sie zu arbeiten ist schwer!

Heute führen die den weiblichen Managern aufgebürdeten Anforderungen und Unstimmigkeiten zu einer wachsenden Flut von Desillusionierung und Frustration. Viele beginnen zu erkennen, wie ihre Laufbahn sich abflacht, lange bevor sie das erwartet hatten. In einer neueren Befragung erklärte die Mehrheit der im mittleren Management tätigen Frauen, ihrer Ansicht nach hätten sie die höchste je erreichbare berufliche Ebene in ihrer Organisation schon erklommen. Im Gegensatz dazu erklärte die Mehrheit ihrer männlichen Gleichgestellten, sie hielten die Aussichten weiterer Beförderung für ausgezeichnet.[13]

Viele der besten und klügsten weiblichen Manager, die von dem Mangel an Aufstiegsmöglichkeiten innerhalb der Organisationen frustriert und nicht willens sind, ihren angeborenen Führungsstil dem traditionellen anzupassen, entschließen sich, die großen Firmen zu verlassen und selbständige Unternehmerin zu werden. In einem 1982 erschienenen Artikel über selbständige Unternehmerinnen heißt es: *„Im vergangenen Jahrzehnt waren alle Augen auf die explosionsmäßige Vermehrung der Zahl der Frauen fixiert, die eine Beschäftigung außerhalb ihres Heims annahmen – eine Steigerung um 31 Prozent zwischen 1972 und 1979. Dabei haben wir ganz die sogar noch größere explosive Entwicklung übersehen: Die Zahl der Frauen, die sich entschlossen, selbständig zu werden, stieg um 43 Prozent. Die Zahl der selbständigen Unternehmerinnen wuchs fünfmal schneller als die der selbständigen Unternehmer.“*[14]

Selbst wenn in der heutigen amerikanischen Unternehmenswelt alles gut ginge, sollte das Topmanagement wegen dieses Abgangs vieler der begabtesten mittleren Manager ernsthaft besorgt sein. Doch weiß jeder, der die vergangenen Jahre bewußt durchlebt hat, daß es der amerikanischen Wirtschaft bei weitem nicht so gut geht. Sie erholt sich eben erst von einer Krise der Produktivität und Moral, wie es sie seit der Zeit der Großen Depression nicht mehr gegeben hat. Zwar zeigt das allgemeine Bild der Wirtschaft Anzeichen von Besserung; doch sind noch schwerwiegende Probleme zu lösen, wie sie unter anderem in dem stetig wachsenden Handelsdefizit dieses Landes zum Ausdruck kommen.

Ein neuer Führungsstil wird gebraucht

Soll die amerikanische Wirtschaft diese Periode erfolgreich bestehen, dann sind neue Methoden und Lösungen erforderlich. Viele führende Unternehmen sehen dies auch ein und ergreifen erste notwendige Maßnahmen. Die Krise der amerikanischen Unternehmenswelt wird endlich als solche erkannt; doch muß noch ein langer Weg bewältigt werden.

Bei entsprechender Ermunterung und Entwicklung können weibliche Führungsqualitäten bei der Wiederbelebung der amerikanischen Unternehmen eine bedeutende Rolle spielen. Doch muß die Unternehmenskultur erst einmal diesen nichttraditionellen Stil akzeptieren, nachdem sie bisher die traditionelle, homogene Methode vorgezogen hat. Letztere scheint jedoch angesichts der heutigen Krise von Produktivität und Moral weniger effektiv. Viele Analysten der großen Unternehmen glauben inzwischen sogar, daß diese Managementmethoden, die in der Vergangenheit so gut funktionierten, zum Teil für die heutigen Probleme verantwortlich sind.

Frauen, die sich nicht anpassen wollen, können es sich nicht leisten, wieder an den häuslichen Herd zurückzukehren; aber auch die Organisationen können es sich nicht leisten, sie zu verlieren. Denn in dieser aufsteigenden Gruppe weiblicher Führungskräfte kann die Wirtschaft viele der Managementtalente und Fähigkeiten finden, die so dringend zur Lösung der gegenwärtigen Krise benötigt werden. Von den Organisationen wird nicht mehr erwartet, als einmal genauer hinzusehen. Statt dessen hält die Krise der amerikanischen Unternehmen an, während über 30 Prozent der Managementressourcen der Nation ungenutzt bleiben.

3. Kapitel

Unternehmen in der Krise

Irgend etwas ist in den 1970er Jahren mit der amerikanischen Industrie geschehen. Plötzlich schnellten die Preise für amerikanische Waren in die Höhe, bei gleichzeitiger Verschlechterung der Qualität derselben Produkte. Zur selben Zeit verbesserten sich Verarbeitung und Wert vieler ausländischer Produkte. Die Vereinigten Staaten schienen zum ersten Male seit der industriellen Revolution in vielen Schlüsselindustrien ihren Vorteil gegenüber ausländischen Konkurrenten zu verlieren.

Und das war nicht das einzige Problem. Ohne Vorwarnung schienen die amerikanischen Arbeitnehmer von Schwächeanfällen heimgesucht. In vielen großen Unternehmen verfiel die Betriebsmoral, und die Produktivität sackte steil ab. Von 1965 bis einschließlich 1973 war die Produktivität in den USA jährlich um 2,4 Prozent gewachsen. Von 1973 bis 1978 verlangsamte sich der Zuwachs auf nur 1,1 Prozent, und im Jahre 1979 begann die Produktivität real abzunehmen.[15]

Zum ersten Mal seit Menschengedenken wurde die Führungsposition der amerikanischen Industrie ernsthaft im Inland und Ausland gefährdet. Zur Überraschung der meisten Amerikaner schien das Land seine vorrangige Wettbewerbsposition zu verlieren, die stets als Teil des Nationalcharakters betrachtet worden war. Die Geschäfte kamen ins Schleudern, als die Krise der Unternehmen sich zu entfalten begann.

Nach einem Jahrzehnt erschöpfender Analysen dieser Krise schälen sich zwei Faktoren übereinstimmend als Hauptursachen heraus:

- der in Gang gekommene Wandel in der Weltwirtschaft und
- die sich wandelnde Natur des amerikanischen Arbeiters.

Wandel der Weltwirtschaft

Während des größten Teils unseres Jahrhunderts blühte die amerikanische Wirtschaft, weil sie sich auf kapitalintensive Industrien mit Massenumsätzen konzentrierte, erzielt nach den Prinzipien standardisierter Herstellung. Als Folge des Abbaus vieler gesetzlicher Beschränkungen und des gewaltigen Wachstums des Welthandels sank jedoch die Leistung gerade in den bis dahin so erfolgreichen Industrien.

Die durch das Fließband symbolisierte standardisierte Produktion beruht auf dem Konzept, die Arbeitsvorgänge in ihre einfachsten Funktionen aufzugliedern, um Leistungsfähigkeit und Kontrolle zu maximieren. Derartige Arbeitsplätze, die in jeder standardisierten Produktion überwiegen, erfordern keine hochqualifizierten Facharbeiter. Vielmehr können angelernte oder sogar ungelernte Arbeiter diese Aufgaben erfüllen. In einer Weltwirtschaft jedoch kann standardisierte Produktion wirksam in Entwicklungsländern geleistet werden, wo angelernte Arbeiter gewillt sind, für beträchtlich niedrigere Löhne zu arbeiten. Genau das geschah auf dem sich ausdehnenden Weltmarkt der 1970er Jahre.

Robert Reich, Wirtschaftswissenschaftler der Harvard University, erörtert das in seinem Artikel *The Next American Frontier: „Amerikas sinkender Anteil am Weltmarkt war besonders auffallend in den kapitalintensiven Industrien mit hohen Umsätzen. Seit 1963 verringerte sich Amerikas Anteil am Weltmarkt in wichtigen Bereichen: bei Automobilen fast um ein Drittel, bei Industriemaschinen um 33 Prozent, bei Landwirtschaftsmaschinen um 40 Prozent, bei Fernmeldegeräten um 50 Prozent, bei Maschinen zur Metallbearbeitung um 55 Prozent. Der Erdball entwickelt sich schnell zu einem einzigen Markt, und die Waren werden dort hergestellt, wo es am billigsten geschieht, ohne Rücksicht auf nationale Grenzen. Darum werden die leistungsfähigsten Plätze für einen großen Teil der Massenproduktion künftig die Länder der Dritten Welt sein."*[16]

Wandel im Verhalten der Arbeitnehmer

Die durch billige internationale Konkurrenz geschaffenen Probleme wurden in den siebziger Jahren noch durch radikale Veränderungen im Verhalten der Arbeitnehmer im Land verstärkt. Diese besser als alle ihre Vorgänger geschulten Arbeiter wurden auch durch das Zeitgeschehen geprägt, durch Nach-Vietnam, Nach-Watergate und die Massenmedien. Aus ihrer Sicht hatten Institutionen jeglicher Art – die Wirtschaft, die Regierung und sogar die Kirchen – einen großen Teil ihrer Autorität verloren.

Seit jener Zeit haben alle Befragungen gezeigt, wie grundsätzlich anders diese neue Arbeitnehmergeneration über Arbeit denkt als ihre Vorfahren. In einem Artikel über neue Regeln im amerikanischen Leben und die Suche nach Selbstverwirklichung in einer völlig veränderten Welt erörtert der Soziologe Daniel Yankelovich diesen Wandel. *„Nicht alle Arbeitnehmer sind auf der Suche nach Selbstverwirklichung. Diejenigen jedoch, die es sind, reagieren auf das Fehlen entsprechender Anreize durch eine zurückhaltende Dienstauffassung und sogar gebremste Arbeitsleistung. Sie sind verärgert über deutliche Klassenunterschiede zwischen Arbeitnehmern und Arbeitgebern. Sie akzeptieren nicht automatisch die Autorität des Chefs und wollen an Entscheidungen mitwirken, die sich auf ihren Arbeitsplatz auswirken. Sie ziehen Vielfalt der Routine vor, informelles Verhalten dem Formalismus. Schließlich verlangen sie, daß ihre Arbeit interessant ist und gut bezahlt wird.“*[17]

Während der siebziger Jahre begannen viele Angehörige dieser neuen Arbeitnehmergeneration den autoritären Stil der Wirtschaftsmanager abzulehnen. Sie waren der Meinung, die Topmanager wollten die ganze Show für sich haben, ohne jeden Input seitens der Mitarbeiter. Außerdem schienen diese Topmanager nur darauf aus zu sein, ihr eigenes kurzfristiges Einkommen ständig zu erhöhen, ohne Rücksicht auf das Wohlergehen der Arbeiter oder die langfristige Gesundheit ihrer eigenen Organisation. Dementsprechend begannen die Arbeitnehmer ihr eigenes Bemühen zu bremsen. Laut einer neueren Umfrage *„sagen nur 23 Prozent der amerikanischen Arbeiter, sie seien mit vollem Einsatz tätig, und 44 Prozent sagen, sie täten in ihrem Job nicht viel mehr als das, was gerade noch von ihnen verlangt wird."*[18]

Das Vertrauen in die Wirtschaft nimmt ab

Im gleichen Maße, in dem die durch diese beiden Tends geschaffenen Probleme sich verstärken, sank das Vertrauen in die Topmanager der großen amerikanischen Unternehmen auf ein Rekordtief. Das Vertrauen, das für die Vitalität und Gesundheit jeder Organisation entscheidend ist, war von ernsthafter Erosion betroffen. In immer stärkerem Maße sah man die leitenden amerikanischen Manager als eine Elite an, abgeschnitten von der Mehrheit der Beschäftigten und fast ausschließlich mit der Verbesserung der eigenen Karriere und des persönlichen Vermögens beschäftigt.

Ein Artikel in *The New York Times* führt die Ergebnisse einer jährlichen Umfrage von Lou Harris auf, bei der das Vertrauen in die Unternehmensmanager gemessen wurde. *„Nur 18 Prozent der im vergangenen Jahr Befragten hatten ‚großes Vertrauen', gegenüber 23 Prozent im Jahr 1973 und 55 Prozent Mitte der sechziger Jahre."*

Der Artikel führt auch eine Umfrage der Opinion Research Corporation an. Danach *„benoten nur 29 Prozent der Amerikaner im Jahr 1983 die Ethik der leitenden Manager mit ‚ausgezeichnet oder gut'. Im Jahr 1981 waren es noch 33 Prozent und 1975 noch 36 Prozent."*[19]

Leider ist diese Desillusionierung nicht nur auf nach Stundenlohn bezahlte Arbeiter und die breite Öffentlichkeit beschränkt. Auch in den Reihen des Managements selbst wird eine Kluft sichtbar. Mittlere Manager als Gruppe vermelden ein wachsendes Gespür der Entfremdung gegenüber ihren Vorgesetzten. Eine von der American Management Association im Jahr 1983 durchgeführte Umfrage

offenbarte bei dieser sehr wichtigen Gruppe einen besorgniserregenden Mangel an Vertrauen in die Männer an der Spitze ihrer Unternehmen.
Laut dieser Studie hatten nur 18 Prozent der mittleren Manager volles Vertrauen in die Fähigkeit ihres Topmanagements, die Organisation gut durch das bevorstehende Jahrzehnt zu führen. In ihrer Zusammenfassung der Ergebnisse kommentieren die Autoren: *„Die unerwartet geringe Einschätzung der Fähigkeiten der obersten Unternehmensleitung durch die mittleren Manager signalisiert einen Mangel an Vertrauen und eine alles durchdringende Abneigung, die nur bedeuten kann, daß die Arbeitsmoral bei den mittleren Managern – zumindest bei einem beträchtlichen Teil – gering ist."*[20]
Es ist daher zu einer zentralen Herausforderung für die heutige amerikanische Wirtschaft geworden, Wege zu finden, die Probleme sinkender Betriebsmoral und Produktivität sowie des wachsenden Drucks internationaler Konkurrenz anzupacken und zu lösen. Inzwischen stimmen die meisten Experten darin überein, daß es keine schnellen fertigen Lösungen gibt. Diejenigen, die sich eingehender mit der gegenwärtigen Situation befaßt haben, gelangen immer mehr zu der Einsicht, daß Lösungen für diese schwierigen Probleme tiefgreifende und fundamentale Veränderungen von Natur und Struktur der amerikanischen Unternehmen sowie dem Stil und den Verhaltensweisen der leitenden Manager erfordern werden.

Was sich in der amerikanischen Industrie ändern muß

Da die Herstellung einfacher Massenware sich zunehmend in die Länder der Dritten Welt mit ihren riesigen Reservoiren billiger Arbeitskräfte verlagert, müssen die amerikanischen Unternehmen sich komplizierteren Industrien zuwenden, die sich auf Wissen und Fachkenntnisse geschulter Arbeitnehmer stützen. Es ist kein Zufall, daß heute in den USA Industrien florieren, die wie Computertechnologie, Elektronik, pharmazeutische Produkte und Fernmeldewesen spezielles Fachwissen erfordern. In diesen Bereichen hat Ame-

rika noch einen enormen Wettbewerbsvorteil, der auch gehalten werden sollte.
Das soll nicht bedeuten, daß die Vereinigten Staaten Grundindustrien wie Automobile, Stahl oder Chemie aufgeben sollten. Doch müssen diese Industrien sich auf die Herstellung komplizierterer Produkte konzentrieren. Es bedeutet auch unweigerlich, daß der überwältigende Vorrang, den diese Industrien einst in Amerika genossen, weiter schrumpfen wird.
Die Verlagerung von Schwerpunkten amerikanischer Industrien ist bereits ein ungeheures Unterfangen, reicht jedoch noch nicht aus. Die Erfahrung des auslaufenden Jahrzehnts hat gezeigt, daß andere hochentwickelte Nationen, vor allem Japan, sehr wohl in der Lage sind, auf denselben neuen industriellen Märkten als Konkurrenten aufzutreten. Wirksame Konkurrenzfähigkeit erfordert grundlegende Veränderungen in der Grundstruktur der amerikanischen Unternehmen und ihrer Leitung. Diese Veränderungen ergeben sich ganz natürlich aus der Eigenart der neuen und komplizierteren Produkte.

Notwendige Änderungen in der Organisationsstruktur

Welche neuen Organisationsstrukturen sind die Voraussetzung für erneuertes Wirtschaftswachstum? Der Nationalökonom Robert Reich von Harvard liefert hierzu eine knappe und dem Sachverhalt gut beschreibende Definition. Seiner Ansicht nach sind diese neuen Strukturen eher „flexible Systeme“. Reich meint, flexible Produktionssysteme seien dann gefragt, wenn die Fähigkeit, immer wieder neue Probleme zu lösen, wichtiger ist als die routinemäßige Lösung alter Probleme. Solche Systeme sind darauf angelegt, die qualifizierten Fähigkeiten und das Fachwissen von Mitarbeitern zu maximieren. Reich erläutert das: *„Die bei flexiblen Produktionssystemen zu erledigenden Aufgaben sind zwangsläufig komplexer Art, da jede Tätigkeit, die einfach und routinemäßig gestaltet werden kann, billiger von Niedriglohn-Arbeitern in Übersee geleistet werden kann. Deshalb*

werden keine Routinearbeiten in dieses neue System einbezogen, und die Verantwortung für den Job wird auch nicht unter mehrere Personen aufgeteilt.“
Der Autor schreibt weiter: *„Arbeitsvorgänge, die große Fachkenntnisse voraussetzen, können nicht nach festen Regeln programmiert werden, die alle möglichen Unvorhersehbarkeiten abdecken. Die besonderen Fachkenntnisse sind gerade deshalb erforderlich, weil nicht alle Probleme und Möglichkeiten vorhersehbar sind. So müssen etwa die Hersteller spezialisierter Halbleiterchips in der Lage sein, schnell auf neue Märkte zu reagieren. Komplizierte Maschinen können auf sehr komplexe Weise pannenanfällig sein. Technologien schlagen plötzlich Richtungen ein, die nicht vorher erkennbar sind. Je häufiger Produkte oder Arbeitsvorgänge sich ändern oder angepaßt werden müssen, desto schwieriger wird es, sie in zuverlässige Routine umzusetzen. Andererseits: Könnte man Probleme und günstige Gelegenheiten vorhersehen und durch vorher festgelegte Regeln und Anweisungen absichern, dann könnte die Produktion auch ins Ausland verlegt werden.“*[21]
Dr. Rosabeth Moss Kanter hat ein Buch mit dem Titel *The Change Masters: Innovation for Productivity in the American Corporation* geschrieben. Darin verwendet sie ebenfalls den Ausdruck „flexibel“, um die Eigenschaft von Organisationen zu beschreiben, die am besten gerüstet sind, im heutigen Wettbewerbsumfeld Erfolg zu haben.
„Die künftigen erfolgreichen Organisationen werden vor allem flexibel sein. Sie müssen fähig sein, besondere Ressourcen schnell zusammenzuführen, und zwar auf der Basis kurzfristigen Erkennens der neuen Erfordernisse und der zu ihrer Befriedigung notwendigen Fähigkeiten. Das werden Organisationen sein, die sich mehr als bisher den Fragen der Umwelt stellen und die über viele Fühler-Mechanismen verfügen, mit denen sie sich anbahnende Veränderungen und deren Implikationen erkennen. In einer solchen Organisation werden mehr Fachleute als je zuvor die Verknüpfung zwischen der Organisation und ihrem Umfeld herstellen.“[22]

Die von flexiblen Herstellern benötigten Managementstrukturen unterscheiden sich deutlich von denen der traditionellen, standardisierten Herstellerfirmen. Der Ausdruck „flexibel“ impliziert ja, daß diese neue Struktur darauf angelegt ist, die Anpassungsfähigkeit oder Reaktionsfähigkeit auf neu aufkommende Technologien und sich schnell ändernde Wettbewerbssituationen zu maximieren. Anders als die starre, vertikale Hierarchie traditioneller Organisationen, die Jobfunktionen an mehrere Unterabteilungen delegieren, ist die Managementstruktur flexibler Herstellungsfirmen flacher oder horizontal. Sie unterscheidet nicht zwischen Managern verschiedener Arbeitsbereiche und tendiert sogar dazu, die Trennungslinien zwischen Managern und Arbeitnehmern zu verwischen. Die grundlegende Managementeinheit flexibler Herstellungsfirmen ist das Team.

Teamarbeit und partizipierendes Management

Das Team als Arbeitseinheit entstand, weil die Probleme und die positiven Möglichkeiten der Unternehmen heute zu komplex und vielfältig geworden sind, als daß ein einziger Topmanager oder eine kleine Gruppe von Topmanagern sie erfolgreich bewältigen könnte, seien sie noch so tüchtig. Die Teamstruktur begünstigt freie und offene Kommunikation, was wiederum das Teilhaben an Informationen fördert, die für die Lösung komplizierter Probleme quer durch die einzelnen Abteilungen des Unternehmens von wesentlicher Bedeutung sind. In traditionellen hierarchischen Systemen ist der Informationsfluß vom Topmanagement abwärts durch die getrennten Abteilungen der Organisation begrenzt. Der alte strukturelle Aufbau verringert die Möglichkeit der Kommunikation quer durch separate Abteilungen.
Die Strukturierung in Teams trägt nun dazu bei, das Statusdenken bei den beteiligten Managern zu dämpfen. Gute Ideen und Problemlösungen können von jedem beliebigen Mitglied des Teams eingebracht werden, gleich welchen Status er hat oder auf welcher Ebene er tätig ist. Diese Form von Teammanagement ist inzwischen unter der Bezeichnung *partizipierendes Management* bekannt geworden. Obwohl die Vereinigten Staaten darin führend waren, wird

es heute am stärksten in Japan praktiziert, weil dort die Methode des Problemlösens durch Teams am erfolgreichsten in die permanente Struktur vieler Organisationen integriert wurde.
In seinem Buch *Theory Z: How American Business Can Meet the Japanese Challenge* beschreibt Dr. William Ouchi das partizipierende Management: *„Typisch ist, daß eine kleine Gruppe von nicht mehr als acht bis zehn Leuten sich zusammensetzt, das Problem diskutiert und alternative Lösungen vorschlägt. Ein Konsens gilt als erzielt, wenn die Gruppe sich auf eine bestimmte Alternative geeinigt hat und jeder Teilnehmer zu jedem anderen mit ehrlicher Überzeugung dreierlei sagen kann:*

- *Ich glaube, Sie haben meinen Standpunkt verstanden;*
- *Ich glaube, ich haben Ihren Standpunkt verstanden;*
- *Auch wenn ich diese Entscheidung nicht für die beste halte, werde ich sie unterstützen, weil sie auf offene und faire Weise erzielt wurde.“*[23]

Nach Ansicht vieler Analysten liefert partizipierendes Management die besten Lösungen für komplexe Probleme, weil es die Menge von Kenntnissen und Einsichten, die in einer bestimmten Situation berücksichtigt werden können, vervielfacht. Eine alte Redensart sagt: „Niemand von uns ist gescheiter als wir alle zusammen“. Dieser Managementstil erlaubt Beschlußfassung in kürzester Zeit, weil alle Manager, die anschließend die Beschlüsse in die Praxis umsetzen müssen, an ihrem Zustandekommen beteiligt waren. Schließlich stellt diese Methode sicher, daß wichtige Entscheidungen die volle Unterstützung des Personals erhalten, das in den Planungsprozeß integral einbezogen wird. So kommt die Methode des partizipierenden Managements auch den Forderungen der neuen Arbeitnehmergeneration nach stärkerer Mitwirkung und einem Gefühl ganz persönlicher Leitung entgegen.

Partizipierendes Management: einige Erfolgsstorys

In den Vereinigten Staaten ist inzwischen partizipierendes Management durch Teams aus Angehörigen mehrerer Abteilungen mehr als nur ein experimentelles Konzept. Diese neue Form von Managementstruktur wird in einer breiten Vielfalt amerikanischer Unternehmen mit beträchtlicher Effektivität praktiziert. Es liegt bereits eine umfangreiche Liste von Erfolgsstorys aus traditionellen und Hightech Industrien vor.

Eines der ersten großen amerikanischen Unternehmen, das dieses partizipierende Management praktizierte, war Hewlett-Packard. Diese Firma begann bereits in den 60er Jahren, das Teamkonzept für seine Planung und die Lösung von Problemen zu nutzen. Heute vertrauen die meisten der fünfzig Produktabteilungen, von denen jede zwischen 500 und 2000 Beschäftigte hat, weitgehend auf die Teammethode. Das Teamkonzept ist so sehr zu einem permanenten Teil der Organisationskultur geworden, daß es in den offiziellen Zielsetzungen des Unternehmens ausdrücklich erwähnt wird. In diesem Zusammenhang heißt es: *„Hewlett-Packard soll keine straffe, militärähnliche Organisation haben, sondern den Mitarbeitern die Freiheit lassen, so für die Gesamtzielsetzung tätig zu sein, wie sie es selbst in ihrem eigenen Verantwortungsbereich für das Beste halten."*

Im Laufe der Jahre hat Hewlett-Packard aufgrund dieser Teammethode einen beachtlichen Rekord an Erfolgen vorzuweisen und wurde wiederholt als eine der am besten geleiteten amerikanischen Firmen bezeichnet.

Ein anderes kompliziertes Hightech-Unternehmen, das mit großem Erfolg Teams für Problemlösungen eingesetzt hat, ist die Xerox Corporation. Dr. Harold Tragash, Leiter der Abteilung für leistungsstarke Organisation und Forschung, berichtet, das Konzept der Teamarbeit für Problemlösungen sei im ganzen Unternehmen im Jahr 1979 eingeführt worden. Seither war die Firma mit dem Ergebnis dieser Bemühungen sehr zufrieden.

Xerox bewertet den Erfolg seines Programms nach drei unterschiedlichen Dimensionen:

- harte Ergebnisse oder tatsächliche Verbesserungen der Arbeitsweise und dadurch erzielte Kostenersparnisse;
- „sanfte" Ergebnisse, etwa der Rückgang von Fernbleiben und Zuspätkommen der Mitarbeiter, sowie größere Zufriedenheit am Arbeitsplatz;
- Zufriedenheit mit dem Produktionsprozeß oder das Ausmaß, in dem dieser innerhalb des Unternehmens positiv aufgenommen und institutionalisiert wird.

Bei allen drei Dimensionen wurde das Programm als Erfolg eingestuft.
Dr. Tragesh führte vor kurzem bei neunzig von partizipierenden Gruppen realisierten Projekten Stichproben durch. Dabei fand er heraus, daß fünfzig Prozent der Verbesserungen zur Produktivitätssteigerung führten, 25 Prozent zu einer verbesserten Qualitätskontrolle und weitere 25 Prozent zu größerer Sicherheit am Arbeitsplatz. Die unmittelbaren Kostenersparnisse aus diesen Programmen waren beträchtlich. Tragash bemerkte: *„Der Einfluß auf die Bilanzsumme aus diesen wenigen Projekten belief sich auf über elf Millionen Dollar."*
Der Erfolg partizipierenden Managements blieb jedoch nicht auf Hightech-Firmen wie Xerox und Hewlett-Packard beschränkt, die komplizierte Computer und elektronische Geräte herstellen. Die Team-Methode wurde auch in einer anderen, völlig verschiedenen Branche erfolgreich eingesetzt – im Einzelhandel. Der Einzelhandelsgigant J. C. Penney begann im Jahr 1970, Probleme durch Teams lösen zu lassen.
In ihrem Buch *The Change Masters* erwähnt Dr. Kanter den Erfolg des Programms: *„Das Jahr 1981 war für den Einzelhandel ein miserables Jahr. Dennoch konnte J. C. Penney eine überragende finanzielle Leistung vorweisen (einen Anstieg der Erlöse um 44 Prozent bei nur 4,5 Prozent Umsatzsteigerung). Das obere Management schrieb diesen Erfolg ‚einem neuen Managementstil zu, zu dem Teamarbeit ebenso gehörte wie neue Entwicklungsmöglichkeiten, die allen Mitarbeitern das Verständnis für alles Geschehen auf den verschiedenen Ebenen der Organisation gestatteten . . ."*[24]

Selbst General Motors, jahrelang das klassische Modell einer erfolgreichen standardisierten Herstellerfirma, wurde in den vergangenen Jahren zu einem aktiven Erneuerer in partizipierenden Managementtechniken. Eines der frühesten und erfolgreichsten Beispiele dafür, wie effektive Teamarbeit die Qualität verbessern kann, liefert die Abteilung Inland dieses Unternehmens. Sie stellt Produkte wie Lenkräder und gepolsterte Armaturenbretter her. Seit dem Anfang der siebziger Jahre, als das Management der Abteilung Inland begann, das vertikale Führungssystem durch Managementteams zu ersetzen, hat diese Abteilung beständig die Leistung aller anderen Abteilungen des Unternehmens übertroffen. Der geschäftsführende Manager der Abteilung Inland, der diesen bedeutsamen institutionellen Wandel eingeführt hat, erklärt dieses erfolgreiche Konzept u. a. mit folgenden Worten: *„Als wir diese Teams einsetzten, war es für uns gewissermaßen ein Glaubensartikel, daß intelligente Mitarbeiter mit den richtigen Daten und guter Analyse auch gute Entscheidungen treffen würden ... Das Konzept des Produktteams ermöglicht es, dem Management und jedem einzelnen Angestellten das Erleben bestimmter Formen von Lebensqualität zu vermitteln, etwa Vertrauen ins Management, ein Gefühl der Teilhaberschaft am Unternehmen, die innere Verpflichtung, bessere Beziehungen zwischen Vorgesetzten und Untergebenen sowie zwischen den einzelnen Arbeitsgruppen aufzubauen. Schließlich trägt es dazu bei, Respekt für den einzelnen und seine Meinung zu demonstrieren. Wir wollen, daß jeder Mitarbeiter weiß, daß er Entscheidungen beeinflussen kann – doch muß er auch bereit sein, die Verantwortung für seine Leistung mit anderen zu teilen."*

Auch heute noch, nach mehr als zehn Jahren, liefert die Abteilung Inland durch die von ihr eingeführte Produktteam-Methode immer hoch ausgezeichnete Qualität und finanzielle Ergebnisse. Wie viele andere große Unternehmen hat General Motors das Konzept des partizipierenden Managements über das mittlere Management hinaus bis zu den Vorarbeitern und Arbeitern am Fließband ausgedehnt. In den meisten Fällen sind diese Teameinheiten als Qualitäts-

zirkel bekannt. Ein typischer Zirkel setzt sich zusammen aus bis zu einem Dutzend Arbeitern und einem Vorarbeiter. Man trifft sich wöchentlich zu einer Besprechung, wie man die Qualität verbessern, den Output steigern und effektiver zusammenarbeiten kann.
Nach Angaben der International Association of Quality Circles umfaßte dieser Verband im Jahre 1984 mehr als 2000 amerikanische Unternehmen. Beispiele für Einsparungen und Produktivitätsverbesserungen durch diese Bemühungen sind weit verbreitet. Ein Artikel des *The Journal of Commerce* berichtet über eine typische Erfolgsstory bei der Firma Motorola, Inc. Weitgehend aufgrund der Bemühungen der Beschäftigten dieser Firma *„sanken die Arbeitskosten für einen bestimmten Halbleitertyp von $ 30.20 im Jahr 1976 auf $ 14.40 pro tausend Stück im Mai 1981 ... Bei einem anderen Halbleitertyp sanken die Herstellungskosten von $ 2.80 auf $ 2.43 pro tausend Stück, und bei einem weiteren von $ 1.44 auf $ 1.30."*[25]

Teammanagement innerhalb von Dienstleistungsindustrien

Bisher konzentrierte diese Diskussion sich auf die Notwendigkeit, die amerikanische Industrieproduktion auf stärker entwickelte Produkte zu verlagern sowie auf die wachsende Bedeutung eines anderen, team-orientierten Managementstils, um den komplexen Wandel in den herstellenden Unternehmen besser zu meistern. Ein ähnlicher Wandel im Managementstil ist auch im zweiten vitalen Sektor der amerikanischen Volkswirtschaft erforderlich – im Dienstleistungssektor. Nach einer Statistik des Arbeitsministeriums sind gegenwärtig über die Hälfte aller Beschäftigten im Dienstleistungsbereich tätig.[26] Dazu gehören auch einige der intelligentesten und begabtesten Fachleute in Berufen wie Buchhaltung und Buchprüfung, Werbung, Bankwesen, finanzielle Dienstleistungen, Versicherungswesen und Rechtswesen.

Heute sind Fachleute die Stütze unserer Dienstleistungsindustrien, deren Output nicht harte Waren oder Produkte sind, sondern spezielle Formen von Information. In diesen für die Gesamtstärke unserer Volkswirtschaft so entscheidenden Industrien erscheinen die traditionellen Strukturen hierarchischen Managements besonders antiquiert. Wegen der großen Zahl von Informationsspezialisten – von denen viele die neue Generation von Facharbeitern repräsentieren – ist die Teammethode oft das geeignetste Modell für das Lösen von Problemen und das Zustandekommen von Entscheidungen.

Nachdem wir die Mitte des Jahrzehnts überschritten haben, finden wir viele ermutigende Beweise dafür, daß Amerika erfolgreich auf die Krise in seinen Unternehmen reagiert – durch Veränderung der Natur des industriellen Outputs und entsprechende Änderungen seiner Managementsysteme. Doch bietet die bloße Existenz von Managementteams und Qualitätszirkeln innerhalb von Organisationen keine Garantie dafür, daß diese neuen Systeme auch gedeihen und zu dauerhaften Bestandteilen der Unternehmensstruktur werden. Selbst innerhalb von Organisationen, die absolut hinter dieser Methode stehen, gibt es noch mancherlei Widerstände gegen die neuen flexiblen Strukturen. Soll das partizipierende Management Erfolg haben, dann müssen im Managementverhalten und in den traditionellen Definitionen dessen, was es bedeutet, eine Führungskraft zu sein, fundamentale Wandlungen eintreten.

Wir brauchen ein neues Führungskonzept

Der Psychologe Michael Maccoby sagte in seinem Vortrag „Management und Führungsstile" über diese Veränderungen: *„Die fortschrittlichsten Organisationen sind diejenigen, die erkennen, daß sie die Menschen auf neue Art managen müssen. In der Vergangenheit wurde Management als das Kontrollieren von Menschen und Ressourcen definiert. Management bedeutete Kontrolle und Kontrollsysteme. Ich vertrete die radikale These, daß das Zeitalter des Managements vorbei ist ... Die fortschrittlichsten Unternehmen brauchen keine Manager mehr ... Wir brauchen jedoch Führungspersönlichkeiten,* *die mithelfen, Teams zu formen, in denen auch andere an den Führungsfunktionen teilhaben.*"[27]

In seinem Buch *Leadership* bezeichnet James MacGregor Burns diesen neuen Managementstil als *„transformierende Führung"*. Er sagt: *„Der transformierende Führer schöpft aus den Bedürfnissen, steigert die Aspirationen und hilft bei der Formulierung der Wertvorstellungen – damit mobilisiert er das Potential seiner Mitarbeiter.*"[28] Statt Befehle zu erteilen oder die Arbeit der Mitarbeiter direkt zu kontrollieren, legt die Führungspersönlichkeit die einzuschlagende Richtung fest und überläßt es den Mitarbeitern, sie nach eigenem Gutdünken zu befolgen.

Die Eigenschaften dieses neuen Typs von Wirtschaftsführer und die für seine Tätigkeit erforderlichen Fähigkeiten unterscheiden sich beträchtlich von denen des traditionellen autoritären Prototyps. Diese neuen Führer müssen die von ihnen gemanagten Menschen als gleichberechtigt ansehen. Ihre Fähigkeit muß vor allem darin bestehen, den Mitarbeitern Spielraum zu verschaffen, die innerhalb der Arbeitsgruppen die besten Gedanken erarbeiten, die zur Integration unterschiedlicher Ansichten beitragen und Problemlösungen durch Konsens fördern. Da diese Führungspersönlichkeiten sich weniger auf die Autorität ihrer hierarchischen Position stützen, müssen sie das Vertrauen und die bereitwillige Mitarbeit der Untergebenen durch persönliches Charisma und professionelle Kompetenz gewinnen.

In seinem Artikel *The Leader* äußert Dr. Michael Maccoby sich noch einmal über die Notwendigkeit eines fundamentalen Wandels im Management. Zur Methode, anderen die Mitarbeit zu „erleichtern" schreibt er: *„Der beste Anführer gibt seinen Untergebenen so viel Hilfestellung, bis sie ihn schließlich gar nicht mehr brauchen ... Wenn er seine Arbeit beendet hat, sagen die Leute ‚Das ist ganz von alleine gekommen*'".[29]

Andere Forscher, die sich für die Notwendigkeit eines neuen Führungsstils interessieren, haben sich mit der Frage beschäftigt, wie sich der Managementstil der Vergangenheit von dem unterscheidet, der für zukünftiges erfolgreiches Managen benötigt wird. In einer Studie zum Thema *Welchen Führungstyp brauchen wir?* beschreiben Lynn Rosener und Peter Schwartz die Unterschiede zwischen dem traditionellen Alpha-Stil und dem jetzt aufkommenden Beta-Führungsstil wie folgt: *„Der dominierende Alpha-Stil beruht auf analytischem, rationalem und quantitativem Denken. Er stützt sich auf hierarchische Autoritätsbeziehungen und neigt dazu, nach deterministischen, eher mechanisch konstruierten Lösungen für spezifische Probleme zu suchen.*

Der Beta-Führungsstil beruht auf zusammenfassendem intuitivem und qualitativem Denken. Er sucht Unterstützung in adaptiven Beziehungen. Für systemische Probleme sucht er integrierte Lösungen.“[30] Rosener und Schwartz glauben, der Alpha-Stil werde für gewisse Unternehmen und Situationen der angemessene bleiben und auch in der Zukunft nicht verschwinden. Sie glauben aber auch, daß der Beta-Managementstil eine Schlüsselrolle bei der Lösung jener Art von Produktivitätsproblemen spielen kann, mit denen die amerikanische Wirtschaft zur Zeit konfrontiert ist.

Die Rolle weiblicher Führungskräfte

Außerdem sind die Autoren der Ansicht, der Beta-Stil sei für weibliche Manager viel natürlicher als für männliche. Daher können Frauen ihrer Ansicht nach einen unschätzbaren Beitrag zur Lösung der gegenwärtigen Krise in den Unternehmen leisten. *„Diesen Stil (Beta) den traditionelleren Methoden an die Seite zu stellen, bietet in dieser Krise eine große Chance – und Frauen können zur Nutzung dieser Chance einen beträchtlichen Beitrag leisten.*

Es ist zwar wichtig festzustellen, daß keiner der beiden Stile exklusiv vom einen oder anderen Geschlecht befolgt wird; doch hat die Rollenzuweisung für die beiden Geschlechter in der abendländischen Kultur diese Verhaltensmuster zwischen Männern und Frauen in unserer Gesellschaft polarisiert. Traditionell handeln die meisten Männer mehr in Übereinstimmung mit dem Alpha-Stil, die meisten Frauen mehr im Sinne des Beta-Stils."[31]

Nachdem nun also die Beweise für einen Bedarf an fundamentalen Veränderungen in der Natur und Struktur der amerikanischen Industrie sich immer mehr häuften, begannen nach und nach neue Lösungen in Erscheinung zu treten. Sollen aber diese Lösungen maximale Wirkung erzielen, dann müssen die älteren Topmanager, die zur Zeit die amerikanischen Unternehmen leiten, ihre Aufgeschlossenheit gegenüber den neuen Methoden demonstrieren und in vielen Fällen ihren traditionellen Führungsstil ändern. Außerdem müssen sie die Rolle akzeptieren, die Frauen in dieser bedeutsamen Übergangsphase spielen können, und den unterschiedlichen Führungsstil fördern, den Frauen als Gruppe in den Betrieb einbringen können. Kann das amerikanische Topmanagement die Wandlungen vollziehen, die erforderlich sind, um aus dem Rückgang und den Fehlschlägen der jüngeren Vergangenheit Erfolge von morgen zu machen? Die Antwort ist noch unklar, doch ist eine Tatsache bereits gewiß. Ihre Fähigkeit oder Unfähigkeit, diese sich wandelnden Realitäten voll zu akzeptieren, wird im kommenden Jahrzehnt eine noch stärkere Wirkung auf unsere Volkswirtschaft ausüben, als es je in der Vergangenheit der Fall war, und wird ebensosehr den Kurs unserer langfristigen Zukunft als Industriemacht festlegen. Dies ist eine Herausforderung, die visionäre Vorausschau, Mut, Bescheidenheit und letztlich die gesammelten Fähigkeiten der traditionellen und der weiblichen Manager erfordert.

Kapitel 4

Plädoyer für weibliche Führung

In der gesamten amerikanischen Industrie gibt es heute mehr Beweise als je zuvor, daß ein Wandel notwendig ist. Für viele Analysten ist der traditionelle Führungsstil in den meisten größeren amerikanischen Unternehmen ein Haupthindernis für Wachstum und Verbesserungen.

In der Vergangenheit erachteten die meisten Führungskräfte der Wirtschaft partizipierendes Management als unrealistisch und sahen darin sogar einen Euphemismus für die Abdankung jeglicher Führungsverantwortung. Heute jedoch findet man in vielen Organisationen wachsende Zustimmung für eine mehr menschenorientierte Methode. In einem Kommentar über die sich ändernde Unternehmensethik betont John Naisbitt in *Megatrends*: „*Das allgemeine Gesetz, das die Beziehungen zwischen Arbeitgebern und Arbeitnehmern bestimmt, beruht nach wie vor auf dem Herr-Diener-Verhältnis... Doch scheint sich ein Wandel anzubahnen.*[32] *Ob wir nun mit dem Begriff der partizipierenden Demokratie einverstanden sind oder nicht, so ist er doch in den Kern unseres Wertesystems eingesickert... Der gesamte gegenwärtige Antrieb, die Unternehmen offener und berichtsfreudiger zu machen ... sowie der Trend zu größeren Rechten der Angestellten und Mitbestimmung der Arbeitnehmer haben in der neuen Ethik einer partizipierenden Demokratie ihren Ursprung.*“[33]

Vielleicht ist der Gedanke partizipierenden Managements nichts als alter Wein in neuen Schläuchen. Verhaltenswissenschaftler schauen schon seit dreißig Jahren nach ihm aus. Doch bis vor kurzem haben nur wenige Unternehmenschefs davon Kenntnis genommen, und noch weniger waren gewillt, es auszuprobieren. Jetzt hat die Lage sich zu ändern begonnen. Anscheinend haben veränderte Wertvorstellungen einer neuen Generation von Mitarbeitern sowie wirtschaftliche Notwendigkeit schließlich viele Manager überzeugt, diesen Gedanken ernst zu nehmen.

Partizipierendes Management ist jedoch nicht schon automatisch gegeben, wenn Unternehmensführungen beschließen, diesen Gedanken aufzugreifen. In *Theory Z: How American Business Can Meet the Japanese Challenge* verweist William Ouchi darauf, daß die Unternehmen zunächst gewillt sein müssen, ihre grundlegende Managementphilosophie zu überdenken und ihren Managern freie Hand zu lassen, einen stärker partizipierenden Stil zu praktizieren. Für Dr. Ouchi ist eine Begabung für zwischenmenschliche Beziehungen ein entscheidendes Element dieses Stils. Sie wird in erfolgreichen japanischen Unternehmen sehr geschätzt, in den meisten amerikanischen jedoch unterbewertet. Dabei könnte dieses Element auch der U. S.-Industrie helfen, viele Probleme der Produktivität und Betriebsmoral zu lösen.

Wie sich gezeigt hat, ist der gegenwärtige Ruf nach Veränderung des Managementstils nicht einfach das Ergebnis der harten Lektionen, die wir in den vergangenen Jahren von den Japanern gelernt haben. Er beruht auch auf den Erfolgen der wenigen U. S.-Unternehmen, die solche Veränderungen erprobt haben. Bei ihrer Suche nach dem, was für amerikanische Unternehmen das Beste ist, haben Tom Peters und Bob Waterman entdeckt, daß die von ihnen besuchten „hervorragenden Unternehmen“ sich vor allem dadurch auszeichneten, daß sie den Menschen in den Mittelpunkt stellten.

Immer wieder zitieren die beiden Autoren in ihrem Buch *In Search of Excellence* viele Beispiele, wo partizipierendes Management, größere Einbeziehung der Mitarbeiter und positive Verstärkung zu erhöhter Profiabilität amerikanischer Firmen geführt haben. Außerdem singen sie ein Loblied auf intuitive Managementmethoden, die sich auf natürliche Instinkte, Flexibilität und Gefühl statt auf striktes Festhalten an rationalen und analytischen Vorgängen stützen.

Nach Ansicht der Autoren täten amerikanische Manager gut daran, sich bei ihren Entscheidungen mehr auf eigene Instinkte als nur auf vernunftmäßige Daten zu verlassen. *„Läßt man einer ausschließlich analytischen Methode freien Lauf, dann führt das zu einer abstrakten und herzlosen Anschauung ... Die rein rationale Methode raubt Situationen, die vor allem lebendig sein sollten, das lebendige Element."*[34]

Die Prüfung der vorliegenden Fakten scheint also zu ergeben, daß die Kunst des Managens schließlich an Bedeutung mit der Wissenschaft gleichzieht. Heute wird selbst die Grunddefinition effektiver Führung in vielen Unternehmen überprüft, da mehr und mehr Unternehmensleiter erkennen, daß schlechte Betriebsmoral und rückläufige Produktivität weitgehend hausgemachte Probleme der eigenen Organisation sind.

Ein Manager eines Hightech-Unternehmens formulierte das so: *„Wir sind auf den Feind gestoßen und haben dabei festgestellt, daß wir selbst es sind ... bis herab zu den militärischen Analogien, deren wir uns bedienen, um fast alles zu beschreiben, was in unseren Organisationen geschieht. Es ist Zeit, eine neue Metapher für das Geschehen in unserer Organisation zu finden. Die militärischen Parallelen aus der Vergangenheit sind nicht mehr anwendbar. Der paramilitärische Führungsstil, der einst so gut funktionierte, hat heute keine Wirkung mehr."*

Ironischerweise hat keiner der Autoren und Analysten, die von der Notwendigkeit des Wandels sprechen, eine Verbindung hergestellt zwischen dem, was ihrer Ansicht nach für das Überleben der Unternehmen erforderlich ist, und den natürlichen Fähigkeiten weiblicher Manager. Dennoch scheint es, daß weibliche Manager in mancher Hinsicht besser dafür gerüstet sind, es mit den Herausforderungen der Zukunft aufzunehmen, als viele der traditionellen männlichen Führungskräfte, die in der Vergangenheit erfolgreich waren. Denn viele der typischen Eigenschaften, die als entscheidend für künftigen Erfolg genannt werden – Sorge um die Mitarbeiter, Pflege zwischenmenschlicher Beziehungen, intuitives Management und kreative Problemlösungen – sind Eigenschaften, in denen das weibliche Geschlecht sein ganzes Leben lang geschult und ermuntert wurde. Es scheint jetzt, daß gerade die Eigenschaften, die aufzugeben man bisher Frauen beim Eintritt in die Welt des Managements riet, nunmehr als entscheidend für die langfristige Gesundheit und Lebensfähigkeit der Unternehmen anerkannt werden.

Obwohl man an den Fachhochschulen den Frauen immer noch rät, „hart zu werden“ und sich rationales Denken und männlichen Führungsstil anzueignen, wächst in der gesamten Wirtschaft eine Erkenntnis; sie hat einen großen Bedarf an menschen-orientierten Fähigkeiten – also den Fähigkeiten, die Frauen schon in der Kindheit zu schätzen und zu nutzen gelehrt werden. Diese Fähigkeiten stellen eine nichttraditionelle, jedoch höchst effektive Managementmethode dar, die ich weibliche Führungsfähigkeit nenne.

Eine Definition weiblichen Führungsstils

Anders als der von den meisten Männern bevorzugte maskuline Führungsstil ist weibliche Führungskunst ein Managementstil, der die volle Bandbreite der natürlichen Begabungen und Fähigkeiten der Frauen nutzt wie nie zuvor. Es ist ein Führungsansatz, der an geschlechtliche Unterschiede geknüpft ist, an frühe Sozialisation und jenes einzigartige Gut von Lebenserfahrungen, das seit frühester Kindheit die Wertvorstellungen, Interessen und das Verhalten der Frauen als Erwachsene formt.

Im Kern unterscheidet sich der weibliche Führungsstil vom traditionellen Managementstil vor allem dadurch, daß er sich ebenso auf emotionale wie auf rationale Daten verläßt. Weibliche Manager sehen die Welt durch zwei verschiedene Linsen gleichzeitig und reagieren daher auf Situationen sowohl auf rationaler wie auf gefühlsmäßiger Ebene.

Im Einklang mit den emotionalen Hinweisen und Unterströmungen, die Teil jeder menschlichen Interaktion sind, berücksichtigen weibliche Führer bei ihren Entscheidungen noch zusätzliche Daten und sind oft geneigter, ihre eigenen und die Gefühle anderer einzubeziehen, wenn sie nach Lösungen für komplexe Probleme suchen. Daher agieren sie in ihrer Rolle als Problemlöser wahrscheinlich etwas anders als ihre traditionellen Kollegen.

Kurz gesagt: Weibliche Führer sind fähig, sich stärker um die Aufrechterhaltung enger persönlicher Beziehungen zu anderen Menschen zu kümmern. Bei ihren Entscheidungen ziehen sie Gefühle ebenso in Betracht wie grundlegende Fakten. Sie suchen Lösungen, bei denen jeder zu den Gewinnern zählt, und vermeiden Situationen, in denen es Verlierer geben muß. Sie sind auch eher geneigt, kurzfristige persönliche Vorteile dem langfristigen Wohlergehen ihrer Organisation unterzuordnen, von der sie und ihre Kollegen abhängen.

Natürlich treten diese Eigenschaften nicht bei allen weiblichen Managern gleich stark in Erscheinung, noch fehlen sie völlig bei allen männlichen. Doch weisen immer mehr Fakten darauf hin, daß Frauen als Gruppe im Vergleich zu den meisten Männern, tatsächlich einen anderen, in ihrer Natur liegenden Managementstil haben und in Führungsrollen vermutlich etwas unterschiedlich, wenn auch gleich effektiv, handeln.

Im Vergleich mit dem im zweiten Kapitel beschriebenen traditionellen Managementstil setzt der weibliche sich aus vielen Eigenschaften und Komponenten zusammen, die sich von denen mehr von Männern eingesetzten deutlich unterscheiden. Insgesamt gesehen ergeben diese Eigenschaften jedoch einen Führungsstil, der bei vielen Frauen sehr gut zu funktionieren scheint – besser sogar als die traditionellere Methode. Nachstehend ein Überblick über einige der Hauptcharakteristika dieses Stils:

Weibliches Führungsmodell

Stil des Handelns:
Kooperativ

Organisationsstruktur:
Team

Grundlegende Zielsetzung:
Qualitäts-Output

Stil des Problemlösens:
Intuitiv
Rational

Entscheidende Charakteristika:
Geringere Kontrolle
Einfühlsam
Auf Zusammenarbeit eingestellt
Hohe Leistungsstandards

Biologische Ursachen

Die Ursachen dieser Unterschiede liegen in grundlegenden Fakten der Biologie und Physiologie sowie in der völlig unterschiedlichen Weise, in der Knaben und Mädchen erzogen und innerhalb unserer Kultur in die Gesellschaft eingebunden werden. Es kann daher auch nicht überraschen, daß die genaue Natur dieser Unterschiede und die Art, wie sie Gewohnheiten, Verhaltensweisen und sogar die Gesundheit von Männern und Frauen beeinflussen, Wissenschaftler und Sozialforscher stark interessieren.

Es ist seit langem bekannt, daß zwischen Knaben und Mädchen bedeutsame Unterschiede in grundlegenden Verhaltensweisen bestehen. Im allgemeinen tun Mädchen sich mehr in verbalen Fähigkeiten hervor, während Knaben sich stärker in Mathematik und visuell-räumlichen Fähigkeiten auszeichnen. In ihrem Buch *The Psychology of Sex Differences* (Psychologie der Geschlechtsunterschiede) beschreiben die Forscher Carol Jacklin und Eleanor Maccoby diese Unterschiede: *„Tests hinsichtlich der allgemeinen Intelligenz ergeben keine Unterschiede zwischen den Geschlechtern ... Bei der Untersuchung spezieller Fähigkeiten treten sie jedoch in Erscheinung. Ganz allgemein sind Mädchen bei verbalen Aufgaben, Knaben bei mathematischen und visuell-räumlichen besser."*[35]

Die in der Forschung tätige Psychologin Diane McGuiness ist eine Kollegin von Jacklin und Maccoby an der Stanford University. In einem dem Buch *Sex and the Brain* (Geschlecht und das Gehirn) entnommenen Interview spricht sie über Unterschiede in den Gewohnheiten der Geschlechter und die Tatsache, daß viele sich so früh äußern, so daß sie angeboren erscheinen. *„Einige dieser Unterschiede treten schon äußerst früh im Leben auf, andere werden nach der Pubertät augenfälliger. Das Faszinierende daran ist, daß sie anscheinend vom kulturellen Hintergrund unabhängig sind – es sind dieselben in Ghana, Schottland, Neuseeland oder Amerika ... Das männliche Geschlecht löst leichter Aufgaben, die visuell-räumliche Fähigkeiten erfordern, Frauen solche, bei denen es um sprachliche Befähigung geht. Männer sind besser in Mathematik, Kartenlesen, bei der Suche nach dem Weg aus einem Labyrinth, wenn es darum geht, im Geist Objekte hin und her zu verschieben oder dreidimensionale Objekte in zweidimensionaler Darstellung zu lokalisieren ... Frauen sind in allen Fähigkeiten, die mit Sprache zu tun haben, sehr viel besser: in freier Rede, verbalen Argumenten, geschriebener Prosa und beim Vorlesen ... Allgemein ausgedrückt, sind Frauen Kommunikatoren, Männer handeln lieber."*[36]

Seit einigen Jahren gibt es wissenschaftliche Spekulationen, daß die Unterschiede der natürlichen Begabungen auf grundlegenden Verschiedenheiten in der Struktur des männlichen und des weiblichen Gehirns begründet sein könnten. Nach dieser Hypothese sind diese Unterschiede das Ergebnis des unterschiedlichen Druckes der Umwelt, dem Männer und Frauen in Millionen Jahren der Evolution ausgesetzt waren. Die Männer der primitiven Gesellschaften waren

Jäger. Damit sie erfolgreich jagen konnten, selektierte die Natur Männer nach physischen Eigenschaften wie Sehschärfe, Beherrschung des motorischen Nervenapparates, sowie die Fähigkeit zum Abschätzen von Entfernung und Richtung. Die Frauen dagegen wurden nach anderen Eigenschaften selektiert. Da sie die Kinder gebären und aufziehen mußten, war es für sie notwendig, eine feinere sprachliche und emotionale Sensibilität zu entwickeln. So die Theorie dieser Wissenschaftler.

Aus der Sicht des gesunden Menschenverstandes mag diese Theorie Gültigkeit besitzen. Doch gibt es im Augenblick nur unzureichende empirische Beweise, um diese Anschauung voll zu unterstützen. Die Existenz von Unterschieden im Gehirn beider Geschlechter mag von einigen bestritten werden. Doch kann wohl niemand die spürbare Wirkung der Geschlechtshormone auf das Alltagsverhalten von Männern und Frauen leugnen. Die Wissenschaftlerin Dr. Estelle Ramey, Professorin für Physiologie und Biophysik an der Georgetown University, ist sehr an diesem Thema interessiert. Ein erheblicher Teil ihrer Forschungsarbeit ist den hormonalen Unterschieden zwischen den Geschlechtern und ihre Beziehung zu Streßreaktionen Erwachsener gewidmet.

Dabei hat sie herausgefunden, daß Frauen wegen ihrer hormonalen Ausstattung oft eine größere Toleranz für Streß aufweisen. Nach Ansicht von Dr. Ramey waren viele der männlichen Reaktionen auf Streß in primitiveren Gesellschaften äußerst wertvoll, heute seien sie jedoch weniger nützlich. So konnte ein schneller Blutgerinnungsfaktor das Leben eines verletzten Kriegers oder Jägers in einer primitiven Kultur retten; beim modernen Mann jedoch steigert er das Risiko eines Herzinfarkts.

„Im allgemeinen verfügen Frauen über den Vorteil zusätzlichen hormonalen Schutzes zur Bewältigung von Streß. Deswegen leiden sie weniger unter streßbedingter Krankheit und sind weniger anfällig, in gefährdeter Lage aggressives Verhalten zu zeigen. Ganz gewiß läßt

sich daraus ableiten, daß Frauen im Geschäftsleben vermutlich auf arbeitsbedingten Streß anders reagieren als Männer."

Die Rolle der Sozialisation

Verhaltensunterschiede zwischen den Geschlechtern sind jedoch nicht nur eine Funktion der Biologie. Auch Unterschiede bei der Sozialisation können eine wichtige Rolle bei der Formulierung von Wertvorstellungen, Interessen und Verhaltensweisen während der Kindheit und danach spielen. Von dem Augenblick an, an dem ein Baby in die traditionelle hellblaue oder rosa Babywäsche gesteckt wird, reagieren die Erwachsenen auf das Kind so, wie sich ihren Erwartungen gemäß kleine Knaben oder Mädchen zu verhalten haben. Während der frühen Kinderjahre bestärken Eltern und Erzieher ständig viele Verhaltensunterschiede bei den Kindern ausschließlich auf der Grundlage ihres Geschlechts.

In einer typischen Studie über die Auswirkungen der Sozialisation auf männliches und weibliches Verhalten wurde eine Gruppe von Volksschullehrern gebeten, typische Verhaltensunterschiede von Knaben und Mädchen zu beschreiben. Sie berichteten, Knaben neigten zu größerer physischer Aktivität, seien prahlerisch und streitsüchtig sowie neugierig, während Mädchen ordentlicher, aufmerksamer, gehorsamer gegenüber der Autorität und besser im mündlichen Ausdruck seien.

Es ist nicht so einfach zu bestimmen, bis zu welchem Grad diese Unterschiede das Ergebnis geschlechtlicher Konstitution oder von Sozialisation sind. Deswegen streiten Wissenschaftler, Erzieher und Eltern weiterhin darüber, ob die Unterschiede naturgegeben oder anerzogen sind. Unbestreitbar ist jedoch die starke Wirkung, die diese Unterschiede auf uns alle ausüben – ganz gleich, welchen Ursprung sie haben.

Und wie steht es damit im späteren Leben? Verschwinden geschlechtsbedingte Unterschiede wenn wir heranreifen? Werden wir uns als erwachsene Männer und Frauen ähnlicher als wir es als Knaben und Mädchen waren? Zweifellos dehnen wir unsere Interessen auf Aktivitäten und Hobbys aus, die früher als Domäne des anderen Geschlechts galten. Doch weisen Forschungsergebnisse darauf hin, daß grundlegende Unterschiede bei den Wertvorstellungen zwischen den Geschlechtern auch während des ganzen Lebens fortbestehen.

Äußerliche Verhaltensweisen können vorübergehend sein; grundlegende Wertvorstellungen jedoch sind das Fundament unseres Charakters und unserer Persönlichkeit. Als solche wirken sie wie Wegweiser für unsere Entscheidungen, unsere persönliche Weltanschauung, unsere Wahrnehmung der Welt und unsere Beziehungen. Bei einer Umfrage *The Study of Values* (Eine Studie über Wertvorstellungen) wurden Tausende junger Menschen im Collegealter befragt. Das Ergebnis zeigt, daß Männer und Frauen die Prioritäten der sechs Grundwerte, über die sie befragt wurden, erheblich anders festsetzen. Interessant war auch, daß das durchschnittliche männliche Profil die Kehrseite des durchschnittlichen weiblichen Profils liefert.

Die Befragung ergab unter anderem folgendes. Männer lassen sich mehr durch die Suche nach rationaler (der theoretischen) Wahrheit motivieren. Sie betonen das Praktische und Nützliche der Dinge und Ideen (wirtschaftliche Motive), sowie das Verlangen nach Macht und Einfluß (also politische Motive).[37] Deshalb legen sie größeren Wert auf ihre Fähigkeit zum Beobachten und objektivem Argumentieren. Sie wollen in ihrer Arbeit und ihrem Leben einen nützlichen Zweck finden, einflußreich sein und von anderen bewundert werden.

Frauen legen mehr Wert auf Form und Harmonie (Ästhetik); sie sorgen sich um andere Menschen (soziales Empfinden), betonen

Einheit und Spiritualität (Religiosität).[38] Als Gruppe zeigen Frauen größeres Interesse für Schönheit und kreativen Ausdruck, werden vom Wunsch motiviert, anderen zu helfen und sich um sie zu kümmern, und lassen sich von Idealismus leiten.

Die erwähnte „Studie über Wertvorstellungen" wurde auch auf dem Gebiet der Laufbahnberatung für leitende Manager eingesetzt. Zu den Firmen, die mit ihrer Hilfe individuelle Stärken und berufliche Interessen von Mitarbeitern testen, gehört Caress, Gilhooly & Kestin Inc., in New York. Edward Kuzukian, ein Vorstandssprecher, berichtete, die Trends unter Tausenden von getesteten männlichen und weiblichen Managern stimmten mit denen überein, die bei den oben erwähnten Testpersonen im Collegealter entdeckt wurden.

Es sollte daher nicht überraschen, daß die Unterschiede der Wertvorstellungen auch zu unterschiedlichen Wahrnehmungsweisen, Haltungen und Verhaltensweisen unter Managern führen. Aus einer Überprüfung der durchschnittlichen Profile von Männern und Frauen erhält man den Eindruck, beide Gruppen könnten durch Zusammenarbeit eine breitere Vielfalt organisatorischer Probleme anpacken und lösen, als es jede Gruppe für sich alleine könnte.

Bei ihrer Untersuchung psychologischer Unterschiede zwischen Männern und Frauen gelangte die Harvard Psychologin Carol Gilligan zu ähnlichen Schlußfolgerungen. Ihren Ergebnissen nach neigen Männer dazu, die Welt unpersönlich zu sehen, durch „Systeme von Logik und Gesetz". Frauen dagegen betrachten die Welt als aus Beziehungen bestehend, „eine Welt, die mehr durch menschliche Beziehungen als durch Systeme von Vorschriften zusammenhält". Dr. Gilligan hat ferner gefolgert, daß eine der größeren Herausforderungen für Wirtschaftsführer und Erzieher in der Zukunft darin bestehen wird, zu lernen wie man „die unterschiedlichen Ausdrucksformen" von Männern und Frauen erkennt und sie effektiv nutzt.[39]

Die Wirtschaft muß den weiblichen Führungsstil anerkennen. Wenn nun dieser weibliche Führungsstil für viele Frauen eine effektivere Alternative ist als der von Männern bevorzugte traditionelle Stil – warum wird er dann in den meisten Organisationen nicht anerkannt und gefördert? Er wird einfach deshalb nicht anerkannt, weil das die Akzeptanz der Idee erfordern würde, daß Frauen als Gruppe von Männern zwar verschieden, ihnen aber gleichwertig sind. Das erfordert einen Wandel der Art, wie die meisten Unternehmensleiter, unter ihnen viele, die sich für fortschrittlich halten, die Welt sehen.

Statt den jeweils einzigartigen Stil anzuerkennen, den Männer und Frauen in ihrer Rolle als Manager praktizieren, haben die meisten Organisationen im vergangenen Jahrzehnt zu beweisen versucht, daß Männer und Frauen absolut gleich sind. Gleichheit wurde so gedeutet, daß bestimmte standardisierte männliche Verhaltensweisen für beide Geschlechter verbindlich sein sollten. Als Ergebnis dieses Denkens haben Frauen im Management ihren Erfolg allein durch Anpassung an männliche Normen erreicht, während diejenigen, die sich selbst treu blieben, selten die Anerkennung und Unterstützung erhalten haben, die sie für ihr Fortkommen brauchen. Bewußte oder unbewußte männliche Vorurteile sind nach wie vor ein Haupthindernis für weibliche Führungskräfte. Obwohl diese Frauen kompetente Leistungen erbringen, wird ihr Stil von männlichen Kollegen und Chefs, die nicht daran gewöhnt sind, mit dieser nichttraditionellen Methode zu arbeiten, oft unterbewertet.

Folgendes Gespräch mit dem Vizepräsidenten für Marketing eines größeren Unternehmens für Gesundheits- und Kosmetikartikel erläutert dieses Problem. Er sagte: *„Vor ein paar Jahren war ich sehr bemüht, Frauen in meiner Abteilung größere Aufstiegsmöglichkeiten zu beschaffen ... Wenn ich jetzt jedoch zurückblicke, bin ich nicht mehr so sicher, ob ich richtig gehandelt habe, als ich darauf drängte, mehr Frauen einzustellen. Denn trotz ihrer Ausbildungsnachweise und ihres persönlichen Hintergrunds scheinen sie als Gruppe nicht das zu leisten,* *was man von ihnen erwartet. Einige von ihnen wurden befördert, doch kann ich mir ehrlich gesagt keine dieser Frauen im oberen Management vorstellen. Auch wenn sie gute Arbeit leisten, so scheinen sie sich doch nicht so hervorzutun wie Männer. Sie scheinen einfach nicht zu brillieren."*

Das Problem unbewußter männlicher Vorurteile hinsichtlich der Leistungsnormen in den meisten Unternehmen wurde 1983 auch von Betty Friedan im *The New York Times Magazine* behandelt. Sie schildert die starke Wirkung männlicher Unternehmensphilosophie auf die Frauen an der Harvard University, wo sie eine Zeitlang am Institute of Politics Dozentin war.

„Während meiner Forschungstätigkeit wurde ich gebeten, mit Studentinnen der juristischen, der medizinischen und der theologischen Fakultät sowie der Abteilung Architektur zu diskutieren. Diese jungen Damen verfügten über respekteinflößende Sachkenntnisse, und doch empfand ich ihnen gegenüber ein gewisses Unbehagen. Sie erschienen mir zu adrett, zu beherrscht, gehemmt, fast unterwürfig, und ein wenig saft- und kraftlos.

Ein Dekan sagte mir: ‚Natürlich immatrikulieren wir nur die brillantesten Bewerberinnen. Ihre Leistungsnachweise sind atemberaubend, ebenso ihre Noten bei den Zulassungsprüfungen. Wenn sie dann jedoch bei uns sind, leisten sie aus irgendeinem Grunde nicht das, was sie eigentlich könnten. Haben Sie dafür eine Erklärung?'

‚Nicht ohne mit ihnen gesprochen zu haben', sagte ich. ‚Doch habe ich so eine Ahnung, daß es in den allzu maskulinen Strukturen und dem entsprechenden Umfeld hier liegen könnte. Irgendwie widerspricht das ihrem natürlichen Wesen, obgleich sie sich dessen vielleicht gar nicht bewußt sind. Es muß hier irgendetwas geben, was nicht gerade das Beste an weiblicher Energie herausfordert. Sollte meine Ahnung sich bestätigen, dann sollten Sie das abstellen. Denn auf diese Art bildet man nicht gerade die Unternehmensführer aus, die wir heute brauchen.'"[40]

Mrs. Friedan sprach zwar vom Klima für Frauen an der Harvard University, doch könnten ihre Bemerkungen ebensogut auf die Managementkultur der meisten großen Unternehmen bezogen werden. Für die meisten Frauen ist dies immer noch eine fremdartige Kultur, in der sie beträchtliche Zugeständnisse machen müssen, wenn sie erfolgreich sein wollen. Sollen beide Geschlechter ihre Beiträge zum Wirtschaftsleben maximieren, dann wird eine neue Perspektive benötigt. Die Maßstäbe akzeptabler Managementleistungen müssen so erweitert werden, daß sie das ganze Spektrum männlicher und weiblicher Fähigkeiten einbeziehen.

Aus den Auswirkungen des Maskulinismus und dessen Anpassungsdruck auf Frauen erklären sich vielleicht auch die Ergebnisse neuerer Studien, die jeden Unterschied in den Managementstilen von Männern und Frauen verneinen. Die meisten Organisationen haben die bei ihnen tätigen Frauen genötigt, sich wie Männer zu verhalten, wenn sie aufsteigen wollen. Deshalb kann es nicht überraschen, daß viele Frauen bei den von ihren Betrieben veranlaßten Umfragen sich mit einem eher männlichen Führungsstil identifizierten. Außerdem erschwert die traditionelle Beförderungspraxis der meisten Organisationen das Aufsteigen von Frauen, die einen nichttraditionellen Führungsstil praktizieren. Viele Unternehmen tendieren auch unbewußt dazu, Frauen aufsteigen zu lassen, die den traditionellen Beförderungspraktiken besser entsprechen. Daher sind auf höheren Führungsebenen die Unterschiede zwischen männlichem und weiblichem Managementstil vielleicht weniger deutlich erkennbar.

Wachsende Anerkennung weiblicher Führungsfähigkeiten

Zum Glück gibt es in einigen Organisationen Hinweise auf einen positiven Wandel. Da im ganzen Lande immer mehr Frauen in Managementpositionen aufrücken, beginnen einige von ihnen, die alte These anzuzweifeln, ihr Erfolg setze voraus, daß man so „wie einer der boys“ werden müsse. Diese Frauen sind nicht mehr davon überzeugt, sie müßten ihre Kompetenz durch Anpassung an den männlichen Stil oder das Spielen angepaßter Rollen nachweisen. Vielmehr erkennen sie, daß ihnen eine andere und persönlich befriedigendere Alternative zur Verfügung steht.

In den vergangenen zwei Jahren habe ich bei Reisen durch das ganze Land mit Männern und Frauen über diese Idee gesprochen. Dabei wurde ich sehr ermutigt durch die umfangreiche Akzeptanz dieses weiblichen Führungsstils, der nun langsam in allen Wirtschaftszweigen an Boden gewinnt. Überall begegnete ich Leuten, die sich sofort für diesen Gedanken erwärmten. Denn dieses Konzept spricht nicht nur auf Produktivitätsprobleme an, mit denen viele Manager heute konfrontiert sind, sondern es berücksichtigt auch die unausgesprochene und doch nicht zu übersehende Tatsache, daß Männer und Frauen nun einmal verschieden sind. Kurz gesagt – es bestätigt viele der Erfahrungen und Beobachtungen weiblicher Manager, die bisher schwer zu verstehen oder zu beschreiben waren.

Eine leitende Bankangestellte formulierte das so: *„Zum ersten Male verstehe ich jetzt, warum ich mich in meinem Job so unbehaglich fühle. Ich habe versucht, meine Methoden und meinen Stil zu ändern, um meinem Chef zu beweisen, daß ich genauso smart und kompetent bin wie meine männlichen Kollegen. Ich habe versucht, alles genauso zu tun wie die Männer ... indem ich mich weniger gefühlsbetont, härter und analytischer gab ...*

Das ist fast so, als versuche man plötzlich mit der linken Hand zu schreiben, nachdem man es dreißig Jahre lang mit der rechten getan hat. Statt besser zu werden, leistet man weniger. Ständig fragt man sich ‚Was würde ein Mann in dieser Lage tun?‘, und da man das nicht weiß, versucht man es zu erraten. Dabei hört man dann auf, sich auf seinen Instinkt zu verlassen und sich selbst zu vertrauen.“

Für einige weibliche Manager bedeutet dieses Konzept nichts wirklich Neues, sondern ist eher ein neuer Ausdruck für etwas, was sie während ihrer ganzen Laufbahn getan haben. Bei anderen wächst die Erkenntnis, daß sie sich beim traditionellen Managementstil niemals richtig wohl fühlen oder voll leistungsfähig werden, weshalb es an der Zeit ist, zu ihrem natürlichen Stil zurückzufinden.

Seien sie nun erst seit kurzem „Bekehrte" oder schon langfristige Anhängerinnen dieser Idee – diese Frauen sind davon überzeugt, daß sie ihren Firmen etwas Besonderes zu bieten haben. Durch ihre besondere Führungsweise – ihre Intuition, Kreativität und Fähigkeit zur Pflege zwischenmenschlicher Beziehungen – glauben sie mehr zur Lösung von Managementproblemen beitragen zu können. Außerdem verschafft es ihnen auch stärkere Befriedigung in ihrer Arbeit. Leider bezeugen einige wenige, sehr erfolgreiche Frauen, mit denen ich gesprochen habe, wenig Interesse für diesen Gedanken, da ihr persönlicher Erfolg auf Anpassung an die traditionelle männliche Methode beruht. Aber selbst in der dünnen Luft des oberen Managements betätigen sich mehr und mehr Frauen als wirklich weibliche Führungskräfte.

Einer dieser nicht in traditionellen Gleisen festgefahrenen Superstars ist Dr. Yvonne Russel, Medizinerin und College-Dekan an der University of Texas in Galveston. Zur Zeit ihrer Berufung als Leiterin des Santa Clara Valley Hospital war Dr. Russel die einzige Frau unter den Medizinern in einer so herausragenden Position. Von dieser Warte aus wurde sie sich der Unterschiede im eigenen Managementstil und dem ihrer männlichen Kollegen bewußt:

„Da ich mich keiner Tradition verhaftet fühlte, mußte sich mein persönlicher Führungsstil von dem vieler Männer unterscheiden. Oft hatte ich den Eindruck, daß sie die Dinge wie bei der Buchführung einfach addieren, während ich mich zur Vervollständigung des Bildes mehr auf meine zwischenmenschlichen Beziehungen verließ.

Auch fiel mir das aggressive Konkurrenzverhalten der Männer untereinander auf, das sich wenig um die langfristigen Folgen ihres Tuns für die menschlichen Beziehungen oder für die Organisation bekümmerte. Mir schien, sie hatten eine völlig andere Auffassung von Teamarbeit als ich.

In den vergangenen Jahren haben einige Frauen in leitenden Positionen ebenfalls dieses Verhaltens des Gewinnens oder Verlierens angenommen. Im großen und ganzen scheinen Frauen jedoch mehr daran interessiert, daß alle gewinnen. Hilfreich für die ganze Organisation wäre in jedem Falle ein besseres Gespür für die Probleme anderer Leute.

Einen speziellen Beitrag könnten weibliche Manager auf dem Gebiet der Pflege zwischenmenschlicher Beziehungen leisten. Zwar lehren und messen wir die entsprechenden Fähigkeiten nicht, doch sind sie in jedem Beruf und jedem Unternehmen von entscheidender Bedeutung. Meines Erachtens sollten Frauen ihr Möglichstes tun, um diese ihre Fähigkeiten an ihrem Arbeitsplatz zur Geltung zu bringen und ihre Entwicklung bei anderen zu fördern. Es ist etwas Besonderes, was wir anbieten können und sollten.“

Eine andere höchst erfolgreiche Frau ist Lois Wyse, Präsidentin der Firma Wyse Advertising. Auch sie sagt, Frauen hätten Organisationen etwas Besonderes zu bieten. In ihrem Buch *The Six Figure Woman (and How to Be One)* rät sie Frauen, die in Unternehmen erfolgreich sein wollen, „ihrem Herzen zu folgen.“ Sie nennt dann einige der Eigenschaften, die der „weibliche Managementstil“ zum Unternehmensmix beitragen kann.[41]

Dazu gehören:

- in der Lage sein, das Hier und Jetzt zu fixieren, zu verlagern und zu managen;
- weibliche Fähigkeiten anzuwenden, um effektiv zu managen;
- bei Dienstbesprechungen Humor zur Reduzierung von Spannungen einzusetzen.

Die Zeitschrift *Vogue* befragte zwanzig Frauen auf dem Höhepunkt ihrer Karriere und schnitt dabei auch das Thema von Unterschieden zwischen männlichem und weiblichem Management an. Einige der Befragten verneinten sie glatt, andere dagegen sprachen über die unterschiedliche Art und Weise, wie sie und andere weibliche Manager handeln.

Muriel Fox ist eine im ganzen Land bekannte Sprecherin für Frauenfragen und Vizepräsidentin der PR Firma Carl Byoir & Associates, Inc. Sie hat folgende Unterschiede festgestellt: *„Frauen führen ganz anders als Männer. Männer sind meines Erachtens programmiert worden, Befehle zu geben. Frauen sind programmiert, andere Menschen zu motivieren, sie zu erziehen und das Beste aus ihnen herauszuholen. Unsere Führungsform ist weniger autoritär. Ich glaube, Frauen neigen weniger dazu, mit harten Bandagen zu kämpfen. Das ist ohnehin der neue Trend in den Chefetagen: die Tage einander bekämpfender Gruppen sind vorbei. Jetzt spricht man mehr von Zusammenarbeit, und das ist meines Erachtens das Spiel, das Frauen am besten beherrschen. Harte Arbeit ist dabei eine gegebene Größe."*

Ein anderer Kommentar zum Thema weiblicher Beiträge zur Arbeit der Organisationen stammt von Jewel Jackson McCabe, Unternehmensberaterin und Vorsitzende der National Coalition of 100 Black Women. *„Ich würde jeder Frau, die etwas erreichen will, den Rat geben, gern eine Frau zu sein, sich körperlich und seelisch in dieser Rolle zu gefallen. Ferner sollte sie sich der besonderen Sensibilität bewußt sein, die Frauen besitzen, sowie ihrer Fähigkeit, die Dinge reifen zu lassen."*[42]

Faye Wattleton, Präsidentin der Planned Parenthood Federation of Amerika, einer nationalen Vereinigung für Familienplanung, war ebenfalls der Ansicht, daß Frauen dem Organisationsmix ein besonderes Plus hinzufügen können. *„Frauen, die versuchen, etwas anderes zu sein als sie selbst, begehen einen ganz groben Irrtum. Frauen bringen für Führungspositionen einzigartige Eigenschaften mit, die* *nicht nur anerkannt, sondern bewußt genutzt werden sollten. Ich meine die weibliche Sensibilität; die Art, wie wir mit anderen Menschen umzugehen verstehen, ist ein gewaltiges Kapital.*

Fraglos müssen wir dabei absolutes Vertrauen in unsere eigene Sichtweise haben. Irgendwie haben Frauen eine nahezu mystische Auffassung von Männern am Arbeitsplatz, nämlich daß diese mit einer Weisheit und Brillanz ausgestattet sind, die unserem Geschlecht selten gewährt wird. Aber das ist einfach nicht zutreffend. Frauen in Führungspositionen können ebenso effektiv und stark sein wie jeder beliebige Mann."[43]

Zu den Frauen, die von vielen als starke Führungspersönlichkeit bezeichnet werden, gehört Carol Bellamy, Präsidentin des New York City Council. Sie verfügt über große Erfahrung als Managerin, Anwältin und Politikerin. Sie hat erkannt, wie wichtig es ist, rationale und intuitive Managementmethoden in Organisationen im Gleichgewicht zu halten. Außerdem meint sie, Männer und Frauen könnten ihre jeweiligen Führungsstile wechselseitig nutzen, um jeweils dem anderen zu noch mehr Effektivität zu verhelfen.

„Wenn das auch nicht bei allen Menschen auf gleiche Weise zum Ausdruck kommt, so meine ich doch, daß es einen Unterschied zwischen männlichem und weiblichem Führungsstil gibt, und daß diese Vielfalt heute auch benötigt wird. Männer neigen dazu, nach festliegenden Regeln tätig zu sein und sehr rational zu handeln; Frauen sind anders strukturiert und handeln intuitiver.

Früher meinte man, für das Wirtschaftsleben seien männliche Eigenschaften gut und weibliche schlecht. Jetzt beginnt man jedoch einzusehen, daß diese Auffassung falsch ist. Nachdem der Job des Managens heute zunehmend komplexer wird und die Manager erkennen, daß sie sich mehr um ihre Mitarbeiter kümmern müssen, gewinnen Frauen an Bedeutung. Meines Erachtens haben Frauen in diesem Bereich wegen der Art ihrer Sozialisation einen Vorteil. Man hat sie stets gelehrt, sich stärker um die Angelegenheiten anderer Menschen zu kümmern.

Die Zeit ist vorbei, da der Direktor oder Manager in einsamer Höhe über allem schwebte. Heute müssen wir größere Nähe zu den Menschen suchen, jedoch gleichzeitig den rationalen Ansatz des Managens fortführen. Männer wie Frauen brauchen ein Gespür für ihren unterschiedlichen Managementstil; wir müssen lernen, beide Stile im Gleichgewicht zu halten und in Organisationen wirksam zu nutzen."

Die Erkenntnis der Notwendigkeit größerer Ausgewogenheit zwischen der traditionellen maskulinen und der weiblichen Methode ist nicht eine Idee, die nur Frauen anspricht. Auch einige Männer sind davon überzeugt, und ihre Anziehungskraft wächst unter männlichen Managern. Einige dieser Männer, die nicht mehr daran festhalten, daß Gleichberechtigung genaue Übereinstimmung bedeute, entdecken nach und nach, daß weibliche Manager gleiche Leistungen gerade dadurch erbringen, daß sie anders sind. In einem Artikel mit der Überschrift *Emotions in a Woman's Briefcase* (Gefühle im Aktenkoffer einer Frau) erschienen in der Zeitschrift *SELF*, beschreibt Michael Korda, Chefredakteur des Verlags Simon & Schuster, eine Veränderung seines eigenen männlichen Bewußtseins hinsichtlich der Charakterisierung „anders, aber gleichwertig". Nachstehend einige seiner Gedanken.

„Jahrelang habe ich die Ansicht vertreten, Männer und Frauen seien sich ziemlich ähnlich. Eine Physikerin etwa packt ein Problem der Physik nicht von einem speziellen Gesichtspunkt an – es gibt in der Physik, beim Lenken eines Flugzeugs oder Programmieren eines Computers keine ‚weibliche Art', das zu tun.

Diese Dinge sind w a h r, und ich entschuldige mich nicht dafür, sie so gesagt zu haben. Immerhin, im Lauf der Jahre begann ich mich doch zu fragen, ob diese meine Haltung nicht ein wenig zu ... na ja, sagen wir simpel gewesen ist. Ich habe zwar den Mund gehalten, doch irgendwo im Hinterkopf meldeten sich Zweifel an, ob Männer und Frauen tatsächlich in genau derselben Weise denken, oder die Dinge sogar auf dieselbe Weise t u n, wenn es dazu kommt."

An dieser Stelle gibt Korda einige Beispiele für von ihm selbst beobachtete Unterschiede:

- Frauen arbeiten im Team besser als Männer. In Organisationen streben Frauen nach Konsens, während Männer zum Mißtrauen neigen und eine Sache ausfechten.

- Frauen mit unternehmerischer Macht neigen zu einem Führungsstil, der nicht so stark aneckt, und ohne unnötige Zurschaustellung ihres Ego.

- Frauen nehmen die Zielsetzungen des Unternehmens ernst und stellen überrascht fest, daß dies bei Männern nicht immer der Fall ist.

- Andererseits handeln Frauen auf der Grundlage eines stärker integrierten Denkprozesses. Es fällt ihnen schwerer, Gefühle und Arbeit ganz zu trennen, womit gesagt sein soll, daß bei Entscheidungen ihre gesamte Persönlichkeit mitspielt... Um es ganz deutlich zu sagen, sie bleiben *humaner* als Männer, eben weil ihre Denkweise nicht so aufgesplittert ist.[44]

Man könnte zwar irgendeinen der von Korda erwähnten Unterschiede bestreiten, doch läßt sich kaum übersehen, daß er sich stark für das Prinzip weiblicher Führung einsetzt. Wichtiger ist noch, daß er heute nicht mehr der einzige Mann ist, der das tut. Die von Frauen angebotenen Fähigkeiten und die daraus erwachsenden organisatorischen Vorteile werden inzwischen auch anderen Männern deutlich. Außerdem gehen immer mehr Frauen dazu über, die stereotypen Anschauungen zu bezweifeln, daß eine Frau sich auf bestimmte Art kleiden und ohne Gefühle managen müsse, um erfolgreich zu sein.

Eine Damen des mittleren Managements einer Versicherungsfirma sagte mir: *„Obgleich ich Kleider Maßkostümen vorziehe und es mir schwer fällt, den Angestellten ein negatives Feedback zu geben, und* *obwohl ich in meinem ganzen Leben niemals einen Teamsport betrieben habe, bin ich doch ein verdammt guter Manager. Hat jemand in meiner Abteilung Geburtstag, dann bringe ich manchmal einen Kuchen mit. Haben meine Leute persönliche Probleme, bin ich gewöhnlich zur Stelle, ihnen zuzuhören. Ich weiß, daß ich anders arbeite als viele Männer; dennoch habe ich eine sehr loyale und produktive Gruppe hinter mir.*

Tatsächlich sagen mir die Leute, die für mich arbeiten, sie seien jetzt glücklicher sowie stärker an ihrer Tätigkeit interessiert, als sie es waren, bevor ich der Manager wurde. Und ich bin ebenfalls froh. Ich mag es, der moralische Antriebsmotor der Gruppe zu sein, und ich mag es auch, ausgezeichnete Ergebnisse zu erzielen!"

Zwei Führungsstile: Unterschiedlich, aber gleichwertig

Mehr als je zuvor finden Frauen heute ihren eigenen Stil und eigene Ausdrucksformen, wenn sie führende Posten innehaben. Obwohl sich immer mehr für diese andersartige, aber genauso effektive Methode entscheiden, erkennen sie auch die Vorteile des männlichen Stils an. In Gesprächen mit über 250 Frauen des mittleren und oberen Managements in der Privatwirtschaft und im öffentlichen Sektor, in großen und kleinen Organisationen und aus allen Teilen der Vereinigten Staaten, bin ich auf keine bedeutende Opposition gegen die traditionelle maskuline Managementmethode gestoßen. Statt dessen schien es begeisterte Zustimmung unter diesen Managern für ein ideales Organisationsklima zu geben, das *beide* Stile anerkennt und fördert. Und angesichts der Krise der Produktivität und Betriebsmoral in Amerika scheint jetzt die Zeit gekommen, aus diesem Ideal eine Realität zu machen.

Ebenso wie Unterschiede in der Wahrnehmung und Erfahrung beider Geschlechter das Familienleben erweitern und bereichern, können unterschiedliche Anschauungen und Methoden die Qualität des Arbeitslebens bereichern. Unterschiede zwischen den Managementstilen von Männern und Frauen gibt es in zahlreichen wichtigen Bereichen. Ich möchte Ihnen zeigen, wie sie komplementär genutzt werden können, um die Leistungsfähigkeit von Organisationen zu verbessern. Zu den Dimensionen, die wir nachfolgend untersuchen wollen, gehören:

- Nutzung von Macht
- Festlegen von Leistungsstandards und Risikofreudigkeit
- Teamarbeit und partizipierendes Management
- Zwischenmenschliche Effektivität
- Konfliktmanagement
- Intuition und Problemlösungen
- Managen von Vielfalt, Streß und Beschränkungen
- Persönlicher Einsatz und professionelle Entwicklung.

Zusätzlich zu meinen eigenen Beobachtungen sollen die Erfahrungen und Reaktionen vieler anderer weiblicher Führungspersönlichkeiten genutzt werden, um jeden Punkt zu klären und zu erläutern. Obgleich diese Kommentare aus Interviews mit individuellen weiblichen Managern stammen, habe ich mich entschlossen, sie hier aufzunehmen, weil sie eher typisch denn atypisch für die Haltung und die Verhaltensweisen vieler weiblicher Führungspersönlichkeiten sind, und weil sie auf ganz persönliche Weise die unterschiedlichen Führungsstile zum Ausdruck bringen, die diese Gruppe charakterisieren.

Vive la différence!

Teil II

Kapitel 5

Die Macht nutzen

Kein Thema steht so sehr im Mittelpunkt einer Diskussion über Führung wie das Thema der Macht. In vielen Unternehmen beruht die Einschätzung der Manager als fähig oder unfähig auf der Macht, über die sie verfügen. Mehr Macht zu erhalten ist ein Ziel, das häufig nicht nur von Managern erwähnt wird, die noch auf der Leiter der Organisation nach oben streben, sondern auch von denen, die schon direkt vor der obersten Sprosse stehen.

Es kann nicht überraschen, daß die Nutzung von Macht eine Fähigkeit ist, von der Kritiker übereinstimmend betonen, daß weibliche Manager da ein Manko aufzuweisen hätten. „Sie ist nicht zähe genug“ oder „Sie weiß einfach nicht, wie man Befehle gibt“ sind Klagen, die oft gegenüber weiblichen Managern erhoben werden. Um diesen Mängeln abzuhelfen, wurden sie von einer wahren Flut von Büchern überschwemmt, die sich mit dem Thema befassen, wie man mehr Selbstbehauptung erlangt. Viele wurden von ihren Firmen zu Lehrgängen über dieses Thema geschickt.

Doch ist diese neuerliche Faszination der Selbstbehauptung unfair gegenüber weiblichen Managern, die im Zentrum der Kritik stehen, aber auch irreführend, wenn es um das richtige Verständnis von Macht geht – um ihre Quellen und ihre Anwendung innerhalb von Organisationen. Unfair ist es, Frauen diesen Mangel an Selbstsicherheit vorzuwerfen, die erst am Beginn ihrer Karriere stehen, wo zur Schau getragene Selbstsicherheit unangemessen und auch unwirksam wäre. Irreführend ist es, weil selbstsicheres Verhalten nur einen der Wege darstellt, auf dem Macht innerhalb eines Unternehmens errungen werden kann.

Wenn nun leitende Manager davon sprechen, Macht zu besitzen, was meinen sie dann wirklich damit? Gibt es besondere Managementeigenschaften, die einige Leute einflußreicher machen als andere? Im Jahre 1980 hatte ich den Auftrag, ein Ausbildungsprogramm für fortgeschrittenes Management zu entwerfen. Dabei ergab sich für mich die Gelegenheit, eine Antwort auf diese Frage zu finden. Ich befragte einige hundert männliche und weibliche Manager und bat sie, mir zu sagen, welche Themen ihrer Ansicht nach in einem intensiven Seminar behandelt werden sollten. Von vierzig aufgeführten Themen stand Macht an oberster Stelle der Liste. Diese Manager sagten, sie würden gerne lernen, wie sie ihre eigene Macht wirksamer nutzen könnten; außerdem wollten sie die Quellen ihrer Macht besser erkennen können.

Als Reaktion auf diese Forderungen ersann ich einen Rahmen, der ihnen helfen sollte, die Quellen ihrer Macht als leitende Manager zu definieren und zu identifizieren. Das Modell beruhte auf einer weithin akzeptierten Definition von Macht als „die Fähigkeit andere zu beeinflussen, Ereignissen Gestalt zu verleihen und persönliche Ziele zu erreichen". Der in diesem Kapitel präsentierte Rahmen ist der, den ich 1980 entworfen hatte. Zwar gibt es umfassendere Theorien über unternehmerische Macht in Hülle und Fülle, doch finde ich dieses allgemeine Modell für die Arbeit mit Managern nützlich. Von den vielen tausend Managern, die es sich im Laufe der Jahre angesehen haben, glauben die meisten, es identifiziere die wesentlichen Quellen ihrer Macht sehr klar. Wichtiger noch ist, daß es deutlich die entscheidenden Unterschiede herausstellt, wie männliche und weibliche Manager als Gruppe Macht handhaben.

Verständnis von Macht

Macht ist etwas, was Menschen durch eine Kombination äußerer Ressourcen und individueller Eigenschaften erwerben und ausüben. Diese Ressourcen und Eigenschaften sind die harte Währung der Macht, die wir beim verfolgen unserer Ziele und Befriedigung unserer individuellen Bedürfnisse einsetzen. Wir leiten Macht aus zwei Kategorien von Ressourcen ab: Macht der Position und persönliche Macht. Beschäftigen wir uns zunächst mit der Macht der Position.

Macht durch die Position im Unternehmen

Die einem Einzelnen durch seine Position im Unternehmen von außen her verliehene Macht ist sehr vielfältig zusammengesetzt. Dazu gehören Rollen von Autorität und Verantwortlichkeiten, die einer Person innerhalb einer Organisation zugewiesen werden. Die Hauptquellen dieser Macht sind:

- Die Zuteilung von Ressourcen (finanzielle, menschliche und technische);
- die Kontrolle der Ressourcen;
- eine Position innerhalb der Hierarchie (einschließlich organisatorischer Titel, Rang, Kontakte und Status).

Innerhalb von Organisationen ist jeder Job mit irgendeiner dazugehörigen Macht ausgestattet. Sei es die Funktion eines Vorarbeiters oder die Position des verantwortlichen Generaldirektors, jeder Job verfügt über ein gewisses Maß von Macht, die zur Position gehört. Diese Macht ist nicht übertragbar. Übernimmt ein Manager eine andere Stelle, dann wird die mit seinem bisherigen Job verbundene Macht von seinem Nachfolger ausgeübt. Diese Form von Macht ist daher vorübergehend. Ihre Dauer ist unvorhersehbar und oft von Geschehnissen abhängig, die sich individueller Kontrolle entziehen.

Aber gerade weil sie innerhalb des Unternehmens eine etwas unsichere und begrenzte Sache ist, streben die meisten leitenden Manager nach dieser Form von Macht. Um die Anziehungskraft zu verstehen, die sie auf den Einzelnen ausübt, braucht man nur einmal zu beobachten, wie leitende Manager bei einer größeren Geschäftsübernahme um bestimmte Positionen kämpfen. Es gibt einen harten Kampf um die Kontrolle des Unternehmens, und wenn der Staub sich gelegt hat und das letzte Manöver beendet ist, dann gibt es ganz oben an der Spitze Sieger und Verlierer.

Was bei derartigen Übernahmen auf dem Spiel steht, ist die Macht des Managens und Kontrollierens der Ressourcen der eben übernommenen Firma. In Situationen, in denen der Gewinner alles erhält, wird dem leitenden Manager, der die Rolle des Hauptgeschäftsführers übernimmt, die mit diesem Job verknüpfte Macht übertragen. Die anderen Streiter um diesen Posten werden oft gezwungen, ihren Status und alle mit ihrer Position verbundene Autorität aufzugeben. Die meisten verlassen das Unternehmen, um in anderen Firmen neue Positionsmacht zu suchen. Trotz ihrer nur vorübergehenden Natur bleibt die aus der Position erwachsene Macht das stärkste Einzelmotiv bei vielen leitenden Managern.

Traditionelle Führung begünstigt Positionsmacht

Unter traditionellen leitenden Managern steht Macht aus der Position im Unternehmen an der Spitze der häufig genutzten Währungen. Ein leitender Manager der Telekommunikationsindustrie erklärt das so: *„Sie funktioniert schnell, ist leicht anzuwenden und läßt jeden Opponenten hilflos hinter sich. In der aus einer bestimmten Position im Unternehmen gegebenen Macht steckt eine schöne Einfachheit, die verkündet ‚Ich bin der Boss ... und du bist es nicht.'“* Obwohl sie ein verhältnismäßig schnelles und leichtes Mittel zum Erreichen der eigenen Ziele sein kann, ist diese Macht doch vorübergehender Natur. Der Satz „Du kannst sie nicht mit dir nehmen“ beschreibt ziemlich genau die Situation eines Managers, der gezwungen ist, eine Rolle in der Organisation und alle mit seinem Titel verbundene Macht an der Tür abzugeben.

Da das traditionelle Führungsmodell einen erheblichen Teil seiner Form und Substanz dem Militär entlehnt hat, kann es nicht verwundern, daß formale Autorität in den heutigen Organisationen als Hauptquelle der Macht gilt. Man füge die straffe Kontrolle hinzu, die in der maskulinen Unternehmenskultur so herausgestellt wird, dann beginnt man zu erkennen, warum die Macht der Position unter Managern solche Popularität genießt. Sowohl die Unternehmenskultur des Maskulinismus als auch die paramilitärische Struktur der Organisationen verstärken Wert und Nutzen der Positionsmacht. Beide zusammen lassen erkennen, daß Organisationen einer klar definierten Kommandokette bedürfen, um effektiv funktionieren zu können, und daß vor allem Manager die Grenzen ihrer eigenen Positionsmacht erkennen müssen, um ihre Ziele zu erreichen, ihre Mitarbeiter zu motivieren und Erfolg zu haben.

Die persönliche Macht

Zwar sind die Autorität zum Fällen von Entscheidungen und eine entsprechende hierarchische Position Quellen beträchtlicher unternehmerischer Macht, doch verschafft auch persönliche Macht einen großen Einfluß. Persönliche Macht ergibt sich mehr aus den einer Einzelperson von Natur aus mitgegebenen Eigenschaften als aus äußerlichen Rollen. Es ist der Einfluß, der aus individuellen Fähigkeiten, Begabungen und persönlichen Eigenschaften entsteht. Da sie unmittelbar an die Nutzung der eigenen natürlichen Hilfsquellen gebunden ist, läßt persönliche Macht sich leichter aufrechterhalten, verändern und fördern. In der o. a. Studie aus dem Jahre 1980 beschreiben Manager drei Grundkomponenten der persönlichen Macht:

- Sachkompetenz – bestehend aus Fähigkeiten, Wissen, relevanter Erfahrung und einem Bildungsstand, den man in jeder Situation zur Geltung bringen kann.

- Zwischenmenschliche Kompetenz – nämlich die Fähigkeit, im Umgang mit anderen geschickt zu sein, ihre Gefühle zu erspüren und sie persönlich überzeugen zu können.
- Charisma – es entsteht aus persönlichen Eigenschaften, die oft unbewußte Bedürfnisse und Ängste bei anderen Menschen ansprechen. Das physische Äußere, Enthusiasmus, Humor, lebendiges Auftreten, Eifer und Präsenz sind potentielle charismatische Eigenschaften, die auf Geschehnisse und Menschen starken Einfluß haben können.

Persönliche Macht nimmt oft Formen an, die weniger augenfällig sind als die aus der Position erwachsende Macht. Es ist eine Macht, die andere in kurzfristigen Situationen gelegentlich vielleicht gerne ignorieren, doch läßt sich ihre Wirkung langfristig aufbauen und leichter bewahren. Wird persönliche Macht langsam ausgebaut, kann sie eine positivere Wirkung auf die Motivation und Moral der Mitarbeiter ausüben.

Um zu erkennen, wie mächtig Sachkompetenz sein kann, wenn es um die Gestaltung von Geschehnissen und Einfluß auf Entscheidungen geht, braucht man sich nur einmal einen Manager mit beträchtlichem Fachwissen in einem bestimmten Bereich vorstellen. Beim Entwerfen der Unternehmensstrategie ist technisches Fachwissen eine Quelle bedeutender Macht. Generalisten ergehen sich in Allgemeinheiten, der Fachmann jedoch hat spezifische Daten zu bieten und kann andere überzeugen, sich seiner/ihrer Meinung anzuschließen, und zwar aufgrund von Fakten, die aus arbeitsbezogener Erfahrung stammen.

Auch Intuition und Sensibilität können machtvolle Managementwerkzeuge sein, in Situationen unter vier Augen ebenso wie in Gruppen, die Entscheidungen zu fällen haben. Es ist von größtem Vorteil, wenn man selbst weiß, welche emotionale Wirkung das eigene Verhalten auf andere hat. Ein Manager, der die unausgesprochenen Reaktionen von Kollegen und Angestellten richtig einzuschätzen weiß, erhält ein sofortiges Feedback, wie seine Ideen und sein Verhalten ankommen. Mit Hilfe dieser ständigen Rückkoppelung kann er seine Fähigkeit zur Einflußnahme maximieren und die Möglichkeit verringern, sich anderen zu entfremden. Will man eine Idee verkaufen oder abschätzen, wann der richtige Zeitpunkt gekommen ist, neue oder kontroverse Vorschläge zu machen, dann wird die Befähigung zum Erspüren der vorherrschenden Stimmung oder Gefühlslage einer Gruppe zu einer entscheidenden Managementfähigkeit. Die Gefühle anderer zu besänftigen mag zunächst nicht als besonders machtvolle Handlung erscheinen, ist jedoch ein Beispiel dafür, wie die eigene zwischenmenschliche Kompetenz genutzt werden kann, um Widerstand abzubauen und ein günstiges Klima für eine Diskussion oder einen Entscheidungsprozeß zu schaffen.

Charismatische Eigenschaften, die unsere persönliche Macht fördern, sind ebenso wahrscheinlich angeborene wie erworbene Fähigkeiten. Die menschliche Anatomie mag keine Bestimmung oder Schicksal sein; doch besteht wenig Zweifel daran, daß das physische Äußere und persönliches Auftreten unsere Fähigkeit beeinflussen, Einfluß auszuüben. An diesen angeborenen Eigenschaften läßt sich wenig ändern, doch erhöht das Verständnis dafür, wie man sie nutzen kann, um den persönlichen Eindruck zu verstärken und andere zu überzeugen, die Wahrscheinlichkeit, daß diese charismatischen Eigenschaften unsere sonstigen Quellen der Macht hervorheben.

Sachkompetenz, zwischenmenschliche Kompetenz und Charisma bilden zusammen die Grundlage unserer persönlichen Macht. Zwar spielt jeder dieser Faktoren eine einzigartige und wichtige Rolle, doch haben alle etwas gemeinsam. Es sind nämlich Eigenschaften und Fähigkeiten, die auf jeden Rahmen eines Jobs übertragen werden können. Wo auch unser Platz in der organisatorischen Hierarchie sein mag, und wie oft wir auch unsere Rolle tauschen mögen, unsere persönliche Macht bleibt konstant und steigert unsere Befähigung, den Wandel zu meistern, weil wir den Fundus mitbringen, der für ein wirksames Management notwendig ist.

Weibliche Führung bevorzugt persönliche Macht

Der eigentliche Kern des Managens und Führens ist der Wunsch, Menschen und Geschehnisse zu beeinflussen. Alle Manager nutzen ihre Macht, um andere zu beeinflussen und die eigenen Ziele zu erreichen. Die Häufigkeit, mit der sie sich entscheiden, die eine oder andere Quelle ihrer Macht zu nutzen, beruht weitgehend auf eigener Erfahrung und der persönlichen Sympathie für die jeweilige Methode. Auch persönliche Wertvorstellungen beeinflussen diese Wahl, desgleichen Erwartungen, die andere in der Organisation hegen. Durch die Erprobung verschiedener Methoden der Beeinflussung entwickeln Manager mit der Zeit einen grundlegenden Stil aus den Elementen der Macht, die ihnen am besten liegen. Natürlich werden einige dieser Elemente häufiger eingesetzt, wenn sich herausstellt, daß man mit ihnen Erfolg hat.

Meine persönlichen Untersuchungen haben ergeben, daß Frauen, wenn sie die Wahl haben, persönliche Macht vorziehen, um die Politik und Praktiken ihrer Organisation zu beeinflussen und andere zu motivieren. Obwohl sie auch die Bedeutung der Macht kennen, die aus der Position im Unternehmen wächst, nutzen sie diese seltener als ihre männlichen Kollegen.

Faktoren, die jeden Stil beeinflussen

Wenn es darum geht, Macht auszuüben, bedienen Männer und Frauen sich unterschiedlicher Erfahrungsgrundlagen. Deren Kern bildet der Sozialisationsprozeß, der die Maßstäbe akzeptablen Verhaltens für jede Gruppe festlegt. Wer aus der maskulinen Tradition kommt, lernt Verantwortung zu übernehmen, entsprechend aufzutreten, Strategien zu entwickeln und andere Menschen als Helfer oder als Gegner zu betrachten. Die weibliche Tradition dagegen legt Wert darauf, produktive Beziehungen zu schaffen und zu erhalten, Leistungen entsprechend einer Reihe interner Standards zu bewerten, und anderen Dienste zu leisten. Die sozialen Regieanweisungen, von denen man erwartet, daß beide Gruppen sie befolgen, erzeugen unterschiedliche Verhaltensweisen. Nehmen Sie dazu den Einfluß biologischer Unterschiede auf das männliche und weibliche Verhalten, und Sie haben vor sich die Grundlage für die Entwicklung zweier sehr unterschiedlicher Formen der Nutzung von Macht.

Solch ausgesprochen unterschiedliche Haltungen wurden auch von vielen der männlichen und weiblichen Manager beobachtet, mit denen ich in den vergangenen Jahren gesprochen habe. Rusty Renick, Abteilungsleiter für menschliche Ressourcen der New York Telephone Gesellschaft, sprach über die Auswirkungen der Sozialisation auf die Art, wie Männer und Frauen Macht gebrauchen. Er sagte: *„Ich stimme dem Gedanken zu, daß Frauen aufgrund ihrer Sozialisation etwas ins Management einbringen, was sich von dem unterscheidet, was man Männern beigebracht hat, um Menschen zu führen, Macht auszuüben, Arbeit zu delegieren oder auch nicht zu delegieren. Als junger Mann wurde man vielleicht zuerst gelehrt, in militärischem Stil zu delegieren und alles aufgrund von Checklisten genau zu kontrollieren. Beim Delegieren von Arbeit an Untergebene neigen Männer dazu, den Angestellten nicht nur zu sagen, was sie tun sollen, sondern auch, wie sie es tun sollen. Frauen gehen mit der Macht anders um. Sie sind weitaus mehr an etwas gewöhnt, was ich Ermächtigung nennen möchte – d. h. mit den Leuten zu reden und die Entscheidung ihnen zu überlassen. Sie pflegen zu sagen: ‚Ich habe hier eine Aufgabe für Sie‘ und stecken den Rahmen dafür ab. Das ist dann aber auch alles.“*

Noreen Haffner, Abteilungsleiterin bei der Southern New England Telephone Company, beschreibt die von ihr beobachteten Unterschiede der Machtausübung folgendermaßen. *„Männer sind eher rollenmacht-orientiert. Ich selbst bediene mich der persönlichen und der Positionsmacht. Dabei halte ich mich für einen guten Führer, der Ziele und allgemeine Zielsetzungen deutlich macht und auch in der Lage ist, seine Leute persönlich zu harter Arbeit zu motivieren. Ich selbst neige dazu, Rollenmacht – das heißt die Macht meiner Position*

– weniger zu nutzen als die Männer um mich herum es tun, habe jedoch keine Hemmung, auch sie zu nutzen. Wer wirklich will, daß Untergebene auf seine Führung reagieren, muß ein persönliches Verhältnis zu ihnen aufbauen. Sie müssen wissen, daß sie sich auf sie verlassen können und immer für sie da sein werden, wenn sie ein Problem haben – das ist für mich persönliche Macht."

Randy MacDonald, Leiter der Personalabteilung beim GTE, hat ebenfalls Unterschiede im Gesamtverhalten gegenüber der Macht festgestellt: *„Die weiblichen Manager, vor denen ich größten Respekt habe, verstehen es vor allem, Konsens aufzubauen. Sie leisten Großartiges, indem sie ihre Mannschaft in Reih und Glied aufstellen, bevor Entscheidungen gefällt werden. Dann helfen sie, Entscheidungen zu erleichtern. Männer versuchen oft, die Dinge einfach zu erzwingen. Frauen wissen, wo sie Verbündete finden können: und wenn diese gebraucht werden, rufen sie sie auch in die Arena."*

Anschauungen über die Macht

Angesichts unterschiedlicher Ansätze beim Gebrauch von Macht haben männliche und weibliche Manager auch unterschiedliche Ansichten über die Bereitschaft anderer, ihre Ziele zu unterstützen. Während der traditionelle Manager in dem Glauben handelt, die Unterwerfung unter die Macht sei eine Gegebenheit, nehmen weibliche Führungskräfte dies nicht für selbstverständlich. Außerdem halten viele Frauen, die persönliche Macht der aus der Position im Unternehmen erwachsenden Macht vorziehen, die Ehrerbietung von Angestellten für eine Schranke gegenüber der Effizienz einer Organisation.

Die Leiterin einer Verlagsgesellschaft machte ihre Erfahrungen mit den negativen Aspekten der Unterwürfigkeit von Angestellten als sie im Alter von dreißig Jahren in ihre gegenwärtige Position berufen wurde. *„Ich weiß, daß viele Leute damals wie vom Schlag getrof-*

fen waren von der Aussicht, für eine junge Frau arbeiten zu müssen; doch liefen sie alle wie Karnickel im Käfig umher und sagten immer nur ‚Ja. Ja. Ja'... Ich brauchte lange Zeit, bis ich die meisten meiner Leute dazu brachte, auch einmal Nein zu sagen. Ich sah, wie groß ihre Angst war, mir einmal nicht zu gefallen... Viele Männer nehmen eine solche Gelegenheit zum Anlaß, durch Furcht zu beherrschen. Frauen neigen zum Managen durch Zusammenarbeit und Ermunterung, indem sie Standards für hervorragende Leistungen und gute Beispiele setzen – sie neigen auch dazu, vieles selbst zu tun. Frauen haben die Geduld zu warten und ihre Rollenmacht erst auszuüben, wenn sie verstanden haben, wie die Dinge laufen."

Mary Kay Ash, Gründerin und Vorstandsvorsitzende der Firma Mary Kay Cosmetics, gehört zu den höchst erfolgreichen weiblichen Topmanagern. Sie glaubt daran, daß maximale Ergebnisse erzielt werden, wenn man die Mitarbeiter als Individuen behandelt statt als Untergebene, von denen man einfach erwartet, daß sie Befehle ausführen. *„Ich glaube, daß es so etwas wie Untergebene nicht gibt. Fällt in unserem Betrieb die Klimaanlage aus, dann wird der Techniker, der sie repariert, wichtiger als der Vorstandsvorsitzende. Wir alle sind Menschen, die gemeinsam für ein gemeinsames Ziel arbeiten.*

Bei dienstlichen Besprechungen lege ich Wert darauf, mit jedem Teilnehmer gleich welcher Ebene zu sprechen... Bei meinen Besuchen der Zweigstellen draußen versuche ich, jedem, mit dem ich spreche, das Gefühl von Bedeutung zu vermitteln. Deswegen werde ich auch persönlich von Leuten begrüßt, die ich nicht einmal kenne. Ich schätze, ein Mann hätte da eine ganz andere Einstellung."

Auch Michelle Martens ist dieser Ansicht. Sie ist Leiterin der Abteilung für menschliche Ressourcen bei Pitney Bowes. Während einer Diskussion über Unterschiede im Managementstil zwischen Männern und Frauen sagte sie: *„Aus meiner eigenen Erfahrung als Managerin schließe ich, daß ich als Frau eher meine persönliche Macht nutze* *und damit andere motiviere. Ich habe mit vielen Männern zusammengearbeitet, die lieber ihre aus ihrer Position gewachsene Macht ausspielen und automatisch annehmen, daß andere Leute tun werden, was sie sagen, einfach weil sie die Befehlsgewalt haben. Das erscheint mir als fundamentaler Unterschied zwischen vielen Männern und Frauen.“*

Ergebnisse

Ein weiterer Unterschied zwischen der traditionellen und der weiblichen Führungsmethode hängt mit dem Ergebnis zusammen, das jeder Stil hervorbringt. Der traditionelle Stil funktioniert meist schneller – er ist ein einfaches Mittel, Sackgassen zu vermeiden und ist höchst wirksam, wenn Unterstützung und Kooperation der Mitarbeiter gesichert sind. Diese Methode ermuntert nicht zu kollegialem Verhalten, gemeinsamen Verantwortungsgefühl oder Mitwirkung der Angestellten bei Problemlösungen. Statt dessen häuft er die Verantwortung für Ideen und Ergebnisse direkt auf die Schultern des Managers.

Die weibliche Methode trägt oft dazu bei, ein kooperatives Arbeitsklima zu schaffen, da sie eine stärkere Mitwirkung der Mitarbeiter und ein gemeinsames Verantwortungsgefühl fördert. Sie läßt sich am besten nutzen, wenn es darum geht, bestimmte Geschehnisse langfristig zu beeinflussen, wenn Fakten und fachmännische Informationen bei diesem Bemühen entscheidend sind, und wenn die Qualität der Beziehungen innerhalb der Arbeitsgruppe entscheidend zu berücksichtigen ist. Der Hauptnachteil: man muß oft viel mehr Zeit investieren, um das gesteckte Ziel zu erreichen, wenn man die Macht des Dienstranges nicht nutzt und nicht einfach Marschbefehle gibt, um das Geschehen zu beschleunigen.

Selbst in Situationen, in denen sie über beträchtliche Positionsmacht verfügen, ziehen viele weibliche Führungskräfte es vor, ihre sachliche und zwischenmenschliche Kompetenz zu nutzen, um Geschehnisse und Menschen zu beeinflussen. Einige weibliche Topmanager sagen, sie gingen mit Positionsmacht sehr sorgsam um, weil das bei den Mitarbeitern zu Überreaktionen führen kann. Bei dem Versuch, die Wünsche des Chefs/der Chefin vorwegzunehmen, interpretieren die Mitarbeiter gelegentlich die einfache Bitte um eine Information als deutliche, aktionsorientierte Anweisung. Sandra Meyer, Leiterin der Kommunikationsabteilung von American Express, eine der Spitzenmanagerinnen im Wirtschaftsleben, weist auf folgendes hin: *„Ich kenne die Wirkung, die Rangabzeichen auf andere haben können. Man spricht zu jemandem mit der persönlichen Autorität der Person und auch mit der Autorität der Position, die man innehat... Der Vorstandsvorsitzende von General Food sprach oft davon, wie die Leute oft sein lautes Nachdenken als direkte Anweisung zu bestimmtem Handeln auffaßten. Nachdem ich das gehört habe, bin ich jetzt sehr vorsichtig, wenn ich nicht eine Anweisung erteilen, sondern nur eine Frage stellen möchte. Da schicke ich jeder Frage den Satz voraus, ‚Das mag stärker klingen, als ich es meine...‘“*

Andere weibliche Manager berichten, ihre zwischenmenschliche Kompetenz erlaube es ihnen oft, Macht auszuüben, ohne sich auf ihre Machtposition stützen zu müssen. Colombe Nicholas, Präsidentin von Christian Dior, New York, betonte in einem Vortrag vor dem Columbia Business School Club, daß sie sich auf ihre Kompetenz in der Bewältigung zwischenmenschlicher Probleme verläßt: *„...die Fähigkeit zum Lösen von Problemen bedeutet Macht. Die Fähigkeit zu Interaktionen ... die Versöhnung unterschiedlicher Standpunkte herbeizuführen, Kompromisse zustande zu bringen, Teamgeist zu schaffen ... das ist Macht ... Meines Erachtens braucht man sich nicht dem Stereotyp eines hartgesottenen Managers anzugleichen, um Macht zu haben und zu nutzen. Letzten Endes muß man sich selbst treu bleiben.“*

Im allgemeinen besitzen die maskuline und die feminine Methode mehrere einzigartige Eigenschaften. Die traditionelle männliche Methode stützt sich deutlicher auf das externe organisatorische Umfeld, während die weibliche stärkeren Nutzen aus inneren persönlichen Ressourcen zieht. Als solche ist die maskuline Methode der Machtanwendung sichtbarer und selbstsicherer, wobei die Macht der Position und das Charisma eine wichtige Rolle spielen. Der weibliche Stil konzentriert sich vor allem auf die zu bewältigende Aufgabe und zwischenmenschliche Kompetenz, was oft mehr Zeit erfordert.

Bei ihrem Studium der Führungsstile haben Lynn Rosener und Peter Schwartz mehrere Unterschiede in der Art und Weise entdeckt, wie Männer und Frauen Macht wahrnehmen. Zum „direkten Machtstil“, der aus männlichen Anschauungen extrapoliert ist, gehören Manipulation, rationale Analyse und das Verlangen, die Verhältnisse umzustrukturieren. Der aus weiblichen Anschauungen abgeleitete „kontextuelle Machtstil“ konzentriert sich mehr auf die Teilhabe an inneren Ressourcen und die Herstellung interdependenter Beziehungen. Der stärker maskuline Stil wurde als „aufgabenorientiert, direkt, aggressiv und mit dem Umfeld interagierend“ beschrieben, der weibliche dagegen als „indirekt, an Feinheiten menschlicher Interaktion und den komplexeren, offeneren und weniger definierten Aspekten der Realität interessiert.“[45]

Komplementäre Anschauungen von Macht

Als erfolgreicher Geschäftsmann mit über fünfundzwanzig Jahren Erfahrung in Marketing und Werbung ist John Sheedy, Präsident von Simon and Hilliard Advertising in New York City, ein Topmanager, der mit Nachdruck die Anschauung unterstützt, Frauen und Männer könnten in Zusammenarbeit den größtmöglichen Bereich effektiven Managementverhaltens abdecken. In diesem Zusammenhang äußerte er einige sehr persönliche Gedanken darüber, welche Beiträge jede Gruppe dazu leisten könnte: *„Nach meiner Erfahrung kann man mit Frauen sehr gut zusammenarbeiten ... Ich glaube nicht, daß Frauen andere Menschen einschüchtern, was ganz sicher eine der vorherrschenden Züge vieler männlicher Manager ist. Die weibliche*

Version des Typs A, einschüchterndes und autoritätes Verhalten, ist mir noch nicht über den Weg gelaufen." Über die Stärken des traditionellen männlichen Managers sagte er: *„Die starken Seiten des männlichen Managers liegen auf anderem Gebiet. Die besten haben Visionen, verfügen über Charisma und sind stark. Sie verstehen es, Organisationen hinter sich zu bringen, um ihre Ideen zu verwirklichen. Sie können ‚die Truppe wie ein Mann hinter sich scharen'."*

Auch für Rusty Renick von der New York Telephone Gesellschaft sind männlicher und weiblicher Stil komplementär. *„Letzten Endes wollen wir doch alle, daß Männer und Frauen von einander lernen, um ihr jeweiliges Verhaltensrepertoir zu maximieren ... Frauen sind gut, wenn es darum geht, Menschen zu selbständigem Tun zu motivieren und nicht in jedem Augenblick die richtige Antwort wissen zu müssen. Männer verstehen es ihre Rollenmacht zu nutzen und sich autoritär zu geben."*

Implikationen für das Unternehmen

Amerikanische Unternehmen werden auf unendlich vielfältige Weise herausgefordert, besser auf den Wandel zu reagieren. Eine der bedeutsamsten Herausforderungen besteht darin, Herz und Kopf all der Mitarbeiter zu gewinnen, die durch die Arbeitsweise ihrer Organisationen desillusioniert und demoralisiert wurden. Das Management dieser neuen Generation von Arbeitnehmern, von denen viele über die Begabungen und kreativen Ideen verfügen, die von der Wirtschaft so dringend benötigt werden, erfordert neue Führungsstrategien. Innerhalb jeder Managementdimension, ganz besonders der Machtausübung, sind grundlegende Änderungen erforderlich. In dem Maße, in dem der Bedarf an Veränderungen offensichtlich wird, zeigt sich auch die Richtung der Evolution deutlicher.

Entgegen der Ansichten vieler traditioneller Manager spricht alles dafür, daß die Organisationen in zunehmendem Maße Bedarf an Managern haben, die ihre inneren Ressourcen nutzen können, andere zu motivieren und inspirieren und die sich dafür nicht auf ihren Titel und ihre Rollenmacht stützen. Muriel Fox von der Firma Carl Byoir & Associates sagt zu diesem Wandel: *„Vor vielen Jahren erklärte der Vizepräsident eines der großen Fernsehnetze, ‚Frauen werden niemals wirkliche Führungspositionen erhalten, weil sie nicht befehlen können'. Heute ist das Kommandieren nicht mehr modern ... Frauen, unter ihnen ich selbst, haben ihre Führungsfähigkeiten vor allem daraus abgeleitet, daß sie andere Menschen inspirieren und ermutigen können, an Lösungen zu arbeiten – nicht durch Auftrumpfen mit dem Gewicht ihrer Position im Betrieb. In diesem Sinne entsprechen wir Frauen als Gruppe wirlich dem, was heute von Managern verlangt wird."*

Bedeutet dieser Wandel nun wirlich, daß Manager nicht mehr in der Lage sein werden, die Macht ihrer Position zum Erreichen ihrer Ziele einzusetzen? Ganz bestimmt nicht. Wir brauchen nur mehr Ausgewogenheit bei der Machtanwendung, jene Ausgewogenheit, die der traditionelle männliche und der weibliche Führungsstil schaffen können, wenn beide innerhalb von Organisationen entwickelt und anerkannt werden.

Leider sind die meisten Organisationen noch weit davon entfernt, dieses notwendige Gleichgewicht zu erreichen. Statt die Begabungen weiblicher Führungskräfte für die Verbesserung der Betriebsmoral und das Managen komplexer Probleme zu nutzen, ist die aktionsorientierte Machtanwendung immer noch die einzige, die weithin anerkannt und belohnt wird.

Wird sich das jemals ändern? Die Organisationen werden zuvor drei wichtige Schritte unternehmen müssen. Zuerst müssen sie die unterschiedliche Einstellung weiblicher und männlicher Manager zur Macht verstehen. Welches sind die Verhaltensunterschiede zwischen einem stark extrovertierten Stil strikter Kontrolle und einer mehr partizipierenden, weniger lenkenden Methode? Zweitens müßte die Eignung verschiedener Ausdrucksformen der Macht stärker im Sinne langfristiger Auswirkungen auf die Organisation und weniger im Sinne des äußeren Erscheinungsbildes und unmittelbarer Ergebnisse bewertet werden. Hierzu sagte Dr. Estelle Ramey von der Georgetown University: *„Unsere Gesellschaft und unsere Organisationen haben gelernt, maskuline ‚schnell fertig'– Eigenschaften bei Führungspersönlichkeiten zu schätzen. In einer primitiven Gesellschaft, einer Agrargesellschaft, ja selbst noch in der Industriegesellschaft zu Anfang unseres Jahrhunderts, funktionierten diese ‚schnell bei der Hand'-Eigenschaften recht gut. In einer komplexen Gesellschaft dürfte das nicht mehr so sein. Heute müssen wir langfristig vorausschauen. Gute Dienstleistung und Geduld können die Dinge wirksam in Gang halten, und zu beiden Bereichen vermögen Frauen viel beizutragen."*

Schließlich müssen Organisationen ernsthaft die Entwicklung ihres Managements und die Nachfolgeprogramme betrachten und darauf achten, daß ihre Manager einen umfassenderen Führungsstil entwickeln. Selbst die grundlegende organisatorische Auffassung von Managementmacht muß erweitert werden und zwischenmenschliche Kompetenz und Sachkompetenz ebenso umfassen wie imponierendes Auftreten, Aggressivität und Kontrolle.

Vielen traditionellen Managern dürfte es anfangs schwer fallen, diesen Wandel der Perspektive zu vollziehen. Nach Jahrzehnten des Gebrauchs militärischer Metaphern zur Beschreibung managementmäßigen Verhaltens wird es einigen nicht leicht fallen, die positive Wirkung eines weniger auffälligen, auf Sachkenntnis beruhenden Stils für Menschen und Themen einzusehen. Es fällt niemals leicht, über alte Ideen auf neue Weise nachzudenken. Doch ist gerade das für das Überleben und den dauernden Erfolg der amerikanischen Unternehmen von entscheidender Bedeutung.

Kapitel 6

Leistungsnormen und Risikobereitschaft

Im Rahmen einer Zeremonie zum Abschluß einer Ausbildung von zwanzig Frauen zu Dienstleistungstechnikern erhielt jede, die den strengen zehnwöchigen Lehrgang erfolgreich abgeschlossen hatte, ein Diplom. Die Inschrift auf der Urkunde lautete:

> *„Was immer Frauen tun, sie müssen es*
> *zweimal so gut tun wie Männer, um für*
> *halb so gut zu gelten.*
> *Glücklicherweise ist das nicht schwer."*

Eine Organisation berufstätiger Akademikerinnen gab zur jährlichen Preisverleihung ein Dinner, bei dem ein Mitglied für hervorragende Leistungen im Wirtschaftsleben geehrt wurde. Als diese Dame ihre Auszeichnung entgegennahm, ging sie zum Podium und hielt eine Ansprache, die stürmischen Beifall hervorrief. Sie begann: *„Die Antwort auf beide Fragen ist ‚Ja'. Ja, ich habe zweimal so hart gearbeitet, um so weit zu kommen; und ja, ich bin zweimal so gut wie die meisten meiner männlichen Gleichgestellten. Ich danke Ihnen dafür, daß Sie außer meiner Mutter die ersten sind, die das bemerken!"*

Frauen müssen für ihren Erfolg härter arbeiten

Wenn es im Wirtschaftsleben eine Tatsache gibt, über die Frauen aller weltanschaulichen Richtungen einer Meinung zu sein scheinen, dann ist es die, daß Frauen härter arbeiten müssen als Männer, um im Management Erfolg zu haben. Man hört zwar mancherlei Geschichten von unqualifizierten Frauen, die angeblich nur befördert werden, um irgendwelchen Bestimmungen über Quoten gerecht zu werden, doch sind die meisten weiblichen Manager weiterhin der

Ansicht, sie müßten auf dem Weg nach oben die sogenannte Ochsentour durchmachen – fleißig arbeiten, um immer und immer wieder ihre Kompetenz unter Beweis zu stellen.

Dieses Gefühl wurde in einer 1981 publizierten Studie über Frauen in Managementkarrieren bestätigt, die Anne Harlan und Carol Weis für das Wellesley College Center for Research on Women durchführten. Befragt wurden männliche und weibliche Manager zweier großer Einzelhandelsketten. Darin heißt es: *„Viele Frauen berichten, daß sie unter enormem Leistungsdruck stünden ... Der stärkere Druck auf Frauen wurde von 42 Prozent der Männer und 67 Prozent der befragten Frauen festgestellt.“*[46]

Negative stereotype Vorstellungen überwinden

Was motiviert Frauen zu solch zusätzlichen Anstrengungen? Die Antworten vieler erfolgreicher weiblicher Manager lassen auf mehrere Gründe schließen. Zunächst einmal gibt es das beharrlich andauernde Problem negativer Verhaltensweisen gegenüber Frauen in führenden Positionen. Die Frauen spüren, daß sie in vielen Organisationen nicht willkommen sind, nur weil sie Frauen sind, und daß man ihnen keine Fehler nachsieht. Deshalb versuchen einige, alle nur möglichen Probleme vorauszusehen, um kostspielige Fehler zu vermeiden. Eine für eine größere Firma in Kalifornien tätige Juristin formulierte das so: *„Frauen müssen nicht nur immer wieder ihr Können beweisen, sondern zugleich negative Vorurteile über Frauen widerlegen. Als Frau muß man nicht 100 sondern 150 Prozent besser sein als ein Mann. Eine durchschnittliche Frau wird nicht akzeptiert – sie muß außergewöhnlich sein.“*[47] Es erübrigt sich zu betonen, daß es ungewöhnlich viel zusätzliche Arbeit erfordert, wenn man jedem Problem zwei Schritte voraus sein will. Trotz des dafür benötigten Zeitaufwandes sind viele Frauen bereit, diese Zeit zu investieren, um andere davon zu überzeugen, daß sie kompetente Führungspersönlichkeiten sind.

Das Bedürfnis der Frauen, sich in einer oft feindseligen Unternehmensumwelt zu behaupten, hängt auch mit ihrem Verlangen nach ausgesprochenen objektiven Standards für die Bewertung ihrer Leistung zusammen. Dieses Verlangen kam 1983 auch in einer Umfrage der American Mangement Association zum Ausdruck. Befragt wurden über 1500 männliche und weibliche Manager. Es stellte sich heraus, daß *„Frauen sich viel stärker für ein effektives Leistungsbewertungssystem einsetzten als Männer, und es als sehr wichtig bezeichneten.“*[48] Randy MacDonald von GTE, Experte für zwischenmenschliche Beziehungen in den Betrieben, stellte dieselbe Neigung fest: *„Frauen wissen genau, daß sie versuchen, sich in ihrer Firma ein eigenes Image zu erarbeiten, und daß die Bereitschaft der männlichen Kollegen, ihnen Fehler nachzusehen, vermutlich nicht so groß ist wie die Geneigtheit, Fehler eines Mannes zu akzeptieren. Frauen müssen daher klare Ziele festlegen, sowie feste Maßstäbe, an denen ihr persönlicher Erfolg gemessen werden kann.“*

Demonstration von Rollenmodellen

Ein weiterer Grund für die starke Arbeitsmoral weiblicher Manager hängt damit zusammen, daß sie noch nicht so deutlich im Blickpunkt stehen wie ihre männlichen Kollegen. Zwar ist die Zahl weiblicher Manager heute größer als je zuvor, doch sind sie innerhalb des mittleren Managements noch eine Minderheit und in den oberen Chefetagen eine Rarität. Deshalb behaupten so viele Frauen, auf ihrem Weg nach oben seien sie immer noch eine Kuriosität. Da ihre Leistungsbeweise sich stärker von denen männlicher Gleichgestellter abheben, sind sie für Kritik anfälliger. Also bemühen sie sich sehr, Fehler zu vermeiden, die sie selbst oder ihre Organisation in Verlegenheit bringen könnten. Genau genommen verbringen sie einen erheblichen Teil ihrer Zeit mit dem Versuch, perfekt zu sein.

Wegen ihrer geringeren Repräsentanz im mittleren und oberen Management halten viele Frauen sich immer noch für Pioniere, die durch das Beispiel ihrer guten Leistungen die Aufstiegsmöglichkeiten *aller* Frauen verbessern. Während zweier Jahrzehnte haben sich die Laufbahnmöglichkeiten für Frauen ständig verbessert. Dennoch gibt es immer noch erfolgreiche Frauen, die es als ernsthaftes Problem bezeichnen, daß sie stärker im Blickfeld der Öffentlichkeit stehen als Männer. Eine leitende Managerin in einer Investmentbank formulierte es so: *„Daß ich eine der wenigen Frauen im Topmanagement bin, macht mich in dieser Institution zum Wundertier. Zwar versuche ich, das nicht zur Kenntnis zu nehmen; doch werde ich immer wieder von Männern und Frauen gefragt, wie ich mich in dieser Position fühle. Es gibt keine Möglichkeit, die Tatsache zu vergessen, daß man anders ist und von anderen genau beobachtet wird...*

Auch wenn ich mich intensiv bemühe, diese Gedanken zu verdrängen, bin ich mir bewußt, daß meine einzigartige Position im Betrieb mein Verhalten beeinflußt. Sobald ich eine Entscheidung treffen muß, die mit einem ernsthaften Risiko verbunden ist, oder als Frau gebeten werde, mich zu einem strittigen Thema zu äußern, ertappe ich mich bei dem Gedanken, wie das, was ich tun will, sich wohl auf andere Frauen auswirken wird. Werde ich sie enttäuschen? Schädige ich ihre Erfolgschancen? Unterstützen meine Handlungen etwaige negative Vorurteile? Solche Überlegungen kommen mir ganz instinktiv, bevor ich eine Entscheidung treffe. Trotz allem jedoch, was Sie davon halten mögen – ich glaube nicht, daß mir das geschadet hat. Meines Erachtens ist das ein Faktor, der meine Gesamtleistung sogar gesteigert hat. Als Ergebnis dieser Denkweise setze ich die Hürden noch höher an.“

In Erkenntnis dessen, was Erfolg oder Scheitern im Betrieb für sie symbolisch bedeuten kann, pflegen viele weibliche Führungskräfte sich vor Entscheidungen besonders viel Zeit zu nehmen und dann sehr sorgfältig zu handeln. Es gibt einige, die sich durch den zusätzlichen Druck „um der Sache ihrer Schwestern willen gute Leistungen zu erbringen“ belastet fühlen und dieses organisatorische Faktum einfach leugnen. Die echte weibliche Führungskraft faßt dies eher als eine bedeutende Verantwortung und einen Faktor auf, der ihre Leistung nur positiv beeinflussen kann.

In Organisationen, die sich um die Förderung weiblicher Führungskräfte bemühen, sind Männer und Frauen sich der Unterschiede bewußt, wie beide Geschlechter die persönlichen Leistungsnormen festlegen. Gerald Tabaczyk ist als Vizepräsident Leiter der Abteilung Buchhaltung und Finanzen der Firma Peter Rogers Associates in New York, einer höchst erfolgreichen „Boutiquen"-Werbeagentur. Sie hat im Laufe der Jahre viele Spitzenkräfte angelockt. Zu ihrem Personalmix gehören auch Damen, die für ihre Tätigkeit und berufliche Weiterentwicklung ein möglichst unbürokratisches und mehr auf Kooperation eingestelltes Betriebsklima gesucht hatten. Tabaczyk berichtet, diese Frauen hätten viele Eigenschaften mitgebracht, die der Agentur geholfen haben, den hohen Standard der Dienstleistungen für ihre Kunden zu bewahren.

Über die besonderen Stärken dieser Frauen sagte er: *„Weibliche Manager vergewissern sich im allgemeinen, ob sie recht haben, bevor sie etwas sagen. Wenn sie einen Gedanken vortragen, dann hat man den Eindruck, daß sie ihre Hausaufgaben wirklich gemacht haben. Ein Mann in derselben Position trägt zur Unterstützung seiner Ansichten vielleicht sechs Punkte vor; eine Frau wahrscheinlich nur halb so viele. Meiner Erfahrung nach pflegen Frauen ihre Ideen gründlicher zu durchdenken. Sie wollen sicher sein, festen Boden unter den Füßen zu haben, bevor sie zu etwas Stellung nehmen, während ein Mann sich weniger darum kümmert."*

Viele Ratschläge, die weiblichen Managern in den späten sechziger und frühen siebziger Jahren erteilt wurden, konzentrierten sich auf die negativen Auswirkungen des Bestrebens, hauptsächlich gründlich vorbereitet zu sein. Damals wurde kritisch angemerkt, die Frauen stürzten sich zu sehr in harte Arbeit und befaßten sich nicht genug mit der jeweiligen Unternehmensstrategie. Die gegenwärtige Krise der Unternehmen macht es notwendig, dieses wichtige Thema zu überdenken. Sind Frauen schlechter daran, weil sie für ihre eigenen Leistungen ungewöhnlich hohe Normen setzen? Sind sie deswegen in ihrer Managerrolle weniger effektiv? Würden die Organi-

sationen besser funktionieren, wenn die Frauen weniger bestrebt wären, einen hohen Stand individueller Leistung aufrechtzuerhalten?
Man sollte meinen, angesichts rückläufiger Produktivität und Betriebsmoral in amerikanischen Unternehmen sei das Streben nach hervorragenden Leistungen entscheidender als je zuvor. Die Bestellung neuen Bodens im Management setzt weibliche Manager zwar unter hohen Leistungsdruck, löst aber auch viel freudige Erregung und Begeisterung in Situationen aus, in denen Frauen das Gefühl haben, ernstgenommen zu werden. In solchen Fällen denken sie optimistischer über ihre Zukunft und weniger zynisch über das, worauf es beim beruflichen Aufstieg wirklich ankommt.

Dr. Sharon Connelly, Dozentin für Öffentliche Verwaltung an der University of Southern California, hat ein Phänomen untersucht, das sie als „Arbeitsgeist" bezeichnet. Damit meint sie den zündenden Funken und die Vitalität, die immer dann zu finden sind, wenn Menschen ihre Tätigkeit lieben. Über ihre eigene Sicht des weiblichen Managers sagt sie: *„Frauen haben immer noch das Problem, daß sie zweimal so hart arbeiten müssen wie ihre männlichen Kollegen, um anerkannt zu werden. Da sie das auch wirklich tun, verfügen sie selbst auch über die Fähigkeit, bestimmte Situationen und Menschen mit Energie zu erfüllen. Das hängt mit der Qualität ihrer eigenen Energie zusammen – immer auf Draht, einfallsreich und stets auf der Suche nach neuen Wegen, die Dinge zu erledigen. Manchmal mangelt es ihnen an Zynismus, ob es funktionieren wird – nämlich etwas zu versuchen, was andere nicht versuchen würden."*

Die Arbeitsmoral von Einwanderern

Wie unterscheidet diese Einstellung sich von der traditioneller Manager? Die Beweise häufen sich, daß die heutigen weiblichen Führungskräfte in vieler Hinsicht den ersten Generationen von Einwanderern ähneln. Als Fremde in einem fremden Land kompensieren sie ihre Unkenntnis der lokalen Gewohnheiten durch Konzentration auf die Dinge, die sie wirklich beherrschen. Für die überwiegende Mehrheit wird harte Arbeit zum Schlüssel des Erfolgs und der Befriedigung. Da sie politisch weniger bewußt sind, neigen sie eher dazu, die Politik zu ignorieren und sich auf ihre Arbeit zu konzentrieren. Dabei folgen sie einem Bündel von Normen zum Messen von Leistung, ganz gleich ob sie selbst oder andere diese festgelegt haben. Als neue Gruppe im Management, neigen Frauen zu weniger Selbstgefälligkeit gegenüber ihrem Erfolg und ihrer Zukunft. Im Bewußtsein der eigenen Erfahrung, daß jeder Schritt auf der Karriereleiter potentielle Probleme mit sich bringt, nehmen sie nichts oder nur wenig für gesichert. Ihre Reaktion auf fast jede Situation ist stets dieselbe. Sie arbeiten weiterhin härter als andere.

Ist die weibliche Arbeitsmoral wirklich verschieden von der männlicher Manager? Eine Studie der American Management Association über Wertvorstellungen von Managern erbrachte einige interessante Unterschiede bei einer gleich starken Zahl weiblicher und männlicher Manager. Die Frauen legten größeren Wert auf die Bedeutung von Effizienz und hoher Produktivität als die Männer. Außerdem wurden Geschicklichkeit, Flexibilität, Kooperation und Fachkenntnisse von ihnen stärker bewundert als von ihren männlichen Kollegen. Zwar geben beide Gruppen jedem der erwähnten Bereiche erhebliches Gewicht, statistisch gesehen waren diese Unterschiede jedoch bedeutsam.[49]

Die große Hingabe vieler weiblicher Manager an ihre Tätigkeit war auch das entscheidende Ergebnis einer anderen Studie. Sie wurde 1982 unter dem Titel *„Profile of Woman Senior Executives“* (Profil leitender weiblicher Manager) gemeinsam von der University of California, Los Angeles, und der prominenten Personalberatungsfirma Korn/Ferry International ausgearbeitet. Das Ergebnis: 36 Prozent der dreihundert befragten weiblichen leitenden Manager erklärten, daß sie mehr Wochenstunden für ihren Job aufwenden als ihre männlichen Kollegen. Unter den über dreißig Faktoren, die sie selbst als für ihren Erfolg am wichtigsten erachteten, nannte diese Gruppe harte Arbeit und Beharrlichkeit unter den drei ersten.[50]

Eine erfolgreiche Frau, die für sich selbst und ihre Umgebung hohe Arbeitsnormen festlegt, ist Dr. Donna Shalala, Präsidentin des Hunter College. Bevor sie 1980 an dieses College kam, bekleidete sie mehrere verantwortliche Positionen, darunter die des Staatssekretärs für Wohnungsbau und Stadtentwicklung. Bei einem Gespräch über ihren persönlichen Managementstil sagte sie: *„Wahrscheinlich werden meine Mitarbeiter sagen, ich sei von der jeweiligen Vorbereitung besessen. Ich bin sehr streng hinsichtlich aller Dokumente, die mein Büro verlassen. Niemand darf etwas an meiner statt unterzeichnen. Ich schicke lieber weniger Briefe hinaus, die jedoch ganz besonders gut. Ich arbeite sehr hart an der Formulierung und Verbesserung der wenigen Vorträge, die ich hin und wieder halte.*

Zugleich bin ich Fehlern gegenüber sehr tolerant. Die leitenden Leute hier wissen, daß sie Fehler machen können, sogar schwere, solange sie hart arbeiten und sich große Mühe gaben. Meines Erachtens gibt es Fehler, die man einfach nicht voraussehen kann; Dinge jedoch, die wir kontrollieren können, sollten wir sehr gut erledigen."

Ironischerweise hat man diese Selbstverpflichtung zu hohen Leistungsnormen in einigen Organisationen als ein ernsthaftes Manko weiblicher Führungsmethoden angesehen. Der Glaube weiblicher Manager an die Bedeutung hoher Normen und harter Arbeit wurde dort als naiv und nicht den „Fakten der Unternehmenswelt" entsprechend betrachtet – daß nämlich Stellungnahme zur Unternehmenspolitik wichtiger sei als hervorragende Managementleistungen. Wo die eigenen Wertvorstellungen und die einer stark politisierten Organisation nicht richtig zusammenpassen, da fühlen sich diese Frauen oft verpflichtet, anderswo nach Karrieremöglichkeiten Ausschau zu halten, wo harte Arbeit und hohe Leistungsnormen gleichermaßen belohnt werden. Manchmal finden sie solche Möglichkeiten innerhalb von komplexen Organisationen. Doch oft entdecken Frauen, daß ihre Wertvorstellungen keinen Anklang finden und müssen deshalb anderswo das Klima suchen, das ihren persönlichen Anschauungen besser entgegenkommt.

Hochleistungs-Unternehmerin

Viele Unternehmerinnen nennen als eine der Hauptursachen für die Gründung eines eigenen Unternehmens die sinkende Arbeitsmoral und wachsende Bedeutung der Politik in vielen Unternehmen. Das macht sie besorgt. Eine dieser Unternehmerinnen ist Dr. Janice Jones, Präsidentin und Gründerin der Firma Chartwell & Company, einer in Los Angeles ansässigen Organisation für finanzielle Dienstleistungen. Bei der Erörterung der Rolle, die Frauen innerhalb von Organisationen spielen können, konnte sie auf persönliche Erfahrungen verweisen. *„Ich mußte bei allem, was ich tat, außergewöhnliche Leistungen erbringen, und es regt mich auf, wenn ich Leute sehe, die nichts leisten. Heute duldet man in vielen Organisationen schiere Mittelmäßigkeit. Dieses leidige Phänomen hat dazu geführt, daß die Unternehmen stagnieren und auch weiterhin stagnieren werden, wenn in der Unternehmenswelt der Wunsch nach Pflichtbewußtsein, Disziplin und hervorragenden Leistungen nicht wächst.*

Ich hoffe, daß der gegenwärtig bei den Frauen vorherrschende Geist da Änderung schaffen wird. Die mir bekannten Frauen, die an die Spitze gelangt sind, haben dies aufgrund harter Arbeit geschafft. Meines Erachtens gehören sie zu den besten Managern, die ich kenne.

Unter denen, die in ihren Unternehmen überlebt und ihr Ziel erreicht haben, wird ein positiver Unterschied im Verhalten sichtbar. Innerhalb dieser Gruppe stößt man auf einen freiheitlichen Geist und eine Befriedigung über das Erreichte, die man bei vielen Männern nicht findet. Ich hoffe, dieser Geist kann eine neue Revolution im Wirtschaftsleben beflügeln."

Frauen und Risikobereitschaft

Und wie steht es um die Risikobereitschaft? Wie beeinflußt der Wunsch der weiblichen Manager, hohen Leistungsnormen zu entsprechen und keine kostspieligen Fehler zu begehen, ihre Bereitschaft, die kalkulierten Risiken auf sich zu nehmen, die für den wirtschaftlichen Erfolg oft von entscheidender Bedeutung sind? Neigen Frauen, um Fehler zu vermeiden, zu geringerer Risikobereitschaft? In der Zeit, als die ersten Frauen ins Management gelangten, entstand das leidige Vorurteil, Frauen gingen nur geringe Risiken ein. Untersuchungen über die Unterschiede früher Sozialisation ergaben, daß Frauen als risikofeindlicher gelten als Männer und aus Angst vor kurzfristigen Risiken weniger geneigt sind, günstige Gelegenheiten mit potentiell positiven Ergebnissen für sich selbst zu ergreifen. Das traditionelle Rollenskript für Jungen und Mädchen lieferte zusammen mit einer biologischen Veranlagung für eine solche Konditionierung ein scheinbar starkes Beweismaterial. Mädchen, und im späteren Lebensalter Frauen, scheinen Risiken unterschiedlich zu begegnen. Während jedoch Unterschiede des Geschlechts identifiziert werden konnten, schienen die Erklärungen dafür, vor allem deren Gesamtauswirkung auf Organisationen, an traditionelle männliche Wertvorstellungen sowie an den festen Glauben gebunden, man müsse um fast jeden Preis das Eigeninteresse verfolgen.

Frauen scheinen eine andere Orientierung gegenüber Risiken zu haben und potentielle negative Folgen sorgfältiger abzuwägen. Doch ist nicht klar, ob diese Perspektive für die Managerin selbst oder ihre Organisation von Nachteil ist. Ebensowenig ist klar, ob diese Haltung Frauen daran hindert, vernünftige Risiken zu akzeptieren. Sandra Meyer von American Express formuliert das so: *„Ich gehe vernünftige Risiken ein, bin aber keine Glücksspielerin. Ich neige dazu, zwei Dollar auf eines von zwei laufenden Pferden zu setzen.“* Gillian Martin Sorensen, Beauftragte von New York City für das diplomatische Korps der Vereinten Nationen und das Konsularkorps, zeigte eine ähnliche Bereitschaft zu vernünftigen Risiken: *„Meines Erachtens schätze ich die Risiken aus einer gewissen Entfernung ein; dann komme ich zu einer vernünftigen Entscheidung."*

Man muß jedoch zugeben, daß genau dieselben Handlungen eines männlichen oder eines weiblichen Managers oft zu sehr unterschiedliche Reaktionen bei Kollegen und der Organisation führen, wenn sie erfolglos bleiben. In den meisten Fällen sind die negativen Konsequenzen für weibliche Manager immer noch erheblich größer als für männliche. Muril Fox, Leiterin einer bedeutenden PR-Abteilung, meint dazu: *„Frauen können sich keine Fehler leisten. Täten sie es, würden sie zu hören bekommen ‚Das habe ich Ihnen ja gleich gesagt'. Da sie im Laufe der Jahre perfekter sein mußten, gingen sie auch weniger Risiken ein."*

In einem Gespräch über die unterschiedliche Risikofreudigkeit der beiden Geschlechter bemerkte Jill Considine, Präsidentin und Hauptgeschäftsführerin der The First Women's Bank in New York: *„Im allgemeinen scheinen Männer größere Risiken einzugehen als weibliche Manager, vielleicht jedoch nur deswegen, weil es für sie weniger folgenschwer ist. So halte ich es für ein geringeres Risiko, wenn ein Mann sich entschließt, den Posten des Chefingenieurs eines großen Automobilwerks anzustreben. Für eine Frau, die das täte, entstünden erhebliche Risiken. Zieht man die Konsequenzen ihrer Handlungen in Betracht, dann riskieren Frauen meines Erachtens jedesmal mehr als Männer. Ganz bestimmt riskieren sie viel mehr, das nicht zu erreichen, was sie wollen."*

Die Erfahrungen, die Frauen im vergangenen Jahrzehnt auf Managementposten gesammelt haben, scheinen aber auch positive Wirkungen auf ihre Risikobereitschaft zu haben. Zwar sind sie sich immer noch der potentiell negativen Folgen bewußt; doch sind heute viele weibliche Manager schon besser in der Lage, auch die positiven zu erkennen. Schwester Colette Mahoney, Präsidentin des Marymount College in Manhattan, ist der Ansicht, das Image der

Frauen als wenig risikofreudig wandle sich langsam. *„Wenn immer gesagt wird, Frauen seien wenig risikofreudig, dann wohl deswegen, weil Frauen bisher nicht Positionen bekleideten, in denen sie das Gegenteil demonstrieren konnten. Als weiblicher Collegepräsident bin ich ebenso viele, wenn nicht mehr Risiken eingegangen als viele meiner männlichen Kollegen."*

Carol Foreman ist eine Führungspersönlichkeit, die sehr viel von Risikobereitschaft versteht. Bevor sie ihre eigene Consultingfirma in Washington, D.C. gründete, diente sie der Regierung als Staatssekretärin für Landwirtschaft. Im Herbst 1984 übernahm sie auch einen verantwortlichen Posten in der Wahlkampfleitung für das Bewerberpaar um die amerikanische Präsidentschaft Mondale-Ferraro. Aus persönlicher Erfahrung und Beobachtung meint sie, weibliche Manager seien durchaus risikofreudig, vielleicht sogar mehr als Männer. *„Ich glaube, Frauen eines gewissen Alters mußten alternative Wege beschreiten und Risiken auf sich nehmen, wo Männer das nicht nötig hatten. Die Männer wurden direkt vom College weg von IBM oder ähnlichen Unternehmen eingestellt, wo die Managementstruktur auf das Gebot hinauslief ‚Geh kein Risiko ein. Tu nur das, was jedermann sagt, und du wirst Erfolg haben.' Für Frauen gab es keine vergleichbaren Zusicherungen."*

Ganz ohne Zweifel mußten Frauen beim Niederreißen alter Hürden auf dem Wege zum Erfolg mehr Risikobereitschaft entwickeln. Erste Erfolge wurden zu einer starken Motivation für die Übernahme vernünftiger Risiken. Doch konzentriert sich das Bemühen der meisten weiblichen Manager im Augenblick weiterhin darauf, die qualitativ hohe persönliche Leistung über alles andere zu stellen.

Die Wirtschaft braucht leistungsstarke Manager

Als vor über einem Jahrzehnt Frauen erstmals in großer Zahl ins Management einstiegen, wurde ihnen von vielen Fachleuten geraten, nicht ihre persönlichen Standards ins Büro mitzubringen. Einige der populärsten Bücher kritisierten, die Managerinnen stellten an sich selbst und andere zu hohe Anforderungen. Ferner hieß es, sie erwarteten besonderes Lob für ihren Fleiß und ihre harte Arbeit. Kritisiert wurde ferner, die weiblichen Manager weigerten sich, das Leben in den Unternehmen als einen Wettkampf aufzufassen, bei dem es auch darauf ankomme, zur Förderung des Eigeninteresses spezielle Strategien von Risikobereitschaft zu formulieren.

Angesichts des Rückschlags der wirtschaftlichen Prosperität Ende der sechziger und zu Beginn der siebziger Jahre glaubte man allgemein, die Frauen würden ihre Erfolgschancen durch Integration verbessern, statt ihr Anderssein zu betonen. Damals herrschte die Ansicht vor, Frauen würden niemals volle Gleichberechtigung oder starke Präsenz im Management erreichen, es sei denn, sie lernten es, dieselben Spielregeln anzuwenden wie die Männer. Wenn sie dann ihren Platz in der Managementstruktur erreicht hätten, würde es ihnen freistehen, ihren Stil zu ändern.

Heute jedoch, vor dem Hintergrund der vielen Herausforderungen für amerikanische Unternehmen, scheint die Zeit gekommen, auf einem entsprechenden Wandel zu bestehen. Wir brauchen eine neue Führungsform, die den Menschen Handlungsspielraum läßt und sie herausfordert, neue Lösungen für alte Probleme zu finden. Sie muß die Arbeitnehmer motivieren, für die von ihnen gelieferten Dienstleistungen und Produkte höhere Qualitätsstandards festzulegen. Der moderne Manager muß mehr tun, als nur die Qualität der Leistungen anderer beurteilen. Er muß bereit sein, durch persönliches Beispiel zu führen und durch eigene Leistung zu demonstrieren, daß nur Bemühungen um beste Qualität wirklich zählen.

Seit dem ersten Vorstoß ins Management vor fast zwanzig Jahren haben weibliche Führungskräfte hart daran gearbeitet, die Achtung und das Vertrauen ihrer Kollegen und Organisationen durch Leistung zu erwerben. Einige mögen sich gewisser Strategien und Manipulationen bedient haben, um Erfolg zu haben, doch die eben erwähnten Frauen vertrauten auf ihre Fähigkeiten und ihre Energie, die Hürden auf ihrer Laufbahn zu überwinden. Ihr Bekenntnis zur Qualität kann die Arbeitsmoral in vielen unsicher gewordenen Unternehmen neu beleben. Außerdem kann es dazu beitragen, Amerikas Vertrauen ins Unternehmertum neu zu beleben, indem man hervorragende Leistung über politischen Verstand stellt.

In allen Unternehmen kann man heute aus den von weiblichen Managern gegebenen Beispielen lernen. Vor allem im Bereich der Leistungsnormen können ihre Wertvorstellungen zum Neuaufbau der amerikanischen Industrie beitragen und sie wieder wettbewerbsfähig machen. Statt daß man diese Haltung der Frauen entmutigt, ist es jetzt an der Zeit, ihre Wertvorstellungen zu unterstützen und anderen zu empfehlen, ihnen nachzueifern.

Kapitel 7

Teamarbeit und partizipierendes Management

Zu Beginn des 19. Jahrhunderts soll der Herzog von Wellington gesagt haben, die Schlacht bei Waterloo sei „auf den Sportplätzen von Eton“ gewonnen worden. Der Herzog hat zwar schon vor über zwei Jahrhunderten gelebt, doch wird seine Sichtweise immer noch von vielen Managementexperten geteilt. Sie halten Frauen fürs Management für ungeeignet, weil sie als Schulmädchen nicht auf den Baseballfeldern von Boston oder American Football-Plätzen von Philadelphia trainiert wurden.

Diese Denkweise geht in etwa folgende Richtung: Mädchen nehmen an Wettbewerben teil, bei denen sie als Individuen konkurrieren; Knaben neigen mehr zum Mannschaftssport. Daher lernen Knaben auch mehr als Mädchen, wie man ein guter Mannschaftsspieler wird. Später sind sie dann als Manager besser imstande, innerhalb ihrer Arbeitsteams zu kooperieren, selbst in Situationen, in denen sie keine Verbindung zu ihren Mitarbeitern haben. Sie akzeptieren Leistungsunterschiede, weil sie begreifen, daß man immer noch elf Leute braucht, um das Spiel zu spielen. Und sie distanzieren sich von der emotionalen Wirkung von Fehlschlägen, indem sie die Verantwortung dafür auf alle Mitglieder des Teams verteilen.

In ihrem Bestseller *The Managerial Woman* äußern sich Dr. Margaret Hennig und Anne Jardim ausführlich zu dieser grundlegend verschiedenen Auffassung von Teamarbeit. Knaben lernen, in einem Team effektiv zu sein; Mädchen haben andere Erfahrungen. Statt sich auf den Sieg zu konzentrieren, möchten Mädchen eher „so gut wie möglich abschneiden“. Später, als Erwachsene, fällt es Frauen schwer, sich von Kritik zu distanzieren. Da sie kein Gespür dafür haben, „wie ein Spiel gespielt wird“, sind sie auch weniger befähigt, Strategien für ihr persönliches Eigeninteresse zu befolgen.[51]

Strategie, Gewinnen und Eigeninteresse sind der Stoff, aus dem erfolgreiche Manager angeblich gemacht werden. Zumindest war dies das Managementmodell, das man Frauen während der siebziger Jahre als Beispiel präsentierte. Jetzt jedoch, angesichts der wirtschaftlichen Probleme der achtziger Jahre, fragt man sich, ob diese in hohem Maße von Konkurrenzdenken bestimmte Auffassung vom Management mit der Glorifizierung des Eigeninteresses wirklich jemals zum Besten der Organisationen war.

Die Probleme der achtziger Jahre werfen jedoch noch fundamentalere Fragen über Teamarbeit und ihre richtige Anwendung in Organisationen auf. Heute mehren sich die Anzeichen dafür, daß in vielen Organisationen eine Verlagerung von hierarchischen zu Team-Entscheidungen stattfindet. Einige Manager halten diesen Wandel für nicht sehr bedeutsam; doch nicht alle teilen diese Meinung. Viele Männer und Frauen glauben an einen grundlegenden Wandel der Teamarbeit. Sie meinen, die Form von Teamarbeit, die unsere Unternehmen jetzt und in Zukunft für ihren Erfolg brauchen, unterscheide sich deutlich von der früher praktizierten Form. Um es noch einmal zu sagen: Die Situation in den heutigen Organisationen ruft nach einer anderen Perspektive und radikal unterschiedlichen Methoden.

Diese Unterschiede beziehen sich vor allem auf drei wichtige Probleme:

- den Grad der Struktur und der Spezialisierung der Rollen der Teamangehörigen;
- die Funktion der Führungspersönlichkeiten, und
- die Auffassungen über das Umfeld, in dem das Team tätig ist.

Zum Verständnis dieser Probleme und ihrer Auswirkungen auf die Teamarbeit muß man zunächst die konventionelle Haltung gegenüber der Teamarbeit verstehen, wie sie in unseren Organisationen vorherrscht, dann kann man sie mit der jetzt erforderlichen moderneren Einstellung vergleichen. Was halten die meisten Manager von Teamarbeit? Wie definieren sie ihre eigene Rolle dabei?

Die überlieferte Definition von Teamarbeit

Das überlieferte Konzept von Teamarbeit zeigt deutlich den Einfluß des Maskulinismus auf die in komplexen Organisationen praktizierte Methode. Zu den populärsten Metaphern zur Beschreibung effektiver Teamarbeit gehören Analogien aus der Fußballterminologie. Der Gruppenleiter wird mit dem Mannschaftskapitän verglichen, die Teilnehmer werden je nach Begabung als Verteidiger, Läufer oder Stürmer eingesetzt. Die Rollen in solchen Teams sind genau definiert. Es gibt ein hohes Maß an Spezialisierung, zentrale Lenkung und einen Fundus von Verhaltensweisen in Standardsituationen oder Spielzügen zur Überwindung einer Vielfalt von Hindernissen. Das Ziel, das dieses Team zusammenhält, ist der Sieg, den man aufgrund genau durchdachter strategischer Züge erreicht.

Wem die sportliche Analogie nicht paßt, der kann stets auf militärische Metaphern zurückgreifen. Dann spricht man vom Kompaniechef oder General, dessen Aufgabe es ist, die Truppe zusammenzuhalten. Ferner gibt es noch die schwere Artillerie, die Infanterie und die Rekruten. Und schließlich ist da noch der Feind und die Kriegsbeute, wenn man gewinnt. Um bei dieser Terminologie zu bleiben – für jede Person auf jeder Unternehmensebene gibt es eindeutig festgelegte Grenzen der Autonomie. In der starren Organisationsstruktur haben Offiziere keinen unmittelbaren Kontakt mit Rekruten.

Den teambezogenen Metaphern ist gemeinsam, daß es für jeden Mitspieler ziemlich spezifische Rollen gibt, ferner der Glaube an die Bedeutung eines einzelnen mächtigen Führers. Gemeinsam haben beide außerdem detaillierte Verhaltensvorschriften für das reibungslose und effektive Funktionieren der Gruppe in Krieg und Frieden.

„OK, das verstehe ich", sagen Sie. „Aber sind derartige Images in den Organisationen von heute wirklich noch weit verbreitet?" Wer hierauf eine Antwort aus der ersten Hand haben will, der braucht nur den Diskussionen zu lauschen, die routinemäßig bei allen Managerkonferenzen stattfinden. In allen Organisationen bedient man sich weitgehend einer Terminologie aus der sportlichen oder militärischen Sprache. Und der Glaube an die Konzepte, die diese Symbole repräsentieren, ist ebenfalls weitverbreitet. In ihrem Buch *Games Mother Never Taught You* (Spiele, die Mutter dich nie gelehrt hat) schreibt Betty Lehan Harragan: *„Der militärische Einfluß auf das Geschäftsleben ist morphologischer Art ... Aus der Sicht des Managements ist die Kombination von militärischer Struktur mit einer dem Mannschaftssport entlehnten Betätigungsweise ganz natürlich."* [52]

Doch wie passen diese Vorstellungen von Mannschaftssport in das dynamische unternehmerische Umfeld der achtziger Jahre? Wie gut halten sie dem vom zunehmendem Wettbewerb auf den Weltmärkten ausgeübten Druck stand? Die Antwort ist, daß sie dem nicht eben gut standhalten. Trotz enthusiastischer Versuche vieler traditioneller Manager, diese Vorstellungen weiterhin anzuwenden, haben dramatische Veränderungen des operativen Umfelds als Folge sozialer und wirtschaftlicher Kräfte ein deutliches Verlangen nach einer neuen Definition der Teamarbeit geschaffen, mit neuen Rollen für alle Mitglieder des Teams und mit flexibleren Regeln für ihre Betätigung. Innerhalb dieses sich verändernden Umfeldes verfügen weibliche Führungspersönlichkeiten über die grundlegenden Fähigkeiten und die für die Reaktion auf diesen Bedarf erforderliche vorausblickende Vision, denn sie handeln eher wie man es von modernen Führern erwartet und weniger wie traditionelle Manager es tun.

Das weibliche Konzept von Teamarbeit

Traditionelle Manager halten es für besonders wichtig, die Bemühungen ihrer Untergebenen zu kontrollieren oder zu lenken. Ganz anders denken ihre weiblichen Kollegen von ihrer Rolle. Sie sehen sich vor allem als Manager, die den Mitgliedern eines Teams die Verantwortung für selbständiges Handeln übertragen, um so die

Qualität des Outputs zu steigern. Die Unterschiede zwischen männlicher und weiblicher Auffassung von Teamarbeit ähneln in vieler Hinsicht denen, die man im Verhalten von Männern und Frauen bei der Erziehung der Kinder beobachten kann. Väter wollen zumeist ihre Kinder stärker beaufsichtigen und begnügen sich mit der Rolle desjenigen, der auf Disziplin achtet. Mütter wollen dagegen eher die Selbständigkeit des Kindes fördern und scheinen intuitiv zu wissen, daß Kinder für ihre Entwicklung Freiräume brauchen, damit sie später als Erwachsene alle ihre Möglichkeiten verwirklichen können.

Weibliche Manager haben begriffen, daß die Kontrolle des Verhaltens anderer nicht dieselben qualitativen Ergebnisse bringen kann wie die Ermutigung zu selbständigem Tun. Woher wissen sie das? Viele sagen, sie hätten dies im Rahmen ihrer persönlichen negativen Erfahrungen als Untergebene entdeckt. Andere werden sagen, das entspringe einem Instinkt. In beiden Fällen scheint es, daß Sozialisation und Biologie weibliche Führungspersonen mit Einsichten ausgestattet haben, die heute für eine wirksame Führung und einen natürlicheren, stärker partizipierenden Managementstil benötigt werden. Diese Frauen bilden heute eine Führungsschicht, die unbedingt daran glaubt, daß positive und befriedigende persönliche Beziehungen den festen Untergrund aller produktiven menschlichen Interaktionen bilden, in der festen Überzeugung, daß Siegen das Ergebnis persönlicher Leistung ist, sowie des Anspornens anderer, ihr Bestes zu geben – und nicht so sehr einer guten Strategie und der Erwartung, daß die anderen einfach Befehle ausführen.

In ihrer neuesten, stark in der Öffentlichkeit beachteten Studie über Geschlechtsunterschiede beim Managen hat die Psychologin Carol Gilligan untersucht, wie vielfältig weibliche psychologische Perspektiven sich von männlichen unterschieden. Zur Frage der größeren Bedeutung, die Frauen zum Aufbau eines Netzes oder Gewebes von Beziehungen beimessen, schreibt sie: *„Die Vorstellungsbilder von Hierarchie und Geweben, abgeleitet aus den Lehrbüchern der*

Männer und den Phantasien der Frauen, vermitteln uns unterschiedliche Arten, Beziehungen zu strukturieren... Die Neuinterpretation weiblicher Erfahrungen in der Sprache ihrer eigenen Vorstellungen von Beziehungen und Zusammenhängen verdeutlicht diese Erfahrungen. Sie liefert uns auch eine nicht-hierarchische Anschauung menschlicher Verknüpfungen, Beziehungen, die im Rahmen von Hierarchie geformt werden, scheinen von Natur aus unstabil und moralisch problematisch zu sein. Ihre Transposition ins Image von Beziehungsgeweben verwandelt eine Ordnung von Ungleichheit in eine Struktur von Zusammenhängen.“ [53]

Verknüpfung mit anderen Menschen und der Aufbau von Netzwerken, in deren Zentrum man steht, statt alleine an der Spitze – das sind wesentliche Elemente effektiver weiblicher Führung. Als solche repräsentieren sie eine einzigartige Anschauung von der Rolle eines Anführers, die weniger naiv und bei weitem pragmatischer zu sein scheint, als je zuvor. Bei Gesprächen mit einigen hundert erfolgreichen Frauen über ihre persönlichen Anschauungen zum Thema effektive Führung fragte ich, wie sie ihre eigene Rolle als Teamchef sehen. Wie definierten sie effektive Teamarbeit? Was erwarteten sie von den einzelnen Mitgliedern ihrer Teams? Worin bestand ihrer Ansicht nach gute Teamarbeit?

Natürlich bezogen sich die von diesen Managerinnen erwähnten spezifischen Beispiele alle auf ihr eigenes Arbeitsumfeld. Doch gab es bemerkenswerte Übereinstimmung in bezug auf die Natur der Teamarbeit. Eine typische Antwort gab Martha Stewart. Als ehemalige Aktienhändlerin, erfolgreiche Autorin und Gründerin der größten Lieferfirma für modischen Schmuck in Connecticut, versteht sie die Bedeutung guter Teamarbeit aufgrund ihrer eigenen Erfahrungen beim Aufbau und Managen vieler unterschiedlicher Firmen. Beim Nachdenken über ihre Erfahrungen sagte sie: *„Ich meine, Frauen arbeiten besser im Team. Männer sind ständig von Konkurrenzdenken besessen, was manchmal zu unangenehmen Ergebnissen führen kann. Während meiner Tätigkeit in der Wall Street habe ich*

Männer bei ihrer Teamarbeit erlebt – doch war es ein Team totaler Individuen, die sich nicht gegenseitig ergänzten. Meines Erachtens neigen Frauen dazu, sich mehr aufeinander zu verlassen; in Teams leisten sie mehr. Im Vergleich mit Männern sind sie imstande, ihre individuellen Wünsche zugunsten dessen unterzuordnen, was gut für das Team ist."

Eine andere Frau, die ihre eigene Auffassung von Teamarbeit beim Aufbau eines sehr erfolgreichen Unternehmens praktiziert hat, ist Deborah Field, Gründerin der Firma Mrs. Field's Cookies. Sie begann 1977 in Kalifornien und hat inzwischen ihren Tätigkeitsbereich auf einhundertsechzig Läden in den Vereinigten Staaten und im Ausland ausgedehnt: *„Frauen sind meines Erachtens gut im Umgang mit anderen Menschen und wenn es darum geht, individuelle Bedürfnisse zu berücksichtigen. Dem Wirtschaftsleben würde es gut tun, wenn mehr Manager darauf hinarbeiten würden, ihren Teams das Gefühl zu vermitteln, etwas Besonderes zu sein, gebraucht zu werden und fähig zu sein, alles zu erreichen."*

Zusammenarbeit versus Konkurrenzdenken

Zusammenarbeit und Ermunterung zu selbständigem Handeln, oder die Fähigkeit, anderen das Gefühl zu vermitteln, sie seien imstande, das Bestmögliche zu leisten, wurden in meinen Gesprächen mit weiblichen Managern wieder besonders hervorgehoben. Aber wie steht es mit der alten Redensart, Männer hätten in Organisationen eine Vorzugsstellung wegen ihrer Kindheitserfahrungen in sportlichen Wettkämpfen? Wenn Frauen gewöhnlich größeren Wert auf Zusammenarbeit und positive menschliche Beziehungen legen, was lernen Knaben bei ihrem Mannschaftssport, das sie später als Teammanager in großen Unternehmen nutzen können?

Ein leitender Manager in einer multinationalen pharmazeutischen Firma meinte, viele Jungen lernten weniger Teamgeist als die Pflege von Konkurrenzdenken und Gewinnenwollen. In diesem Sinne haben viele Männer eine sehr unterschiedliche Anschauung von Teamarbeit, jedoch nicht zwangsläufig eine wirksamere Methode zum Managen von Teams. Ein Mann, der über dieses Thema gründlich nachgedacht hat, sagt von der Teamarbeit: *„Ich meine, man hat sehr viel von der Fähigkeit des Mannes gesprochen, ein effektiver Mitspieler im Team zu sein, und zwar wegen der Sozialisation und wegen seines Trainings für Mannschaftsspiele. Wenn man nun aber von einem ‚effektiven Team' spricht, wovon redet man da wirklich? Versteht man unter ‚effektiv' Aggressivität, Konkurrenzdenken und unbedingten Siegeswillen, dann würde ich der Feststellung zustimmen, daß viele Knaben das beim Football, Basketball und ähnlichen Spielen lernen.*

Verstehen Sie darunter jedoch die Bereitschaft zu kooperativem Zusammenwirken mit anderen und die Fähigkeit, das Lob für gute Leistungen mit anderen zu teilen, dann bin ich nicht zwangsläufig der Ansicht, daß die Jungen das bei sportlichen Wettkämpfen lernen. Auch glaube ich nicht, daß viele Eltern solche Wertvorstellungen unterstützen. Wenn Sie jemals Zeuge gewesen sind, wie Eltern sich betragen, wenn sie ihre Kinder bei Mannschaftsspielen beobachten, dann wissen Sie, was ich meine. Sie wollen, daß ihr Kind jeden zugespielten Ball fängt und beim Sturm auf das gegnerische Tor alle anderen überrennt.

Beim Sport lernen Männer vor allem, wie wichtig es ist, ein überragender Star zu sein, nicht jedoch, den Erfolg mit anderen zu teilen. Alle anderen zu übertreffen und das Siegestor zu schießen – das lehrt der Mannschaftssport kleine Jungen am höchsten zu schätzen. Offen gesagt, von diesen Wertvorstellungen scheinen viele Männer auch während ihres ganzen Lebens als Erwachsene beherrscht zu werden."

Siegen und um den Platz ganz oben an der Mannschaftsspitze zu konkurrieren, das sind zwei Hauptregeln eines wettbewerbsorientierten Teamspiels. Beide können nützliche Strategien für Erfolg im Unternehmen sein; doch werden dann die positiven, kooperativen Beziehungen innerhalb des Teams unterbewertet. Und das sind gerade die Beziehungen, durch die alle Mitwirkenden innerlich wachsen. Die Wertvorstellungen, zu denen sportliche Wettkämpfe erziehen, beurteilt Barbara Fiorito, Vizepräsidentin der Chemical Bank, folgendermaßen: *„Meiner Meinung nach wird die Kameradschaftsethik im Teamsport von vielen Leuten mißverstanden. Knaben wissen zwar, daß zu einem Team elf Spieler gehören. Doch erhalten die beiden ‚Ersatzspieler', mit denen etwa zwei noch offene Mannschaftspositionen besetzt werden, weder echte Unterstützung noch die Möglichkeit, im Rahmen der Mannschaftsaufstellung weiter nach oben zu gelangen.*

Auch wenn dies als Beispiel für erfolgreiche Teamarbeit von Männern angeführt wird, hat das in der Praxis überhaupt nichts mit guter Teamarbeit zu tun. Nicht besonders begabte Mitspieler erhalten kaum eine Chance, sich in diesem Umfeld zu verbessern oder aufzurücken. Sie werden nur ausgesucht, um Lücken zu füllen.

Andererseits wissen Mädchen besser, daß es wichtiger ist, ein Spiel richtig zu spielen, als es zu gewinnen. Bei Mädchen zählt mehr, ‚ihr Bestes zu geben'. Ganz allgemein glaube ich nicht, daß der Männersport dieselben positiven menschlichen Wertvorstellungen vermittelt."

Das Problem des Überlebens

Zwar können Interviews über Teamarbeit die weltanschaulichen Unterschiede zwischen traditionellem Management und weiblicher Führung aufzeigen, doch verdeutlicht die Praxis eines Entscheidungsprozesses den Unterschied besser. Bei Management-Fortbildungsseminaren habe ich zur Erläuterung der verschiedenen Auffassungen von Teamarbeit oft das Problem des Überlebens in der Wildnis benutzt. Dabei wird den teilnehmenden Managern gesagt, sie hätten soeben eine Bruchlandung an einem abgelegenen Ort gemacht und müßten jetzt ihre begrenzten Ressourcen (Nahrungsmittel, Wasser etc.) einteilen und ihre Chancen zur Rettung organisieren. Die Gruppe erhält eine Liste der verfügbaren Ressourcen (eine Aufstellung von Gegenständen, die aus dem Flugzeugwrack gerettet wurden) und wird dann aufgefordert, einen Konsens über ihr weiteres Vorgehen zu erzielen. Bei nur begrenzt verfügbaren Informationen müssen sie kooperieren, um einen Aktionsplan aufzustellen, unter Berücksichtigung der wenigen Gegenstände, die sie bei sich haben (wozu ein Kompaß, ein Taschenmesser, ein Flugplan, begrenzte Mengen an Lebensmitteln in Dosen und dergleichen gehören).

Während dieser Aktivität, die zwischen sechzig und neunzig Minuten dauern kann, bemühen sich die Teilnehmer um eine Einigung für ihr Handeln. Sollen sie am Ort des Absturzes bleiben oder sich in irgendeine Richtung auf den Weg machen? Wie können sie sich vor feindlichen Elementen schützen? Was müssen sie tun, um an diesem unbekannten Ort zu überleben?

In gemischten Gruppen können die unterschiedlichen Ansätze zur Lösung dieser Probleme recht auffallend sein. So ist es durchaus nicht ungewöhnlich, wenn die Mehrheit der Männer in der Gruppe voraussetzt, daß die weiblichen Mitglieder keine Ahnung oder Erfahrung haben, die sich auf das Problem anwenden ließe. Deshalb sind die Frauen oft von Anfang an die Gruppenmitglieder mit geringerem Einfluß. Außerdem versuchen gewöhnlich zumindest ein oder zwei männliche Teilnehmer, die Kontrolle über die Gruppe zu erlangen und die Diskussion in die Richtung ihrer eigenen Vorstellungen zu lenken. Manchmal gelingt es einem, den anderen Prozeduren aufzuschwatzen, die angeblich notwendig sind, um Ordnung in der Diskussion zu wahren. Oft gehört dazu, daß über wesentliche Punkte der Diskussion eine Abstimmung gefordert wird. Es dürfte nicht überraschen, daß dieser Ruf nach Abstimmung meistens dann ertönt, wenn die Meinung des Anführers in der Gruppe die Oberhand zu gewinnen scheint. Dieser direkte Versuch eines männlichen Teilnehmers, die Rolle des traditionellen Führers an sich zu reißen, wird manchmal von anderen vereitelt, die sich weigern, auf diese Weise gemanagt oder kontrolliert zu werden.

Kontrolle versus Konsensbeschlüsse

Während einige männliche Teilnehmer darum kämpfen, die Kontrolle über die ganze Gruppe an sich zu reißen, arbeiten die weiblichen Teilnehmer eher auf Kompromisse und Beschlüsse durch Konsens hin. Sie sind oft diejenigen, die nach Ideen fragen, das Recht aller Teilnehmer auf Meinungsäußerung verteidigen und bereit sind, ihre Meinung zu ändern, wenn in der Diskussion gute Gegenargumente vorgebracht werden. Während die Männer aus Eigeninteresse die Gruppe lenken und kontrollieren wollen, zeigen Frauen weniger persönliches Interesse an Bestätigung ihrer Meinung. Sie sind mehr daran interessiert, die Chancen für ein Ergebnis zu verbessern, mit dem alle Mitglieder der Gruppe zufrieden sein können. Mindert nun dieses konzentrierte Bemühen um Befriedigung aller die Qualität der Entscheidungen von Gruppen, in denen Frauen beträchtlichen Einfluß haben? Ist es wirklich so, daß Gruppen unter straffer Leitung traditioneller Anführer qualitativ hochwertigere Entscheidungen treffen? Sie mögen schon erraten haben, daß die Antwort auf beide Fragen ein nachdrückliches Nein ist.

Immer wieder habe ich Gruppen von zwölf bis zwanzig Managern mit diesen Problemen ringen sehen. Manchmal kommen sie zu Entscheidungen mit Hilfe eines formalen männlichen Führers. (In den über hundert Seminaren, in denen ich dieses durchgespielt habe, wurde nicht eine einzige Frau zum Gruppenführer gewählt.) Bei anderen Gruppen trug der Einfluß weiblicher Mitglieder dazu bei, die Führungsfunktion gleichmäßig in der Gruppe zu verteilen. An verschiedenen Punkten der Übung machen einzelne Mitglieder prozedurale Vorschläge, um die Gruppendiskussion ins richtige Fahrwasser zu lenken oder einen Beitrag zur endgültigen Entscheidung zu leisten, doch wird kein einzelner für die ganze Dauer der Übung formaler Gruppenleiter. Diese Methode mag weniger ordentlich und eher fragmentiert erscheinen, doch erzeugt sie ein weniger von Konkurrenzdenken beherrschtes und stärker kooperatives Diskussionsklima, in dem das Element des Gewinnens oder Verlierens durch Abstimmungen aufgehoben wird und alle Energie darauf gerichtet ist, Entscheidungen zu erzielen, die von jedem mitgetragen werden können. Die oben geschilderten unterschiedlichen Methoden erzeugen auch unterschiedliche Ergebnisse, deren Intensität von Gruppe zu Gruppe variiert. Quer durch alle Gruppen ist jedoch ein Unterschied erkennbar, der mit dem „Eigentumsanspruch" an der endgültigen Entscheidung zu tun hat. In den Gruppen, die stark vom Konkurrenzkampf um die Führung von Mehrheit/Minderheit-Voten und Manipulationen im Dienste persönlicher Interessen geprägt sind, dürften nicht alle Mitglieder das endgültige Ergebnis mit gleichem Enthusiasmus begrüßen. Auch wenn die Entscheidung rein sachlich gesehen richtig war, so haben doch nicht alle an ihr in gleichem Maße mitgewirkt. Deshalb reagieren die Teilnehmer innerhalb eines breiten Spektrums von Gefühlen, von sehr positiven bis zu absolut negativen, auf die Arbeitsweise der Gruppe und auf die Entscheidung selbst.

In Gruppen mit starkem weiblichen Einfluß wirken im allgemeinen mehr Teilnehmer an der endgültigen Entscheidung mit. Da die meisten sich am Zustandekommen beteiligten, selbst wenn nicht alle ihre ursprünglich eingebrachten Ideen akzeptiert wurden, bewerten die Teilnehmer das Ergebnis gewöhnlich positiver. Es besteht kein Grund zu der Annahme, eine solche im Konsens erzielte Entscheidung sei von geringerer sachlicher Qualität. Vielmehr scheint das Gegenteil der Fall zu sein.

Die Firma Human Synergistics hat mehrere Gruppenübungen für Entscheidungsprozesse entwickelt, die in vielen Weiterbildungsprogrammen für Manager verwendet werden. Sie hat einige interessante Ergebnisse über Entscheidungen bei Übungen zum Überleben in der Wildnis publiziert, und zwar von weiblichen, männlichen und gemischten Managergruppen. Es wurden 48 Teams untersucht, deren Ergebnisse mit den Ansichten von Experten für das Überleben in der Wildnis verglichen wurden. Das Ergebnis: Ausschließlich aus Frauen zusammengesetzte Gruppen erzielten die besten technischen Ergebnisse. Dicht dahinter folgten einige gemischte Gruppen mit etwa gleicher Beteiligung von Männern und Frauen. Die schlechtesten Ergebnisse hinsichtlich der Gesamtqualität ihrer Entscheidungen erzielten die Gruppen, in denen Männer die Mehrheit hatten.[54]

Derartige Ergebnisse lassen darauf schließen, daß im Verhalten zur Teamarbeit grundlegende Unterschiede zwischen Männern und Frauen bestehen. Wichtig ist jedoch die Feststellung, daß durch Integration beider Verhaltensweisen Ergebnisse von höherer Qualität erzielt werden können als durch die traditionelle Methode. Ausgewogenheit und Integration männlicher und weiblicher Stile können höhere Qualität und größere Beteiligung aller an Teambeschlüssen hervorbringen.

Vermehrte Partizipation der Mitarbeiter

Teamarbeit ist nur ein Element partizipierenden Managements, das weibliche Manager ganz anders als ihre männlichen Kollegen definieren und handhaben. Weibliche Führungspersönlichkeiten ähneln sich in ihrer Arbeitsweise, ob sie nun mit Gleichgestellten in einem Team arbeiten oder eine Arbeitsgruppe leiten: sie geben der Kooperation den Vorrang vor dem Konkurrenzdenken und streben nach Input und Unterstützung von allen Mitgliedern der Gruppe. Für sie ist partizipierendes Management mehr als ein Set von Techniken – angefangen bei der Pflege offener Kommunikation und der Ermunterung der Angestellten zu echten Inputs bis zur gegenseitig akzeptierten Festlegung von Zielsetzungen, Ermutigung zur Kreativität und vermehrter Selbständigkeit. Es ist eine grundlegende Arbeitsphilosophie, die alle ihre Handlungen bestimmt. Da partizipierendes Management ein integraler Teil weiblicher Führungsart ist, wird es nicht als Gefahr für die Autorität angesehen und nicht nur zögernd unterstützt. Probleme innerhalb einer Gruppe zu lösen, ist ein ganz natürlicher Teil weiblichen Managementstils.

Im Gegensatz dazu betrachten viele traditionelle Manager eine größere Beteiligung der Mitarbeiter an Entscheidungsprozessen als eine Erosion ihres Einflusses und, in einigen Fällen, als Gefahr für die Stabilität der Organisationsstruktur. In Organisationen, in denen Angst und Mißtrauen gegenüber partizipierenden Methoden vorherrschen, treffen häufig alle Versuche auf starken Widerstand, den Mitarbeitern größere Mitwirkung an Entscheidungen einzuräumen und den ganzen Vorgang schon auf einer niedrigeren Ebene anzusiedeln. Da wird dann von Rebellion und Anarchie gesprochen, und es bilden sich je nach Härte oder Nachgiebigkeit der Manager zwei Fronten. Es braucht nicht besonders betont zu werden, daß die Bezeichnung ‚nachgiebig' in einigen Organisationen schon fast einer Beleidigung gleichkommt. Doch sind weibliche Manager zu diesem Risiko bereit, weil sie meinen, daß Teamlösungen eine gute Methode sind. Manchmal verweisen Frauen darauf, daß gerade das negative Vorbild des traditionellen Managers, für den sie vorher gearbeitet hatten, sie inspiriert hat, einen Stil stärkerer Partizipation zu entwickeln. Stephanie Solien, geschäftsführende Direktorin des Women's Campaign Fund, leitet eine nationale Organisation, die Geld für weibliche politische Kandidaten sammelt. Der Erfolg ihrer Bemühungen beruht zum größten Teil auf den kooperativen Anstrengungen ihres gesamten Mitarbeiterstabes. Daher ist sie von der Wichtigkeit von Teamarbeit und Partizipation überzeugt. Auf die Frage, wie sie selbst ihren eigenen partizipierenden Stil entwickelt habe, antwortete sie: *„Nachdem ich viele Männer beobachtet hatte, die das nicht taten, führte ich regelmäßige Zusammenkünfte mit allen Mitarbeitern ein. Meines Erachtens sind die innere Anteilnahme der Mitarbeiter und Kommunikationen in beiden Richtungen entscheidend für die Wirksamkeit dieser Organisation."*

Nach der Definiton vieler weiblicher Manager gehört zum partizipierenden Management, daß man die Mitarbeiter so weitgehend an allen Informationen teilhaben läßt, daß sie imstande sind, leistungsfähiger zu arbeiten. Die traditionell denkenden Manager sehen das erheblich anders. Für sie ist Wissen oft eine Quelle der Macht, vor allem, wenn diese Quelle begrenzt ist. Für weibliche Manager liefert Wissen den Antrieb zu höherer Leistung. Deshalb wird man innerhalb einer Gruppe weiblicher Führungskräfte weniger Geheimniskrämerei und weniger Abneigung gegenüber der Weitergabe von Informationen antreffen. Diese Betonung der Teilhabe an Wissen hängt auch zusammen mit der Rolle der sachkundigen Fachkraft, die viele weibliche Führungskräfte innerhalb ihrer eigenen Arbeitsgruppen spielen.

Probleme mit professionellen Managern

In vielen Organisationen leitete das neue Berufsbild des professionellen Managers eine neue Entwicklung ein. Seine einzige Funktion ist die Beaufsichtigung der Leistungen anderer. Im allgemeinen sehen diese Manager sich selbst nicht als Fachleute oder Hersteller von Produkten, sondern eher als Koordinatoren, die sich in bezug auf Ideen, Informationen und den zur Befriedigung der Kunden erforderlichen Output auf ihre Mitarbeiter verlassen. Tatsächlich formulieren viele dieser Generalisten unter den Managern niemals ihre Korrespondenz selbst und halten auch keine selbstverfaßten Vorträge, weil ihre Fachkenntnisse über die von ihnen beaufsichtigten Aktivitäten eben nicht ausreichen. Sie haben während eines großen Teils ihrer Laufbahn in einem Vakuum des Wissens operiert; deshalb halten sie Grundkenntnisse über die Aktivitäten ihrer Organisation für deren Funktionieren für nicht wichtig. Spezialisten formulieren ihre Korrespondenz, fassen ihre Reden ab und beantworten bei schriftlichen Ersuchen um Informationen die technischen Fragen. Die damit beauftragen Mitarbeiter können nicht erwarten, als Urheber dieser „Schattenarbeit“ genannt zu werden oder besonderes Lob dafür zu ernten. Unterschreiben müssen die Manager und auch die für sie ausgearbeiteten Vorträge halten. Schließlich werden sie ja dafür bezahlt.

Aber ist das wirklich alles, wofür die Manager von heute bezahlt werden? Das wäre doch wohl unerhörter Mißbrauch von Zeit und Energie. Frauen, die partizipierendes Management betreiben, erkennen, daß sie mehr sein müssen als nur Aufseher. Sie sollen nicht nur andere anspornen, sondern auch selbst Ideen und Informationen beisteuern, die die Gruppenarbeit fördern. Im Grunde müssen sie Vorbilder tüchtiger Mitarbeiter sein, bis zu persönlichen Beiträgen zu den Bemühungen der Gruppe um gemeinsame Entscheidungen. Partizipierende Manager müssen auch wirklich partizipieren!

Lippenbekenntnisse sind nicht genug

Leider zeigen einige traditionelle Manager wenig Verständnis für das, was partizipierendes Management ist, oder wie man es praktiziert, fühlen sich jedoch verpflichtet, lang und breit darüber zu reden. Trotz ihres Bekenntnisses zu seinen Vorteilen verhalten sie sich weiterhin wie autoritäte Führer. Wo Manager jedoch nicht imstande oder gewillt sind, ihren Reden entsprechend zu handeln, kann ihr rein oberflächliches Bekenntnis zum partizipierenden Management der Betriebsmoral mehr Schaden zufügen, als es die autoritäter Methoden der Vergangenheit getan haben. Denn die Philosophie vom partizipierenden Management impliziert die Beachtung größerer Menschenwürde, die Anerkennung bestimmter Wertvorstellungen sowie vermehrtes Vertrauen und Zusammenarbeit zwischen allen Mitgliedern der Organisation. Das sind hohe Ziele, für die ein Manager sich einsetzen kann – und sie können unmöglich verwirklicht werden, ohne daß er sich ihnen aufrichtig und dauerhaft verpflichtet fühlt.

Seit amerikanische Unternehmensleiter zum ersten Male die Ergebnisse der partizipierenden Managementmethoden ihrer japanischen Konkurrenten zur Kenntnis genommen haben, wurden überall in den Vereinigten Staaten ungeheure Anstrengungen unternommen, diese Methode zu kopieren, jedoch mit weit geringerem Erfolg. Die Namen amerikanischer Firmen, die versucht haben, partizipierendes Management zu praktizieren, ohne daß das obere Management sich dieser Methode verpflichtet fühlte, könnten ein kleines Telefonbuch füllen. Es gibt zahllose Beispiele, daß die Mitarbeiter ermutigt wurden, zur Lösung von Firmenproblemen ihre Ideen anzubieten, dann aber feststellen mußten, daß das obere Management keinesfalls gewillt war, ihre Vorschläge ernstzunehmen. Dort, wo partizipierendes Management nur recht und schlecht praktiziert wurde, verstärkten sich die Spannungen, und es gab zusätzliche Probleme mit der Betriebsmoral, weshalb viele Unternehmen das ganze für zu gefährlich halten, um sich weiterhin damit zu beschäftigen.

Nehmen wir das Beispiel des Chefs eines führenden herstellenden Unternehmens, der bei vielen als aufgeklärter Manager und Erneuerer gilt. Neulich sprach er im Rahmen einer Konferenz über menschliche Ressourcen über die Rolle, die partizipierendes Management in der Zukunft spielen könnte. In freier Rede begann er mit dem Eingeständnis, wenig über partizipierendes Management und stärkere Einbeziehung der Angestellten zu wissen, wonach er dann beides als ‚geladene Pistolen' beschrieb. Es erübrigt sich zu sagen, daß sein Auditorium über diese Ausführungen mehr als verblüfft war; die Teilnehmer, die in ihren jeweiligen Organisationen dafür verantwortlich waren, stärkere Mitwirkung aller Beschäftigten einzuleiten, fühlten sich außerdem erheblich entmutigt.

Es wäre jedoch naiv und unrealistisch, von traditionellen Managern zu erwarten, sie könnten ohne weiteres ihren Stil, ihre Prioritäten und ihre grundsätzliche Einstellung zur Betriebsführung ändern und partizipierendes Management einfach übernehmen. Selbst unter den günstigsten Gegebenheiten, wenn die grundsätzliche Einstellung des Unternehmens zusammen mit den erforderlichen Anreizen und Strukturen vorliegen sollten, wären solche Veränderungen eher evolutionär als spontan. Rosabeth Moss Kanter schreibt in *The Change Masters,* „partizipierende Manager werden zu solchen gemacht, nicht geboren.“ [55]

Dennoch scheint es einigen leicht zu fallen, diesen Managementstil zu übernehmen und sich darin zu bewegen wie der Fisch im Wasser. Statt Gefahren sehen sie darin nur Chancen. Statt den Verlust von Kontrolle zu befürchten, sind sie freudig erregt über die Aussichten, neue Energie, Kreativität und erweiterte Freiräume zu erleben, die das partizipierende Management erzeugen kann. Als partizipierende Manager können sie aus einem lebenslangen Training sowie den natürlichen Instinkten zur Gestaltung ihrer alltäglichen Aufgaben schöpfen.

Bei allen Gesprächen mit weiblichen Führungspersönlichkeiten hat das Interesse für Teamarbeit und partizipierendes Management sofort eine herausragende Bedeutung. Erlebt man sie in Arbeitsgruppen, dann sind ihre Handlungen vom Glauben an den Wert von Konsensentscheidungen und Zusammenarbeit bestimmt. Während sie den Wert von Ehrlichkeit und direktem Feedback verstehen, sehen sie zwischen diesen Faktoren und der Notwendigkeit von Zusammenarbeit und Vertrauen innerhalb der Gruppe keinen inhärenten Konflikt. Diese Frauen betonten sogar schnell, beides seien notwendige Elemente erfolgreicher Teamarbeit.

Über diese Notwendigkeit von Ehrlichkeit, direktem Feedback und Kooperation in Arbeitsteams äußerte sich auch Amy Levin, Chefredakteurin der Zeitschrift *Mademoiselle. „Ich weiß nicht, welche Gruppe effektiver zusammenarbeiten könnte als die Frauen, die bei uns tätig sind. Bei ihren Zusammenkünften bemühen sie sich eifrig, viele unterschiedliche Anschauungen zu einem Konsens zu vereinen. Oft besteht meine Funktion nur darin, einige Bemerkungen zu machen wie ‚Das ist gut, das nicht, hören wir lieber auf damit‘. Würde ich zu autoritär sein, dann wäre diese Gruppe nicht annähernd so leistungsfähig.*

Ich glaube auch, daß wir jederzeit offen unsere Meinungsverschiedenheiten diskutieren. Jede kann frei heraus sagen ‚Nein. Dieser Gedanke gefällt mir gar nicht', ohne andere damit zu verärgern. Dafür haben wir viel zu viel Achtung voreinander und Vertrauen ineinander. Ich kenne keine Gruppe von Männern, die ebensogut kooperieren wie diese Frauen."

Obwohl ein partizipierender Managementstil allen Organisationen zum Vorteil gereichen würde, wäre es unrealistisch, einen schnellen Wandel zu erwarten. Die Menschen ändern sich nur langsam. Viele werden ihre grundlegenden Meinungen und Wertvorstellungen, die sie im Laufe ihres Lebens entwickelt haben, niemals ändern. Das gilt für traditionell denkende Manager, die ihre Laufbahn damit verbracht haben, untereinander zu konkurrieren, andere zu kontrollieren und unternehmerische Strategien zu entwerfen, ebenso wie für weibliche Führungspersönlichkeiten. Es würde einfach nicht funktionieren, wollte man eine Gruppe zwingen, die Verhaltensweisen und Wertvorstellungen anderer zu übernehmen. Dagegen wäre es erfolgversprechender, die Stärken und Begabungen beider zu nutzen.

Kapitel 8

Effektivität durch zwischenmenschliche Beziehungen

Der Managementaspekt, der die stilistischen Unterschiede zwischen Männern und Frauen am deutlichsten erkennen läßt, ist wohl der Bereich der zwischenmenschlichen Beziehungen. Dort geht es um das Managen der Beziehungen zu anderen Menschen und auch der eigenen Gefühle. Hier zeigen sich wirklich markante Gegensätze. Kompetenz in diesem Bereich gilt zwar bei allen Managern als Quelle von Macht; für weibliche gilt dies jedoch in besonderem Maße. Denn der Aufbau und die Pflege effektiver menschlicher Beziehungen ist der Eckpfeiler, auf den sich ihre gesamte Führung stützt. Für sie sind diese Beziehungen nicht ein Mittel zur Förderung der eigenen Ziele, sondern haben in ihrer Qualität einen Wert an sich. Deshalb haben sie eine ganz andere Grundhaltung im Umgang mit Menschen, die auf einer einzigartigen Kombination hoch entwickelter Fähigkeiten der Menschenführung beruht.

„Und worin bestehen diese Fähigkeiten?" werden Sie fragen. Das sind verhältnismäßig einfache und schlichte Funktionen wie die Fähigkeit, geduldig zuzuhören und klare, direkte Antworten zu geben. Die Einzigartigkeit liegt in der besonderen Pflege, die weibliche Manager den Subtilitäten menschlicher Interaktionen angedeihen lassen, in der Meisterschaft, mit der sie diese Fähigkeiten einsetzen, und den Resultaten, die dadurch für die jeweilige Organisation erzielt werden.

Stellen Sie sich einmal den Unterschied vor zwischen einem komplexen Werk der Barockmusik, gespielt von einem versierten Künstler, und demselben Werk, gespielt von einem wenig geübten Amateur. Beide spielen nach denselben Noten, doch ist das Gesamtergebnis ihres Bemühens ganz gewiß sehr verschieden. Der erste spielt flüssig und mit tiefem Empfinden, der andere stockend und abgehackt. Während der erfahrene Künstler alle Nuancen und komplizierten Figuren des Werks entdecken und herausarbeiten kann, ist der Amateur gezwungen, sich ausschließlich auf den richtigen Anschlag der Noten zu konzentrieren. Bei einem Vergleich würde die Erfahrung des professionellen Künstlers einerseits und die begrenzte Interpretationsfähigkeit des Amateurs wohl kaum zu überhören sein.

Entscheidende zwischenmenschliche Fähigkeiten

Im Bereich der Nutzung zwischenmenschlicher, effektiver Beziehungen haben weibliche Manager vieles mit geübten Musikern gemeinsam. Schließlich bringen sie eine Fülle von Lebenserfahrung in der Handhabung menschlicher Beziehungen mit und verfügen in diesem Bereich über ein ganzes Register von nuancierten Fähigkeiten. Anders als traditionelle Führer, die vielleicht die richtigen Noten spielen, jedoch den Reichtum und die Komplexität der Musik nicht vermitteln können, erkennen weibliche Manager die Subtilität menschlicher Beziehungen und glauben, daß sie wie alle anderen Probleme beachtet, statt ignoriert werden sollten. Zum Erreichen dieses Ziels bedarf es einiger wesentlicher Fähigkeiten. Nachstehend eine Auflistung jener zwischenmenschlichen Fähigkeiten, die, wie man sagt, bei weiblichen Führungspersönlichkeiten feiner entwickelt sind.

- *Gespür für andere Menschen:* Die Fähigkeit, nicht ausgesprochene Hinweise zu erfassen, sich selbst in die Lage eines anderen zu versetzen, in der Realität oder in der Phantasie, und seine Gefühle und Reaktionen zu verstehen.
- *Fähigkeit zum Zuhören:* Aufmerksames Beachten dessen, was von anderen gesagt wird und *wie* es gesagt wird. Ein Gehör für unausgesprochene Hinweise zur Eröffnung einer offenen Diskussion. Man läßt den Gesprächspartner seine Ausführungen beenden, ohne ihn zu unterbrechen.

- *Das Management von Gefühlen:* Aufnahmebereitschaft für die eigenen Gefühle und für Umfeldbedingungen, die verschiedenartige Gefühle auslösen. Wertung der eigenen, gefühlsmäßigen Reaktionen als emotionales Barometer auch der Gruppe. Das Ausdrücken von Gefühlen als Methode zur Belebung der Kommunikationen; man erfragt die gefühlsmäßigen Reaktionen der Partner. Spontanes Reagieren auf Situationen. Bei Entscheidungen auch Gefühle berücksichtigen.
- *Intimität/Authentizität:* Entwicklung persönlicher Beziehungen zu anderen Menschen. Man läßt andere einiges über die eigene Persönlichkeit wissen und erwartet von ihnen das gleiche. Man konzentriert sich auf den ganzen Menschen, nicht nur auf den Angestellten.
- *Die Nutzung von Feedback:* Ein klares und direktes Feedback über die Leistungen anderer, konzentriert auf deren Tun. Ein solches Feedback auch von Kollegen und Mitarbeitern fordern und dazu nutzen, das eigene Verhalten zu ändern.
- *Einschränkung der persönlichen Wirkung:* Erkennen, wie das eigene Verhalten auf andere wirkt, wie man selbst von anderen gesehen wird, und welche Konsequenzen die eigenen Handlungen auf den Ausbau menschlicher Beziehungen haben.

Das Gespür für Eigenschaften anderer Menschen

In ihrem bekannten Buch über hervorragende unternehmerische Leistungen betonen Tom Peters und Bob Waterman, wie wichtig es ist, daß der Manager auch dadurch managt, daß er „herumkommt“.[56] Menschen auch in ihrer Freizeit treffen, die Mitarbeiter bei der Arbeit in ihrem natürlichen Umfeld beobachten und aufrichtigen, informellen Meinungsaustausch fördern sind Methoden, die zum traditionellen Managementstil gehören. Dasselbe Prinzip wird illustriert durch das populäre Konzept des persönlichen Eingehens auf die Mitarbeiter. In einem Zeitungsartikel mit der Überschrift *„Der kontaktfreudige Manager“* heißt es, diese Methode beruhe weitgehend auf der Nutzung des gesunden Menschenverstandes. Die dahinterstehende Idee: Wer als Manager wirklich wissen will, was in seiner Firma geschieht, muß aus seinem Büro heraus und mit den Angestellten sprechen.[57]

Um herauszufinden, wo die Probleme und die Chancen wirklich liegen, müssen Manager in Erfahrung bringen, was innerhalb der Organisation wirklich läuft, statt in ihren Büros zu sitzen und auf schriftliche Berichte zu warten. Einige Manager verstehen die Bedeutung solch informeller Kontakte und glauben, die Qualität ihrer eigenen Entscheidungen könne noch gesteigert werden, wenn sie ihre Informationen unmittelbar von den Mitarbeitern erhalten, die den in Gang gekommenen Wandel in die Tat umsetzen. Der für die Operationen eines prominenten Unternehmens verantwortliche Geschäftsführer drückte das so aus: *„Wenn wir in unseren Zweigstellen in Buffalo ein neues System installieren, dann hat es bis zu dem Augenblick, in dem der Erfolgsbericht von Buffalo in meinem New Yorker Büro eintrifft, schon viel von seiner Schubkraft verloren. Das ist etwa so wie bei Wasser aus dem Abwässerkanal: unterwegs wird es ein Dutzendmal oder mehr gefiltert, und wenn es schließlich hier anlangt, dann sieht es wie reines Quellwasser aus. Es mag dann zwar gut ausschauen, doch sagt es mir nichts über seine wahre Beschaffenheit.“*

In vielen Firmen gilt es seit kurzem als nützlich und notwendig, herauszufinden, was in den Herzen und Köpfen der Angestellten vor sich geht. Auch wenn man das dort als etwas Neues und Andersartiges bezeichnet, so sagen viele weibliche Manager, „Management durch Umherwandern im Betrieb“ hätten sie schon stets praktiziert. Dieser Ansicht ist auch Ellen Sulzberger Straus, Präsidentin und General Manager von WMCA Radio, eine höchst erfolgreiche Managerin. Als Topmanagerin mit vielfältiger Erfahrung in Rundfunk, Journalismus und Politik glaubt auch sie an stilistische Unterschiede zwischen Männern und Frauen. *„Im allgemeinen verstehen Frauen die Dynamik menschlicher Beziehungen und sind an ihnen stärker interessiert als Männer. Sie entwickeln ein besseres Gespür für die*

Probleme anderer Menschen, weshalb die Mitarbeiter oft das Gefühl haben, ein weiblicher Vorgesetzter kümmere sich besser um sie.“

Unter die Oberfläche zu schauen, um herauszufinden, was in einem anderen Menschen wirklich vorgeht, ist eine Begabung, die sorgfältige Aufmerksamkeit und die Fähigkeit des Mitempfindens erfordert. Dr. Sharon Connelly nennt diese Eigenschaft „die Fähigkeit behutsamer Aufmerksamkeit“. Ihrer Ansicht nach sind die meisten Frauen ebenso wie jene Männer, die auch feminine Eigenschaften besitzen, in der Lage, ihrem Umfeld stärkere Aufmerksamkeit zu schenken, verbale wie unausgesprochene Andeutungen aufzugreifen und sich in die Gefühle und Reaktionen anderer hineinzuversetzen.

Auf ihre eigene Laufbahn zurückblickend, schrieb Mary Kay Ash über ihre ersten Erfahrungen bei ihrer Arbeit für Manager, denen die Fähigkeit des Mitempfindens fehlte: *„Ihre Mängel beruhten auf dem fehlenden Einfühlungsvermögen in ihre Mitarbeiter. Sie haben sich selbst niemals die sehr wichtige Frage gestellt: ‚Was würde ich tun, wenn ich der/die andere wäre?‘“* [58]

Die Fähigkeit zu richtigem Zuhören

Für viele weibliche Führungskräfte ist das Einfühlungsvermögen in die Lage anderer Menschen eine Voraussetzung für richtige Entscheidungen. Das Sammeln von Daten über andere Menschen wird durch die Fähigkeit zu gutem Zuhören sehr erleichtert. Richtiges Zuhören ist ein Bereich, in dem Frauen besonders gut geschult sind. Trotz der stereotypen negativen Anschauungen über die Erziehung von Mädchen zu guten Zuhörern ist diese Eigenschaft in den heutigen Unternehmen eine Eigenschaft guten Managements, die laufend an Bedeutung gewinnt, da der Manager dadurch das rechte Gespür für Kollegen und Untergebene erhält. Ein interessantes Ergebnis frühzeitiger Sozialisation von Mädchen ist die Körpersprache vieler Frauen beim Zuhören. Während einer Diskussion nicken Frauen häufiger mit dem Kopf und halten auch mehr Augenkontakt.[59] Mit solchen Reaktionen signalisieren sie dem Gesprächspartner, daß sie seinen Gedankengängen interessiert folgen. Im Gegensatz zu ihnen geben Männer beim Zuhören weniger unausgesprochene Hinweise. In gemischten Gruppen reden sie gewöhnlich häufiger, wobei sie für sich fast doppelt so viel Redezeit beanspruchen wie Frauen. Außerdem unterbrechen sie häufiger den Fluß der Unterhaltung.[60]

Weibliche Manager nutzen ihr fein entwickeltes Gespür und ihre Fähigkeit zu richtigem Zuhören mit dadurch, daß sie auch das Unausgesprochene hören und deuten. Da sie die oft verbal nicht ausgedrückten Gefühle anderer erspüren, erhalten weibliche Manager ein umfassenderes Bild von dem, was in ihrer Abteilung vor sich geht. Wie fühlen sich die Leute in ihrem Job? Was halten sie vom Betriebsklima, das von der Organisationsstruktur und vom oberen Management geschaffen wird? Was denken sie wirklich von dem Unternehmen, für das sie tätig sind, und, wichtiger noch, wie sehen sie die Rolle, die man ihnen im Rahmen der Zielsetzungen des Unternehmens zugewiesen hat? Das Gespür für emotionale Untertöne und unausgesprochene Hinweise kann es erleichtern, Antworten auf diese Fragen zu finden.

In vielen innovativen Unternehmen finden Meinungen und Gefühle der Mitarbeiter beim leitenden Management neuerdings stärkere Beachtung. Einige Firmen befragen ihre Beschäftigten regelmäßig über ihre Reaktionen auf wichtige Probleme. Solche Umfragen liefern ein allgemeines Profil des Betriebsklimas innerhalb der Organisation sowie der Probleme, wie die Arbeitnehmer sie sehen. Leider dienen solche Umfragen gelegentlich als Ersatz für mangelndes Einfühlungsvermögen im Management.

Andererseits sind sie eine große Hilfe für Manager, die sich stärker mit bestimmten Fragen befassen möchten. Den direkten Kontakt zwischen den Managern und ihren Abteilungen können sie jedoch nicht ersetzen. Sie können nicht die unter der Oberfläche verborgenen Gedanken und Gefühle der Mitarbeiter über sich selbst, ihre Kollegen und ihre Arbeit entdecken, denen man nur ungerne Ausdruck verleiht. Dabei liefern diese Gefühle oft unschätzbare Daten über die Organisation selbst und können als Katalysator für den Wandel dienen, wenn sie vom Management erkannt und verstanden werden.

Das Managen von Gefühlen

Das Gespür für die Denkweise anderer und die Fähigkeit zu richtigem Zuhören sind wichtige Bestandteile zwischenmenschlicher Beziehungen. Die Fähigkeit zum Managen von Gefühlen gehört als gleichgewichtiger Aspekt der Effektivität dazu. Einige traditionelle Manager glauben zwar immer noch, im Büro sei kein Raum für Gefühle. Tatsache ist jedoch, daß jedermann Gefühle hat, ob er das zugibt oder nicht. Im Gegensatz zu Gedanken lassen Gefühle sich gewöhnlich mit einfachen Begriffen ausdrücken. Wir fühlen uns gut oder schlecht, sind glücklich oder traurig, ängstlich oder mutig. Zur Beschreibung von Gefühlen genügen einige wenige Worte.

Dennoch fällt es vielen Männern und auch einigen Frauen schwer, die eigenen Gefühle erkennen zu lassen. Zwar würde jeder von uns seinen wahren Gefühlen gerne Ausdruck verleihen, doch verwechseln wir oft Gefühle mit Gedanken. Schon in früher Kindheit lehrt man uns, rationales Denken hoch zu schätzen und gefühlsmäßige Reaktionen zu unterdrücken. So lernen wir im Laufe der Zeit, unsere Gefühle vor anderen zu verbergen und sie schließlich selbst zu ignorieren. Genau das ist es, natürlich in unterschiedlichem Maße, was Sozialisation bewirkt, vor allem bei Knaben. Wenn die Gesellschaft sie dazu anhält, die eigenen Gefühle zu ignorieren, dann stumpft sie dadurch deren Fähigkeiten ab, gefühlsmäßig auf andere Menschen zu reagieren. Als Erwachsene sind viele Männer dann imstande, ihre Reaktionen auf die meisten Situationen rein verstandesmäßig zu beherrschen, ohne jemals sich selbst zu fragen, was sie dabei fühlen. Nachdem sie ihre Gefühlswelt jahrelang vernachlässigt haben, verlieren sie schließlich jeden Kontakt mit ihrem emotionalen Innenleben, und selbst in Fällen, in denen sie ihre Gefühle anderen gegenüber gerne ausdrücken würden, gelingt ihnen das nicht mehr.

Von eigenen Gefühlen überhaupt nicht mehr angerührt zu werden, ist ein trauriger, jedoch realistischer Teil des Erwachsenwerdens beim Manne. Zwar gibt es Anzeichen, daß dieses Muster der Sozialisation sich etwas ändert, doch scheint diese Veränderung noch wenig Wirkung auf das Leben der Organisationen zu haben. In den meisten großen Unterenehmen gilt es nach wie vor als „unprofessionell“, Gefühle auszudrücken; und Sympathien für die Gefühle von Angestellten zu haben, wird oft als Zeitvergeudung angesehen. Weiblichen Führungspersönlichkeiten ist das Erfassen von Gefühlen bei ihrer Tätigkeit ebenso wichtig wie ein Stadtplan in einer fremden Stadt. Gefühle sind für sie Wegweiser, mit deren Hilfe man menschliche Interaktionen verstehen kann. Ohne sie kann man über die Qualität einer Beziehung oder einer Interaktion höchstens spekulieren, während man mit ihrer Hilfe viel größere Gewißheit erlangt, andere richtig zu sehen – wo sie stehen und wie sie fühlen.

Die Macht des Einfühlungsvermögens

Es ist nicht leicht, die Gefühle anderer Menschen zu erkennen. Dazu braucht man Einfühlungsvermögen und die Fähigkeit, sich in die Lage eines anderen zu versetzen. „Wie würde ich selbst mich in einer ähnlichen Situation fühlen?“ ist eine Frage, die sich weibliche Führungskräfte immer wieder stellen, wenn sie die gefühlsmäßigen Untertöne einer Situation abschätzen. Um sich diese Frage beantworten zu können, müssen sie eine erhebliche Portion Selbsterkenntnis und Gewahrsein der eigenen Gefühlswelt besitzen. Da Frauen weitgehend für die Aufrechterhaltung guter Beziehungen innerhalb der eigenen Familie und später innerhalb von Organisationen verantwortlich sind, stehen sie in regelmäßigem Kontakt mit der eigenen Gefühlswelt und nutzen das, um die emotionalen Untertöne einer Zweierbeziehung und von Gruppen-Interaktionen zu erfassen.

Ein Aspekt früher Sozialisation, der sich unmittelbar auf das Verhalten weiblicher Führungspersönlichkeiten auswirkt, ist das gesellschaftliche Placet, ihre Gefühle auszudrücken. Da es bei jungen Mädchen nicht als unangebracht gilt, Gefühle zu zeigen, empfinden weibliche Manager diese als natürlichen Teil menschlicher Interaktionen. Selbst in der Arbeitswelt, in der traditionelle Vorgesetzte es vermeiden, Gefühle zur Schau zu stellen (Ärger ausgenommen), und das im Grunde auch von ihren Untergebenen erwarten, tun Frauen dies nicht. Viele sprechen sogar von dem Unbehagen, das sie empfinden, in Unternehmen zu arbeiten, in denen die Gefühle der Mitarbeiter einfach ignoriert werden. Eine Journalistin einer Chicagoer Zeitung sagte mir: *„Um mich herum ist jedermann der Ansicht, Gefühle sollten unterdrückt werden. Niemand gibt jemals zu, vor etwas Angst zu haben, verletzt oder glücklich zu sein. Es ist ganz so, als würde ein Eingeständnis solcher Dinge die eigene Statur verkleinern. Daher reagieren die Leute entweder hart oder wie Roboter ... völlig gefühllos. Ich komme aus einem völlig anderen Umfeld, in dem ich meine Gefühle ohne Hemmungen mit Freunden und Kollegen teilen durfte. Jetzt fühle ich mich manchmal, als sei ich auf dem Mond gelandet. Die Menschen hier, darunter auch viele Frauen, glauben einfach, sie müßten sich ständig wie Macho-Journalisten verhalten, statt wie nomale menschliche Wesen."*

Für weibliche Führungspersönlichkeiten bedeutet das Managen von Gefühlen nicht, sie zu unterdrücken oder andere davon abzuhalten, ihnen Ausdruck zu verleihen. Statt dessen liefert ihre Art von Management ihnen die Chance, die Gefühle der Mitarbeiter positiv für den Arbeitsprozeß einzusetzen. Ein wesentlicher Unterschied zwischen ihrer Einstellung gegenüber der Gefühlswelt der Mitarbeiter und der Haltung traditioneller Manager besteht darin, Angestellten bewußt ein Ventil für den Ausdruck starker Gefühle zu lassen, wie die Manager es auch für sich selbst in Anspruch nehmen. Da weibliche Manager Gefühlen eine bedeutsame Rolle in menschlicher Kommunikation zuweisen, glauben sie auch, daß Gefühle dieselbe Anerkennung und Beachtung verdienen wie Gedanken und Ideen. Negative Gefühle, auf die nicht offen reagiert wird, werden leicht übertrieben, so wie eine nicht behandelte Wunde zu eitern beginnt. Werden andererseits positive Gefühle ständig ignoriert, dann beginnen sie ihren Glanz zu verlieren, wie eine blühende Pflanze, die zu wenig Sonnenlicht erhält.

Da weibliche Manager gelernt haben, ihre Gefühle ebenso zu beachten wie ihre Gedanken, beziehen sie in ihre Sicht menschlicher Interaktion auch den Dialog ein, der ständig auf emotionaler und intellektueller Ebene im Gang ist. Sie achten sehr auf alles, was gesagt wird, vor allem auch auf die emotionalen Untertöne mündlicher Erklärungen oder jeder Handlung. Sie sind darin geschult, den Gehalt jeder Interaktion ebenso scharf zu beobachten wie das Verfahren oder die Methode der jeweiligen Kommunikation.

Frauen pflegen sehr genau zu beobachten, wie Menschen miteinander umgehen und was sie zu sagen haben. In Kontakten von Angesicht zu Angesicht studieren sie unausgesprochene Hinweise wie Gesichtsausdruck, Körperhaltung und Intensität des Augenkontakts ebenso wie verbale Hinweise in Form von Stimmschwankungen, das Timing der Gesprächspausen und das Niveau des Interesses oder der Aufregung, wie es in der Stimme des Gegenübers zum Ausdruck kommt. Die höhere Sensibilität der Frauen für nichtverbale Hinweise wurde durch eine umfassende Studie bestätigt, die 1979 unter dem Titel *Sensivity to Nonverbal Communication: The Pons Test* erschien. Der Pons Test wurde von einem Team von fünf Forschern der Universitäten Harvard, Johns Hopkins und University of California entwickelt und verfeinert. Mit seiner Hilfe mißt man die Fähigkeit zur Deutung nichtverbaler Hinweise in Gesichtsausdrücken, Körperbewegungen und Stimmlagen.

Der Test wurde an über 4500 Männern und Frauen verschiedener Altersstufen vorgenommen. Dabei übertrafen Frauen in allen Altersgruppen die Männer in allen Bereichen nichtverbaler Kommunikation.[61] *„Da die Auswirkungen des Geschlechts so früh in Erscheinung treten, müßten wir annehmen, daß das unterschiedliche Erlernen nichtverbaler Fähigkeiten auch sehr früh erfolgt... Zum richtigen Verständnis der von uns beobachteten Unterschiede zwischen den Geschlechtern bedarf es noch weiterer Erforschung der unausgesprochenen Sensibilität gegenüber der Anerziehung der zugewiesenen Rolle bei beiden Geschlechtern.“*[62]

Erfassung und Erleichterung von Arbeitsvorgängen

Frauen reagieren nicht nur äußerst sensibel auf unausgesprochene Hinweise, sondern verfügen auch über sehr entwickelte Fähigkeiten zum Verarbeiten von Eindrücken. Als geschickte Beobachter vermögen sie, bestimmte Geschehnisse und Vorgänge zu fördern und reibungsloser zu gestalten. Bei der Gruppenarbeit halten sie nach Kommunikationsmustern Ausschau und finden sie auch. Sie merken sich, wer mit wem spricht, wer Themenwechsel in Gang bringt, wo in der Gruppe unausgesprochene Allianzen entstehen und potentielle Konflikte aufkeimen. Außerdem spüren sie, wie empfänglich die Gruppe für die verschiedenen Ideen und Vorschläge ist. Bei ihrer interessierten Beteiligung an den Diskussionen erfassen sie dank ihrer guten Beobachtungsgabe auch sehr genau die feinen Unterschiede zwischen dem, was die anderen sagen, und dem, was sie wirklich denken und fühlen.

Diese zusätzlichen Daten ermöglichen es weiblichen Managern oft, Diskussionen und Interaktionen in einer Gruppe zu fördern. In ihrem eigenen Arbeitsumfeld können sie damit den Mitarbeitern zu wirksamerer Zusammenarbeit verhelfen und ein günstiges Klima für einen offenen Meinungsaustausch schaffen.

Diese Fähigkeit zur Verarbeitung von Eindrücken verschafft weiblichen Managern ein dreidimensionales Bild menschlicher Interaktion. Sie sind in der Lage, Gedanken, Gefühle und Verhaltensweisen anderer Menschen zu erkennen und zu verstehen und dementsprechend angemessen zu reagieren. Traditionelle männliche Manager beurteilen die meisten Interaktionen ausschließlich nach verstandesmäßigen Fakten, die sie vor sich sehen (Ideen oder Handlungen). Frauen achten auch auf die emotionalen Strömungen unterhalb der Oberfläche jedes menschlichen Meinungsaustausches. Statt Gefühle von Gedanken und Verhaltensweisen zu trennen, integrieren sie diese drei Quellen und reagieren entsprechend.

Biologische Ursachen des Einfühlungsvermögens

Die Auswirkungen mancher biologischer Unterschiede zwischen den Geschlechtern sind zwar noch nicht völlig geklärt, doch stellen einige Wissenschaftler bereits Überlegungen an, inwieweit Unterschiede im Verhalten im Hinblick auf zwischenmenschliches Einfühlungsvermögen biologisch begründet sein könnte. In seinem Buch *Sex and the Brain* spekuliert Jerry Levy, Biopsychologe an der Universität Chicago, über folgende Frage: Besteht ein Zusammenhang zwischen der unterschiedlichen Rolle der beiden Gehirnhemisphären der Männer und Frauen und der Begabung für die Pflege zwischenmenschlicher Beziehungen?

„Es liegen Beweise dafür vor, daß die Hemisphären des männlichen Gehirns spezialisiert sind – sie sprechen verbal sowie räumlichvisuell unterschiedliche Sprachen. Es kann durchaus sein, daß sie nur auf formale Weise miteinander kommunizieren können, nach Verschlüsselung in abstrakte Darstellungen. Dagegen scheinen die Hemisphären

des weiblichen Gehirns nicht so spezialisiert zu sein. Sie sind vielleicht imstande, auf weniger formale, weniger strukturierte und schnellere Art zu kommunizieren. Sollte das zutreffen, dann ist es absolut möglich, daß Frauen verbale und nichtverbale Informationen viel besser integrieren können – zum Beispiel durch entsprechende Deutung des gefühlsmäßigen Gehalts von Nuancen der Stimme und der Intensität eines Gesichtsausdrucks. Oder sie interpretieren Hinweise in Form von Körperhaltung und Gesten und setzen schnell alle Arten peripherer Informationen zu einem kompletten Bild zusammen. Vielleicht bildet das den Grundstock dessen, was wir weibliche Intuition nennen. Nach Ansicht der Männer ist sie die unlogische Fähigkeit der Frauen ... die vollständige Charakteranalyse einer Person zu liefern, mit der sie nur zehn Minuten beisammen waren, eine Analyse, die sich später oft als zutreffend erweist.“[63]

Inzwischen haben einige traditionelle Manager erkannt, welche zusätzliche Perspektive ihre weiblichen Kollegen zur Gruppenarbeit beisteuern können, und machen diese Fähigkeiten ihren Organisationen nutzbar. Am Ende von Besprechungen bitten sie weibliche Teilnehmer um deren Urteil über die Arbeit der Gruppe. Natürlich wäre es besser, wenn alle Manager die gefühlsmäßigen Nuancen innerhalb von Teams richtig beobachten und einschätzen könnten; doch fällt Männern das gewöhnlich viel schwerer.

Ein fähiger Beobachter von Vorgängen muß sich über die eigenen Gefühle klar sein. Für Männer, die im Laufe der Jahre jeden Kontakt zu ihren eigenen gefühlsmäßigen Reaktionen verloren haben, ist dies eine schwierige, wenn nicht unlösbare Aufgabe. Innerhalb der Organisationen und der Gesellschaft insgesamt wächst jedoch der Bedarf an solchen Fähigkeiten und damit auch das Interesse traditioneller Manager an der Entwicklung ihrer persönlichen zwischenmenschlichen Fähigkeiten. Für sie können die Erkenntnisse weiblicher Kollegen besonders nützlich sein, um zu lernen, was unter der Oberfläche der Interaktionen einer Gruppe tatsächlich verborgen liegt.

In seinem Bestseller *Theory Z* betont William Ouchi, wie wichtig es für den heutigen Manager ist, gute Fähigkeiten für den Umgang mit Menschen zu besitzen. Viele dieser Fähigkeiten ließen sich erlernen, wenn jemand an diesem anderen Führungsstil interessiert ist. *„Ebenso wie man in der Ausbildung zum Arzt lernt, ein Röntgenbild zu lesen, das dem ungeschulten Auge nichts verrät, kann man lernen, eine Gruppenaktion auf ganz andere Art als der Laie zu ‚sehen'. Zu erkennen, ob eine Gruppe sich zu schnell auf eine Lösung stürzt, um der Diskussion des wirklichen Problems aus dem Wege zu gehen, zu beobachten, wie einzelne Teilnehmer subtil in eine Diskussion eingreifen, oder wenn die Gruppe vom Weg abkommt – alles das sind Fähigkeiten, die man erlernen kann."* [64]

Mit Kopf und Herz

Es gibt traditionelle Manager, die sich ehrlich bemühen, die von weiblichen Kollegen ganz natürlich angewandten Methoden zu erwerben. Einige sind sich auch darüber klar, daß es noch andere Gründe dafür gibt, Frauen zu ermutigen, sich auch am Arbeitsplatz treu zu bleiben. Weibliche Führungskräfte bezeugen eine Offenheit und Gefühlstiefe für andere Menschen, mit denen sie zusammenarbeiten, die man nur mit dem Ausdruck beschreiben kann, sie hätten „Herz".

In seinem Buch *The Gamesman* erörtert Michael Maccoby den Mangel an Herz bei erfolgreichen Managern des Wirtschaftslebens. Im allgemeinen lohnen es die Unternehmen ihren leitenden Angestellten, daß sie ihre Arbeit, das Lösen von Problemen und die Entwicklung von Ideen mit dem Kopf betreiben. Seiner Ansicht nach mangelt es Organisationen und den sie leitenden Managern jedoch an der Qualität des Herzens. Bei der Beschreibung dieser Dichotomie zwischen Kopf und Herz äußert Dr. Maccoby folgende Gedanken:

„Die Leute meinen immer, Herz und Kopf seien entgegengesetzte Qualitäten. Herz bedeute Sanftheit, Gefühl und Großzügigkeit, Kopf jedoch Härte und realistisches Denken. Doch dieser Gegensatz ist an sich schon das Sympton für eine schizoide Kultur, in der der Kopf vom übrigen Körper getrennt betrachtet wird. Im vorkartesianischen traditionellen Denken galt das Herz als eigentlicher Sitz der Intelligenz und das Gehirn als Instrument des Denkens. Präziser wäre die Aussage, manche Art von Wissen erfordere Kopf und Herz. Der Kopf alleine kann Codes entziffern, technische Probleme lösen und Konten führen, doch kein noch so großes technisches Wissen kann entscheiden, was wahr oder was schön ist. Kein Maß an Technik kann Mut erzeugen. Der Kopf alleine kann dem Wissen als menschlichem Wert kein emotionales und spirituelles Gewicht verleihen. Der Kopf kann smart sein, aber nicht weise."

An anderer Stelle seines Buches schreibt Maccoby: *„... die Entwicklung des Herzens bestimmt nicht nur Mitgefühl und Großzügigkeit, sondern auch die Wahrnehmungsfähigkeit des Menschen, die Qualität des Wissens, die Fähigkeit zur Selbstbehauptung ... und den Willen zum Handeln ...*

Die Qualität der Wahrnehmung hängt von unserer Aufgeschlossenheit für Erfahrungen ab. Wir können ‚sehen', daß Menschen traurig oder glücklich sind; wenn unsere Herzen jedoch für sie offen sind, dann teilen wir mit ihnen auch Erfahrungen. Einfühlungsvermögen und Mitgefühl ... sind Aktivitäten eines offenen, teilnehmenden Herzens."[65]

Michael Maccoby hat für sein Buch ein weitgehend männliches Muster von Managern studiert. Nur vier Prozent der Befragten waren Frauen. Da viele Frauen sich einst verpflichtet fühlten, sich den männlichen Kollegen anzupassen, haben wahrscheinlich nur wenige einen wirklich weiblichen Managementstil praktiziert. Denn trotz aller Beweise, daß zu gutem Management auch mehr Herz gehört, hat man Frauen immer wieder geraten, ihre Gefühle am Arbeitsplatz zu unterdrücken.

Rat an die Frauen: Unterdrückt eure Gefühle

Selbst in *The Managerial Woman,* einem der meistgelesenen Bücher über Erfolg im Wirtschaftsleben, wird weiblichen Managern geraten: *„Frauen wachsen in einem Umfeld auf, das es ihnen nicht nur erlaubt, sondern sie sogar ermuntert, ihren Gefühlen freien Lauf zu lassen. Zu weinen ist für Mädchen durchaus akzeptabel. Männer wachsen mit der Belehrung auf, weinen sei unmännlich. Nur Schlappschwänze würden Emotionen zeigen, die nicht aggressiv und somit auch nicht ‚männlich' sind. Die meisten lernen schon im Kindesalter, Abwehrsysteme gegen das Zurschaustellen von Gefühlen aufzubauen, die sie als ‚weiblich' anzusehen gelernt haben.*

Ohne ein Werturteil abgeben zu wollen, sollten wir uns jedoch mit der Wirkung stereotyper männlicher Vorurteile über Frauen am Arbeitsplatz beschäftigen. Diese Vorurteile lauten: Wenn Frauen unter Streß stehen, kritisiert oder angegriffen werden, regen sie sich so auf, daß sie ihre Gefühle nicht mehr beherrschen können, sich gehen lassen und weinen.

An dieser stereotypen Feststellung ist etwas Wahres. Frauen neigen dazu, Gefühle unmittelbar auszudrücken, was Männern oft Unbehagen schafft.“[66] Und auch hier wieder der erteilte Rat an Frauen, die Erfolg haben wollen: Beherrscht eure Gefühle, damit ihr den Männern kein Unbehagen bereitet. Um die Mitte der siebziger Jahre, als die große Mehrheit der berufstätigen Frauen noch kaum leitende Posten in großen Unternehmen erobert hatte, schien dieser fachmännische Rat einen Sinn zu haben.

Ironischerweise wird Frauen auch heute noch empfohlen, sich anzupassen, trotz der dramatischen Veränderungen, die seitdem in der amerikanischen Industrie stattgefunden haben, und trotz des erheblichen Bedarfs an neuem Führungsstil. In einem jüngst in der Monatszeitschrift *Across the Board* erschienenen Artikel des Conference Board heißt es: *„Leben und menschliche Natur so zu sehen, wie* *sie sind, nämlich unterschiedlich aber gleichberechtigt, ist für weibliche Manager ein mythisches Wunschdenken. Daher hat man den Frauen geraten, ihren Kommunikationsstil beherrschen zu lernen (das heißt, die Art wie sie sprechen), weil nämlich für viele Managerinnen die Unterschiede gegenüber dem männlichen Kommunikationsstil zu einer subtilen, aber starken Belastung ihrer Karriere werden können.'"* [67]

Weitaus geringer ist die Belastung in Organisationen, wo es den Managern an Herz und Weisheit mangelt, die in weiblichen Führungsfähigkeiten inhärenten Vorteile zu erkennen. Denn wenn es für weibliche Führungspersönlichkeiten problematisch ist, ihren eigenen Stil beizubehalten, dann schafft das Bemühen, ihn an männliche Normen anzupassen, für die Frauen und die Organisationen weitaus größere Schwierigkeiten. Heute brauchen Organisationen die zwischenmenschliche Perspektive, die Orientierung auf den Menschen, die Frauen in besonderem Maße besitzen. Sie müssen positiv auf das Verlangen ihrer Mitarbeiter nach Anerkennung als Mensch, ihrer Menschenwürde reagieren, ebenso auf ihren Wunsch nach fairer Behandlung und einer Tätigkeit, die den Beschäftigten herausfordert. Organisationen müssen beginnen, authentischere und engere Beziehungen unter den Angestellten aller Ebenen zu entwickeln, und der erste Schritt in Richtung auf stärkere Zusammenarbeit und Vertrautheit muß vom mittleren und oberen Management getan werden.

Vertrauter Umgang und Glaubwürdigkeit

Das Verlangen nach besserem Umgang innerhalb der Organisationen ist eine Idee, die von den meisten amerikanischen Unternehmen erst noch akzeptiert werden muß. Viele von ihnen meinen, diese Idee stehe in moralischem Widerspruch zu der Art, wie die professionellen Beziehungen in Unternehmen in der Vergangenheit entwickelt und gemanagt wurden. Dies trifft ganz ohne Zweifel zu: genau so zutreffend ist jedoch, daß die streng geschäftsmäßige Managementmethode der Vergangenheit heute weitaus weniger wirksam ist. Statt im Betrieb auf gesellschaftliche Distanz zu achten, muß der Manager von heute in der Lage sein, Fürsorge und Hilfsbereitschaft für seine Leute zu demonstrieren. Er muß vor allem menschliche Beziehungen aufbauen und erst an zweiter Stelle Vorgesetzter sein. Dieser Wandel vollzieht sich jedoch nur langsam.

Bei seiner Analyse der Gründe für diese Zurückhaltung gegenüber dem Wandel hat Dr. William Ouchi einen Vergleich zwischen japanischen Organisationen und amerikanischen Firmen angestellt. Die Japaner erkennen die Notwendigkeit vertrauteren Umgangs, während die Amerikaner ihn in der Arbeitswelt für unangebracht halten. Seiner Ansicht nach verhalten amerikanische Unternehmer sich gegenüber dieser Idee wie folgt: *„Nach gegenwärtiger amerikanischer Anschauung herrscht anscheinend die Idee vor, Vertrautheit sollte nur von gewissen Quellen ausgehen. Einzig legitimiert dafür seien die Kirche, die Familie und sonstige traditionellen Institutionen. Wir wehren uns gegen den Gedanken, am Arbeitsplatz sollte es einen vertrauteren Umgang mit den Menschen geben. ‚Persönliche Gefühle haben am Arbeitsplatz nichts zu suchen', lautet die vorherrschende Meinung. Und dennoch sind wir mit einer Anomalie konfrontiert ... Das japanische Beispiel zwingt uns, unsere tiefwurzelnden Anschauungen über die Quellen von Vertrautheit in der Gesellschaft zu überdenken."* [68]

Der Wert vertrauten Umgangs am Arbeitsplatz ist etwas, wovon die meisten weiblichen Manager nicht sprechen, da sie wissen, daß dieses Thema von vielen ihrer Kollegen für unangebracht gehalten wird. Dennoch ist dies eine Qualität, um deren Aufbau und Beibehaltung sie sich in ihren Abteilungen bemühen. Einige beschreiben das so: „Man lernt die Leute als Menschen kennen ... statt als Arbeitnehmer." Andere sagen, sie seien „für ihre Mitarbeiter stets da, wenn diese irgendwelche Probleme haben". In jedem Einzelfall legen sie Wert darauf unter die Oberfläche des rein professionellen Umgangs zu tauchen und den jeweiligen Menschen als Individuum anzusprechen und zu behandeln.

June Gottlieb, ehemalige Leiterin der Abteilung Buchhaltung bei der Firma Ted Bates Advertising, leitet heute ihre eigene Firma für Marketingberatung in New York. Zum Thema weibliche Führungseigenschaften sagt sie: *„Frauen sind ganz allgemein mehr an persönlichen Ansichten interessiert. Während viele Männer jede Konzentration auf Persönliches als irrelevant ansehen, tun Frauen das nicht. Meines Erachtens sind Frauen weniger geeignet für ein strikt geschäftsmäßiges Management; ihr persönlicher Stil leistet vielen von uns sehr gute Dienste."*

Donna Ecton, die an der Harvard Business School promovierte und Präsidentin von MBA Ressources war, einer Firma, die leitende Angestellte vermittelt, äußerte sich in einem Artikel über ihre eigene Methode beim Aufbau von Arbeitsbeziehungen und vertrautem Umgang: *„Frauen haben in Unternehmen einen Vorteil, wenn sie einsehen, daß sie sich nicht wie Männer zu benehmen brauchen. Als ich 650 Menschen zu managen hatte, war ich sehr unorthodox. Ich backte Kuchen für meine Leute und umarmte sie, wenn sie gute Leistungen zeigten. Die Menschen brauchen es, daß man sie schätzt und sich um sie kümmert."*[69]

Der Nutzen des Feedbacks

Ein Organisationsklima zu bewahren, in dem die Menschen das Gefühl haben, geschätzt zu werden, und daß man sich um sie kümmert – erfordert ständige Aufmerksamkeit von seiten des Managements; genau die Aufmerksamkeit, die Frauen als weibliches Führungspersonal von Natur aus erkennen lassen. Ein bedeutsames Element guten Betriebsklimas ist regelmäßiges Feedback. In seinem Buch *The One Minute Manager* hebt Ken Blanchard hervor, die Leute wollten gerne wissen, wo sie stehen, und laufendes Feedback über die Leistung jedes einzelnen sei der beste Weg, sie das wissen zu lassen.

Vielleicht legen viele weibliche Führungskräfte so großen Wert auf regelmäßiges Feedback, weil sie selbst außerhalb des von ihren männlichen Kollegen benutzten informellen Kommunikationsnetzes stehen. Ein Vermittler von weiblichem Führungspersonal bemerkte dazu: *„In diesem Lande werden die mächtigsten Positionen von Männern gehalten. Ihnen bereitet es ausgesprochenes Unbehagen, Frauen an den ‚inoffiziellen' Zusammenkünften teilnehmen zu lassen, weshalb es wohl noch lange dauern wird, bis man eine Frau in den ‚inneren Kreis' aufnimmt."*

Als Angehörige des äußeren Kreises haben weibliche Manager nur begrenzten Zugang zu informellem Feedback über ihre Stellung innerhalb ihrer Organisation. Sie mußten sich bisher auf formelle Vorgänge innerhalb der Organisation verlassen, etwa periodische Leistungsübersichten und jährliche Jobbewertungen, um etwas über die Bewertung ihrer Leistung zu erfahren. Da derartige Formulare für viele Frauen die Hauptquelle des Feedback und der Bestätigung ihrer Leistung waren, halten sie solche Mechanismen oft für wichtiger, als sie es in den Augen traditioneller Manager wirklich sind. Eine neuere Studie der American Management Association verweist darauf, wie unterschiedlich die formale Organisation von Männern und Frauen gesehen wird. Weibliche Manager schätzen die Bedeutung organisatorischer Stabilität höher ein als ihre männlichen Kollegen.[70] Für viele Frauen ist ein stabiles Arbeitsumfeld mit eindeutigen Parametern für akzeptable Leistungen immer noch der einzige Bereich, in dem sie ihrer Meinung nach fair behandelt werden.

Fairneß ist immer noch ein Hauptthema für die meisten weiblichen Manager. Daher ist es für sie von erstrangiger Bedeutung, die Beschäftigten wissen zu lassen, was man von ihrer Leistung hält. Angesichts des beruflichen Werdegangs und der persönlichen Erfahrungen vieler weiblicher Manager wird verständlich, wie sehr die Behandlung, die sie selbst als Angestellte erlebt haben, die entscheidende Rolle bei Festlegung ihrer Prioritäten und der Definition ihrer Wertvorstellungen als Managerinnen gespielt hat. Da sie selbst in der Vergangenheit selten als gleichberechtigt behandelt wurden, fühlen viele weibliche Führungskräfte sich verpflichtet, ihre Untergebenen anders zu behandeln – ihnen die Achtung, Unterstützung und Fürsorge angedeihen zu lassen, die sie selbst selten erfahren haben. Dieses Mitgefühl mit den Untergebenen als Ergebnis eigener früherer Erfahrung bestimmt oft die Urteile und Handlungen weiblicher Führungskräfte, bei denen die Sorge um die Angelegenheiten der Angestellten große Priorität hat. Interessant ist auch die Feststellung in der oben erwähnten Studie, daß weibliche Manager die Bedeutung des Personals für die Organisation viel höher einschätzen, als ihre männlichen Kollegen es tun.[71]

Einschätzen der persönlichen Wirkung

Bei weiblichen Führungskräften steht regelmäßiges Feedback und seine Qualität in hohem Ansehen. Dem traditionellen Manager mag die Wirkung direkten Feedbacks auf die Gefühle eines Untergebenen herzlich gleichgültig sein. Für weibliche Manager ist sie jedoch sehr wichtig. Allerdings halten sie es nur für wertvoll, wenn Achtung für das Individuum und ein hohes Maß an Vertrauen dahinter steht.

Daß negatives Feedback emotionale Wirkungen auf die Untergebenen haben kann, ist vielen männlichen Managern gar nicht bewußt. Ihre weiblichen Kollegen bedienen sich da einer anderen Methode, die Mitarbeiter eher ermutigt als kritisiert. Amy Levin von der Zeitschrift *Mademoiselle* bemerkt hierzu: *„Die Fähigkeiten von Frauen im Umgang mit Menschen sind feiner ausgeprägt und kommen beim Managen mehr zur Geltung, als das den meisten Leuten bewußt wird. Frauen verstehen es, Negatives in positive Formeln zu fassen. Nichtsdestoweniger können auch sie anderen deutlich zu verstehen geben, wenn sie etwas für nicht akzeptabel halten. Doch tun sie das so, daß es die menschlichen Beziehungen nicht gefährdet oder zerstört."*

Für ihre Kosmetikfirma hat Mary Kai Ash einzigartige Richtlinien zum Thema Feedback entwickelt, die deutlich zeigen, wie sehr es ihr darauf ankommt, positive menschliche Beziehungen zu wahren. Unter anderem schreibt sie:

„Ich meine, Frauen setzen beim Managen mehr Diplomatie ein, mehr Takt und mehr Gefühle als Männer. Viele Männer scheinen zu glauben, man müsse sofort zur Sache kommen, wobei es keine Rolle spiele, wenn sie jemanden dabei verletzen. Meines Erachtens spielt das jedoch eine große Rolle. Die menschliche Gesellschaft ist etwas sehr Heikles. Direkte Kritik kann verletzen, selbst wenn der Kritisierte so tut, als berühre sie ihn nicht. Niemand mag sie.

Eine meiner beliebtesten Redensarten ist, daß wir in dieser Firma jedes Stück Kritik zwischen zwei dicken Schichten Lob verpacken. Das scheint mir diplomatischer und rücksichtsvoller."

Anders als traditionelle Manager sehen weibliche Führungskräfte keinen Verstoß gegen die Arbeitsmoral, wenn sie positive menschliche Beziehungen aufrechterhalten und ihren Untergebenen ein klares und direktes Feedback zukommen lassen. Viele meinen sogar, die Verbesserung der Beziehungen der Arbeitnehmer untereinander steigere auch das Niveau der Ehrlichkeit in der gesamten Organisation. Warum kann diese bestimmte Gruppe so manches erreichen, was nach häufigen Behauptungen traditioneller Manager unmöglich ist? Da ist nichts anderes am Werk als die Wirkung guter zwischenmenschlicher Beziehungen: Einfühlungsvermögen, richtiges Zuhören, Management von Gefühlen, das Wissen, wann man auf Konfrontationskurs gehen und wann man jemanden unterstützen muß, ferner die Vermittlung von Aufrichtigkeit und Achtung vor anderen Menschen. Das ist einfach, aber nicht leicht.

Und doch: Beobachtet man diese Frauen, wenn sie mit Untergebenen sprechen, ihre Abteilungen managen, Entscheidungen treffen und sich mit schwierigen Problemen abmühen, dann könnte man meinen, es sei ganz leicht, zwischenmenschliche Wirkungen zu erzielen. Jedenfalls sieht es bei diesen Frauen so aus, wie das Training eines Olympia-Athleten – einfach und mühelos. Genau das ist der richtige Maßstab für die Fähigkeit weiblicher Manager – ihre Sache so gut tun, daß es ganz einfach aussieht. Ebenso wie Einfühlungsvermögen, richtiges Zuhören, das Ausdrücken von Gefühlen und ehrliches Feedback überaus wichtige Bestandteile für persönliche Beziehungen sind, wächst die Einsicht, daß das auch gute Arbeitsbeziehungen erzeugt. Leider pflegen Organisationen weiterhin die Tradition, diese Fähigkeiten niedrig einzuschätzen und einen unpersönlichen und distanzierten Führungsstil zu bevorzugen. Dabei werden dann zu den Mitarbeitern ausschließlich aufgabenorientierte Beziehungen unterhalten. Inzwischen sind jedoch selbst autoritäre Organisationen dazu übergegangen, dem Niveau der Unpersönlichkeit Grenzen zu setzen. In einigen Unternehmen werden Manager, die die Grenzen akzeptablen Verhaltens überschreiten, auf Charme-Lehrgänge geschickt, wo man ihnen größeres Einfühlungsvermögen beibringt.

Der Nutzen eines besonderen Sensibilitätstrainings

Solche Seminare werden jedoch selten dazu genutzt, Sensibilität zu fördern und den teilnehmenden Managern zu helfen, die Auswirkungen ihres Verhaltens auf andere zu erkennen. Ein heilsames Training zur Änderung ihres Stils erhielten die Manager dadurch nicht. Mit der Zeit haben viele solcher Kurse leider eine Reputation erlangt, die sie keineswegs verdienen.

Die bisherigen Ergebnisse solcher Gruppen zur Förderung von Sensibilität unterstreichen den Mangel an effektiven zwischenmenschlichen Beziehungen, der im Management schon seit Jahrzehnten zu beklagen ist. Ende der vierziger und zu Beginn der fünfziger Jahre wurden zum ersten Male Trainingsgruppen eingesetzt, um die gefühlsarme Haltung traditioneller männlicher Manager zu korrigieren und ihnen zu helfen, sich ihrer persönlichen Wirkung auf andere stärker bewußt zu werden, ebenso der zwischenmenschlichen Dynamik, die auf die Beziehungen am Arbeitsplatz einwirkt. Die Manager wurden kleinen, nichtstrukturierten Gruppen zugeteilt und ermutigt, ihre Gefühle mit anderen zu teilen, Feedback über die

Wirksamkeit ihres zwischenmenschlichen Stils zu empfangen und an andere weiterzugeben. Da Fähigkeiten im zwischenmenschlichen Umgang und zur Arbeit mit Gruppen in den Organisationen auch weiterhin nur geringe Priorität erhielten, wurden diese Trainingsgruppen nach und nach passé. Erst in jüngster Zeit haben sie wieder stärkere Bedeutung erlangt, da das Training in Einfühlungsvermögen wieder gefragt ist.

Am interessantesten an den heutigen Trainingsgruppen ist der qualitative Unterschied ihrer Interaktionen durch die steigende Zahl teilnehmender Frauen. Aufgrund meiner persönlichen Erfahrungen mit diesen Gruppen glaube ich, daß die Anwesenheit einer kritischen Masse von Frauen für alle Gruppenmitglieder sehr wichtig ist. Da sie unterschiedliche Managementstile praktizieren, sind Frauen besser in der Lage, ihre persönlichen Einsichten, Erfahrungen und Empfindungen innerhalb einer Gruppe mit anderen zu teilen. Daher ist es oft ihnen zu danken, wenn ihre männlichen Kollegen künftig viele komplexe zwischenmenschliche Probleme besser einschätzen und verstehen können.

Weibliche Führungspersönlichkeiten erkennen sehr gut ihre persönliche Wirkung auf andere. Im Kontext der Trainingsgruppe, deren Ziel unter anderem besseres Gewahrwerden der eigenen Wirkung ist, demonstrieren Frauen oft, daß besseres Erkennen der persönlichen Wirkung das unmittelbare Ergebnis eines Verhaltens ist, das in aufmerksamem Einfühlungsvermögen und aktivem Zuhören ebenso erkennbar wird wie in ehrlichem Ausdruck von Ideen und Gefühlen. Viele Männer wollen einfach nicht einsehen, daß die von ihnen beabsichtigte sich von der tatsächlichen Wirkung ihrer Gedanken und Handlungen unterscheidet. Im Gegensatz dazu verstehen die meisten Frauen ihre persönliche Wirkung erstaunlich genau einzuschätzen.

Einige Verhaltenswissenschaftler raten weiblichen Managern, diese Erfahrungen zu vermeiden und sich statt dessen darauf zu konzentrieren, nicht so sehr ihren Gefühlen nachzugeben. Das mache sie dann in ihren jeweiligen Organisationen weniger verwundbar. Andere, darunter auch ich selbst, sind nicht dieser Ansicht. Wir meinen, die Trainingsgruppe biete weiblichen Managern eine Chance, in einem männlich/weiblich gemischten Rahmen ihre gesamten zwischenmenschlichen Fähigkeiten ins Spiel zu bringen und dabei die starke Wirkung zu entdecken, die diese Fähigkeiten auf die Leistung des Teams und anderer Einzelpersonen ausüben. In diesem Sinne ist die Erfahrung innerhalb von Trainingsgruppen oft eine Quelle positiver Bestätigung für weibliche Manager, die sie nutzen können, ihre natürlichen Fähigkeiten und Einsichten zu verfeinern.

Ganzheitliches Management

Zeitgenössische Untersuchungen über amerikanische Unternehmen liefern zahlreiche Beispiele dafür, wie sehr wir eine besser integrierte Managementmethode brauchen, in der die Bedeutung des Profits und die Fürsorge für die Menschen ausgewogener zur Geltung kommt. Man kann diese Eigenschaften des Kopfes und des Herzens verschiedenartig benennen – ganzheitliches Management, Theory Z, Gewahrsein oder Sensibilität. Im Grunde laufen sie alle auf dasselbe hinaus. Der heutige kompetente Manager muß nicht nur die Begabungen und Erkenntnisse besitzen, deren man für die Verbesserung der Bilanz bedarf, sondern auch die Fähigkeiten, die man braucht, um die Arbeitsfreude der Angestellten zu steigern. Zwar weisen neuere Forschungen auf die Notwendigkeit einer stärker ausgewogenen Managementmethode hin, doch hat man die Hauptquelle für einen solchen ausgewogenen Stil nicht deutlich genug identifiziert. Experten und Organisationen haben wieder einmal die Möglichkeiten übersehen, weibliche Führungsfähigkeiten zur Lösung unserer heutigen organisatorischen Probleme einzusetzen.

Es ist Zeit, die Scheuklappen abzulegen. In der Vergangenheit wuchs und blühte die amerikanische Wirtschaft durch ihre Fähigkeit, aus neuen Ideen Kapital zu schlagen und neue Wege zu gehen. Unsere Spitzenstellung auf dem Weltmarkt können wir nur zurückerobern, wenn wir wiederum neue Ideen und neue Methoden der Führung und des Managens einsetzen. Angesichts des heutigen großen Bedarfs an zwischenmenschlichen Fähigkeiten bietet weibliches Führungsvermögen genau die neuen Ansätze, die der amerikanischen Wirtschaft helfen können, sich zu wandeln und erneut aufzublühen. Die dafür notwendigen Ressourcen sind vorhanden. Tausende von weiblichen Managern stehen in den Startlöchern. Alles, was wir noch brauchen, ist, daß die Organisationen ihnen erlauben, mit Kopf *und* Herz zu managen.

Kapitel 9

Konfliktmanagement

Innerhalb komplexer Organisationen, in denen schneller Wandel die einzige vorhersehbare Konstante ist, gewinnt die Fähigkeit zum produktiven Managen von Konflikten immer mehr Gewicht. Während im stabileren organisatorischen Umfeld der Vergangenheit die Fähigkeit zu produktiver Konfliktlösung noch keine so große Bedeutung hatte, ist sie in den heutigen dynamischeren und komplexen Organisationen für den Manager jedoch unbedingt notwendig. Jeder Wandel – sei er das Ergebnis gewandelter Umweltbedingungen, einer veränderten Unternehmensstrategie, neuer Organisationsstrukturen, Herstellungsverfahren oder personeller Veränderungen – schafft irgendwie Verwirrung und Konflikte. Um den Wandel wirksam zu bewältigen, muß der Manager die oft durch ihn geschaffenen Konflikte erkennen und an ihrer Lösung arbeiten.

Was ist ein Konflikt?

Ein Konflikt ist die Spannung, die entsteht, wenn Kräfte gegeneinander arbeiten. Er ist das gleichzeitige Auftreten miteinander unvereinbarer Aktivitäten. Spricht man von Konflikten im Stile des traditionellen Tauziehens, dann erkennt man ohne weiteres die einander gegenüberstehenden Kräfte, denn jedes Team versucht, das Tau und das andere Team zu sich herüberzuziehen. Alle Konflikte enthalten diese Art von Spannung, ob sie nun in uns selbst, zwischen Individuen oder Gruppen bestehen. Manchmal spüren wir die Spannung als Kräfte, die in entgegengesetzte Richtungen ziehen, etwa wenn wir uns nicht zwischen zwei uns angenehmen oder unangenehmen Alternativen entscheiden können. Obwohl die meisten organisatorischen Konflikte nicht so deutlich sichtbar sind wie Tauziehen oder Fingerhakeln, laufen sie oft auf dieselbe Weise ab. Zwei Arbeitsgruppen streiten sich über das richtige Vorgehen. Daraufhin versuchen beide die gegnerischen Einwände und Widerstände zu überwinden und die Lösung zu erzwingen, die den eigenen Bedürfnissen am besten entspricht. In anderen Fällen ist eine Gruppe vielleicht der Ansicht, ihre funktionellen Grenzen und ihre Autorität werde durch Veränderungen im Unternehmen gefährdet, etwa durch eine organisatorische Umstrukturierung. Als Reaktion baut sie vielleicht ein Gegengewicht auf, etwa eine Strategie der Verzögerung, um den Status quo zu bewahren. Jeder Wandel bringt neue Chancen und neue Konflikte.

Die Quellen organisatorischer Konflikte lassen sich in der Regel in vier Kategorien aufteilen:

- **Konflikt multipler Rollen:** Ein denkbarer Rollenkonflikt entstünde aus einer Situation, in der ein Manager sich genötigt sieht, bei einer Auseinandersetzung über organisatorische Fragen zwischen Kollegen und Angestellten Partei zu ergreifen. In einem solchen Fall muß man zwischen der Loyalität zu den Gleichgestellten und der Loyalität zur Arbeitsgruppe wählen.
- **Knappe Ressourcen:** Alle Organisationen verfügen nur über eine begrenzte Menge an Zeit, Geld und menschlichen Ressourcen zum Erreichen persönlicher und organisatorischer Ziele. Konflikte entstehen immer dann, wenn die Nachfrage nach diesen Ressourcen bei Managern und Arbeitsteams größer ist als ihre Verfügbarkeit.
- **Unterschiedliche Wertvorstellungen und Prioritäten:** Oft sind Konflikte, bei denen Unterschiede in den Wertvorstellungen bestehen, am schwersten zu lösen. Wertvorstellungen wandeln sich kaum im Laufe der Zeit, sind sie doch die Grundlage der Haltung jedes einzelnen gegenüber dem Leben insgesamt. Daher dürften Dispute über die relative Bedeutung von Grundwerten zwischen Individuen und Gruppen kaum viel Bewegung oder Veränderung der Position beider Seiten bewirken.

- **Unterschiedliche Sichtweise des Problems:** Die Mitglieder einer Organisation mögen zwar ganz allgemein darin übereinstimmen, daß ein Problem besteht, über alles weitere jedoch gibt es oft wenig oder gar keine Übereinstimmung. Die unterschiedliche Anschauung über die Ursachen der organisatorischen Probleme, deren Auswirkungen und die richtigen Lösungen kann zwischen Individuen und Gruppen oft Abwehrverhalten und Konflikte auslösen.

Wegen des schnellen Tempos komplexer Veränderungen in den heutigen Organisationen haben Manager es regelmäßig mit zwei Arten von Konflikten zu tun, die auf der Ebene der Gruppe und des einzelnen auftreten. Der Konflikt zwischen Gruppen steht oft in Zusammenhang mit Veränderungen in der Politik, der täglichen Arbeitsweise und der Unternehmensstruktur, die einzelne Arbeitsteams derselben Firma in Frontstellung gegeneinander bringen. Ändern sich Ziele und strategische Richtung eines Unternehmens, dann ist es durchaus üblich, daß Untereinheiten derselben Organisation darüber in Streit geraten, wie die gewünschten Ergebnisse am besten erreicht werden könnten.

Die andere Konfliktsituation, mit der Manager ständig konfrontiert werden, ist zwischenmenschlicher Art. Im Gegensatz zu Konflikten zwischen Gruppen entsteht der zwischenmenschliche Konflikt auf individueller Ebene. Seine Ursachen liegen in weltanschaulichen Meinungsverschiedenheiten, unterschiedlichen Ansichten über die Art, wie die Arbeit getan werden sollte, sowie in widersprüchlichen persönlichen Zielsetzungen. Natürlich gibt es auf individueller und organisatorischer Ebene noch andere Arten von Konflikten. Doch gehören diejenigen, die zwischen Einzelpersonen und zwischen Arbeitsteams auftreten, zu den häufigsten, um die das Management sich kümmern muß.

Das schnelle Tempo der Veränderungen in den Unternehmen erzeugt heute mehr Konflikte als je zuvor. Da Kooperation und Kollaboration für den Arbeitsablauf der Teams immer notwendiger werden, müssen Manager bei der Schlichtung von Konflikten zwischen Gruppen besonders vorsichtig sein und die einzelnen Mitarbeiter mehr als bisher in den Lösungsprozeß einbeziehen. Die zunehmende Interdependenz zwischen Einzelpersonen und Teams wächst sich aus zu einem Bedarf an gesteigerter Kompetenz des Managements für wirksame Konfliktlösung. Der Manager muß heute Unterhändler, Vermittler und ein Mensch sein, der die Probleme anderer richtig anzupacken versteht, statt sich wie bisher darauf zu beschränken, Entscheidungen zu treffen und auf deren Verwirklichung zu achten.

Manager müssen in der Lage sein, Konflikte als unvermeidlichen Teil des organisatorischen Lebens zu akzeptieren. Denn ebenso wie in der Wirtschaft insgesamt der Wandel zu einem unveränderlichen Faktor geworden ist, werden auch die Konflikte, die der Wandel zwangsläufig mit sich bringt, zum täglichen Leben der Organisationen gehören. Managern fällt es nicht leicht, die Unvermeidlichkeit von Konflikten zu akzeptieren. Und für denjenigen, der sich immer noch nach der guten alten Zeit zurücksehnt, als die Organisationen stabiler waren und der Chef bei den nur gelegentlich auftretenden Konflikten der endgültige Schiedsrichter war, ist dieser Wandel besonders schwierig zu verkraften. Doch erkennt eine wachsende Zahl von Managern diesen Wandel als notwendig fürs Überleben an. Sobald Konflikte erst einmal als unvermeidliches Nebenprodukt des Wandels angesehen werden, statt als etwas entweder Positives oder Negatives, sind sie auch leichter zu verstehen und wirksamer zu lösen.

Männlich-weibliche Auffassungen von Konflikten

Wie auch in anderen Bereichen spielt die Sozialisation eine Schlüsselrolle bei der Formung männlicher und weiblicher Stile des Konfliktmanagements. Es ist typisch, daß die Bandbreite akzeptablen Verhaltens bei der Bewältigung von Konflikten für Knaben und

Mädchen sehr unterschiedlich festgelegt war. Die meisten Knaben wurden ermuntert, ihren Ärger offen zu zeigen und gelegentlich auch physische Gewalt zur Lösung von Konflikten anzuwenden. Mädchen wurde davon abgeraten. Ihnen wurde nahegelegt, bei Konflikten eher einen Ausgleich zu suchen und die zwischen Individuen und Gruppen bestehenden Spannungen zu lockern, statt sie eskalieren zu lassen. Das bedeutet zwar nicht, daß Mädchen ihre Konflikte niemals handgreiflich lösen und Knaben das ausschließlich mit physischer Gewalt tun. Doch pflegt gesellschaftliches Konditionieren das unterschiedliche Verhalten von Männern und Frauen in Konfliktsituationen noch zu verstärken.

Gillian Martin Sorensen, Beauftragte von New York City für die Vereinten Nationen, beschreibt rückblickend ihre persönlichen Erfahrungen als junges Mädchen und als Erwachsene: *„Ich habe Handgreiflichkeiten nie gemocht und kann mich erinnern, daß ich vom sechsten Lebensjahr an bei Streitigkeiten zwischen meinem Bruder und meiner Schwester immer als Vermittlerin aufgetreten bin. Es ist schwer zu sagen, ob dies ein femininer Charakterzug ist. Doch bediene ich mich täglich dieser Fähigkeit und erinnere mich, daß ich sie schon in früher Kindheit genutzt habe, wo ich der Friedensstifter in meiner Familie war. Ich war diejenige, die es fertigbrachte, die Kinder auf dem Spielplatz wieder in ihre richtige Ecke im Sandkasten zu dirigieren ... Heute kommt mir diese Fähigkeit bei meiner Arbeit oft zugute. Mir persönlich verschafft die Möglichkeit, meine Fähigkeiten voll einsetzen zu können, große Befriedigung."*

Studien haben zwar ergeben, daß Sozialisation große Wirkung auf das Verhalten Erwachsener ausübt. Doch erklärt sie alleine nicht die auffallenden Unterschiede der von Männern und Frauen bevorzugten Stile des Konfliktmanagements. Nur wenn man auch die Auswirkungen gesellschaftlichen Konditionierens und grundlegende biologische Unterschiede berücksichtigt, läßt sich der von jedem der beiden Geschlechter demonstrierte unterschiedliche Stil im Konfliktmanagement verstehen.

Männlich-weibliche Reaktionen auf Streß

Dr. Estelle Ramey von der Georgetown University glaubt, Unterschiede in männlichen und weiblichen Reaktionen auf Streß, der oft bei Konfliktsituationen auftritt, seien das Ergebnis hormonaler Unterschiede wie gesellschaftlichen Konditionierens. Bei der Erörterung biologischer Unterschiede im männlichen und weiblichen Verhalten sagte sie: *„Frauen erhalten in Konfliktsituationen nicht so starke und aufputschende Adrenalinstöße wie Männer, weil sie nicht so viel Testosteron haben. Auch der Blutdruck steigt bei ihnen nicht so an. Auf Konflikte reagieren sie nicht mit Wut; womit nicht gesagt sein soll, Frauen seien nicht aggressiv. Doch reagieren sie ihre Aggressionen anders ab. Betrachtet man andere animalische Spezies, wird deutlich, daß das Weibchen außerordentlich aggressiv sein kann. Doch sucht es sich den Bereich selbst aus, den es verteidigen will. Das Weibchen pflegt weniger aggressiv auf jede Provokation zu reagieren als das Männchen. Und das gilt auch für Männer und Frauen."*

Dr. Ramey fährt dann fort: *„Ganz offensichtlich hat Samuel Johnson Recht, als er auf die Frage ‚Wer ist intelligenter, der Mann oder die Frau?' antwortete, das hänge davon ab, welcher Mann und welche Frau. Zwischen Männern und Frauen bestehen große Unterschiede. Doch gibt es auch biologische Unterschiede, die für unterschiedliches Verhalten verantwortlich sind. Diese geschlechtlichen Unterschiede erklären sich nicht nur aus gesellschaftlichen Einflüssen, obwohl die Gesellschaft eine große Rolle spielt."*

Im Bereich des Konfliktmanagements zeigen Männer und Frauen unterschiedliche Verhaltensweisen und bedienen sich unterschiedlicher Stile. Die Ursprünge dieser Unterschiede sind komplex, die für Männer und Frauen typischen Stile des Konfliktmanagements sind jedoch meist ziemlich leicht zu identifizieren. Wir wollen einige der auffallendsten Unterschiede untersuchen und dabei zugestehen, daß diese unterschiedlichen Verhaltensweisen nicht bei allen Männern und Frauen gleich deutlich hervortreten.

Arten von Konfliktmanagement

Während der vergangenen drei Jahre wurden im Zuge der Vorbereitung dieses Buches mehr als dreihundert männliche und weibliche Manager befragt, und zwar mittels des sogenannten „Thomas-Kilman Conflict Mode Instrument".[72] Dieser Fragebogen identifiziert fünf Grundarten von Verhalten beim Managen von Konfliktsituationen und stellt die Frage, wie häufig jeder an der Studie beteiligte Manager jede Art verwendet hat. Die im Jahre 1978 abgeschlossene Studie zeigt zwar keine bedeutsamen Unterschiede geschlechtsspezifischer Präferenzen. Doch belegen meine Daten spürbare Unterschiede des Stils und der Art von Konfliktmanagement, die von den 171 Männern und 145 Frauen bevorzugt wurden, die den Fragebogen ausfüllten. Die ausgewählten Manager entstammen überwiegend dem mittleren Management einer Vielfalt von Wirtschaftszweigen, darunter Gesundheitswesen, finanzielle Dienstleistungen, Telekommunikation, Hightech- und Erdölindustrien, aber auch aus Behörden der Bundesregierung. Zwar hatten die meisten von ihnen damals an von mir geleiteten Seminaren teilgenommen, doch erkannten nur sehr wenige den Zweck, der sich hinter meiner Sammlung solcher Daten verbarg. So war die Gruppe auch nicht besonders zugunsten eines dieser Stilunterschiede voreingenommen, als sie die Fragebogen ausfüllte. Dennoch zeigen die Ergebnisse einen deutlichen Unterschied zwischen den von Männern und den von Frauen bevorzugten Arten des Konfliktmanagements.

Die wettbewerbsorientierte Reaktion

Nach meinen Umfrageergebnissen, angereichert durch anekdotisches Material aus Gesprächen mit männlichen und weiblichen Managern und aus sonstigen Untersuchungen, zeigen Männer in Konfliktsituationen eine starke Präferenz für zwei Verhaltensweisen. Die erste (nach den erwähnten „Thomas-Kilmann Conflict Mode

Instrument"-Kategorien) ist eine wettbewerbsorientierte Reaktion auf den Konflikt, häufig als Sieg-oder-Niederlage-Methode bezeichnet. Bei dieser Verhaltensform konkurriert ein Manager mit Kollegen bei der Überwindung entgegenstehender Kräfte, um den Vorrang seiner/ihrer eigenen Position zu sichern. Dem liegt die Annahme zugrunde, ein Konflikt sei ein Wettkampf, bei dem einer gewinnen und ein anderer verlieren muß. Ziel ist es, Sieger zu sein.

Beobachtet man diese Form von Konfliktmanagement in der Praxis, dann sieht man wiederum, wie das Schwergewicht darauf gelegt wird, zu gewinnen und persönliche Ziele zu erreichen. Genauso wie diese Themen eine wichtige Rolle bei der Gestaltung der maskulinen Unternehmenskultur spielen, beeinflussen sie auch den bevorzugten Stil männlichen Konfliktmanagements. Abgesehen von der persönlichen Befriedigung, die der Sieg bewirken kann, nützt die wettbewerbsorientierte Methode der Organisation in Situationen, in denen die Zeit knapp und sofortiges Handeln angebracht ist. Ein potentieller Nachteil ist die Spannung, die sich dabei zwischen Gewinnern und Verlierern einstellen kann.

Bei einem Gespräch über Konfliktmanagement äußerte sich Julie Heidt, eine Bezirksmanagerin der Firma Michigan Telephone, über die Unterschiede zwischen männlichen und weiblichen Stilen: *„Beim Konfliktmanagement neigen Männer eher zu großsprecherischen und phantasievollen Reden und zu direkter Konfrontation, statt zu Verhandlungen. Als weiblicher Manager bin ich eher bereit, die Gefühle anderer anzuerkennen und zu versuchen, das Umfeld produktiver umzugestalten . . . ohne dabei gleich zu explodieren."*

Ähnlich äußerte sich Judy Godwin, Verkaufsingenieurin der Inlandabteilung von General Motors, eine der höchstgestellten Frauen des Werkes. Bei aller Vorsicht gegenüber Verallgemeinerungen glaubt sie doch, daß Männer und Frauen Konflikte unterschiedlich managen. *„Frauen geben ihrem Management und der Teamarbeit gerne eine Perspektive, bei der jeder gewinnt. Männer dagegen neigen* *zu einer Sieg-oder-Niederlage-Perspektive, die in Problemsituationen nicht zwangsläufig die besten Antworten liefert. Jeden gewinnen zu lassen, ist keine auf Geheimnistuerei basierende, sondern eine kommunikative Methode, die eine gute Atmosphäre erzeugt, in der die Dinge einfach geschehen."*

Die Vermeidungs-Reaktion

Das zweite Verhalten, das von vielen Männern beim Konfliktmanagement bevorzugt wird, heißt Vermeidung. Es scheint zwar unvereinbar mit dem eben erörterten Wettbewerbsstil, doch erkennt man bei näherem Hinsehen, daß beide Ansätze durchaus vereinbar sind. Als Strategie des Konfliktmanagements ist Vermeidung wirklich die andere Seite derselben Wettbewerbsmünze. Steht ein wettbewerbsorientierter Manager vor einer Konfliktsituation, in der er unmöglich gewinnen kann, dann ist der einfachste Weg für ihn, dem Konflikt ganz und gar aus dem Wege zu gehen. Dadurch vermeidet er potientielle Verluste und kann hoffen, daß sich seine Gewinnchancen beim nächsten Mal verbessern werden. Auch diesem Falle liegt die Annahme zugrunde, daß jeder Konflikt ein Wettkampf ist. Das Ziel besteht hier jedoch darin, nicht zu verlieren. Den Nutzen dieser Strategie hat kurz und bündig ein Manager beschrieben, der die alte Redensart zitierte: „Wer kämpft und wegläuft, lebt immerhin, um an einem anderen Tag den Kampf wieder aufzunehmen."

Kompromisse

Neben der auf Wettbewerb und auf Vermeidung orientierten Methode des Konfliktmanagements, die viele männliche Manager in meiner Studie bevorzugten, wurden Kompromisse oft als zweite oder unterstützende Methode identifiziert. Sollte sich keine der beiden erstgenannten Methoden anwenden lassen, so die Aussage männlicher Manager, dann würden sie nach einer vernünftigen Kompromißlösung suchen. Derartige Kompromisse erfordern stets ein gewisses Maß an Verhandeln und enden in der Regel mit Vereinbarungen, bei denen beide Seiten Konzessionen machen und einen Teil ihrer ursprünglichen Positionen bewahren.

Bei näherer Untersuchung aller drei oben beschriebenen Verhaltensformen überrascht mich, wie aktionsorientiert, kurzfristig denkend und auf Lösung erpicht jede von ihnen ist. Angesichts einer Konfliktsituation scheinen viele Männer entschiedenes Handeln langfristigem Verhandeln vorzuziehen, oder eine kurzfristige Strategie, die den Konflikt vorübergehend auf Eis legt. In Fällen, in denen beides nicht funktioniert, scheint ein Kompromiß, der beide Seiten befriedigt, die zweitbeste Lösung. Bei jeder dieser Methoden legt man sehr viel Wert auf das Wettbewerbsdenken und weniger auf die Bewahrung positiver Beziehungen. Aus dieser Sicht gelten die unmittelbaren Vorteile durch „Gewinnen" als wichtiger denn die langfristigen negativen Konsequenzen, die das „Verlieren" beim Opponenten hervorrufen kann.

Wird diese aktionsorientierte, kurzfristige und auf schnelle Lösung zielende Methode, die von Männern bevorzugt wird, auch von der biologischen Forschung bestätigt? Dr. Estelle Ramey ist dieser Meinung. „Vom Verhalten her sind Männer physiologisch für ein kürzeres, aktionsorientiertes Leben ausgerüstet. Sie streben eher nach kurzfristigen Lösungen unter Einsatz starker Muskeln. Frauen sind von der Natur ausgerüstet für den langen und chronischen Streß des Kinderkriegens und Kinderaufziehens."

Viele weibliche Manager erkennen die Gegensätze zwischen dem von ihnen praktizierten Stil des Konfliktmanagements und dem ihrer männlichen gleichgestellten Kollegen. Elaine Wolan-Martin, Manager für menschliche Ressourcen bei der Ohio Bell Telephone Company, sagt dazu: *„Aus meiner Sicht neigen Frauen in Konfliktsituationen weniger zur Konfrontation als Männer. Ich glaube, Männer* *machen sich ohne besondere vorherige Analyse an die Lösung. Ich selbst neige mehr dazu, vor dem Handeln die Lage gründlich zu analysieren.“*

Christine McCoy, Abteilungsleiterin des National Park Service in Philadelphia, sagt zu diesem Thema: *„Lassen Sie mich meinen eigenen Stil dem eines ehemaligen Chefs gegenüberstellen, für den ich in einer anderen Firma gearbeitet habe. Er neigte zu schnellen Entscheidungen und war produkt- und aufgabenorientiert, während ich selbst dazu neige, zunächst Informationen zu sammeln und einen Konflikt aus mehreren verschiedenen Gesichtspunkten zu betrachten. Meines Erachtens ist meine Methode mehr produkt- und prozeßorientiert.*

Außerdem habe ich festgestellt, daß viele Männer eher bereit sind als ich, gewisse schwierige Situationen, die gelöst werden müssen, einfach zu ignorieren. Ich glaube, ich bin mehr als einige meiner männlichen Kollegen jemand, der ‚den Puls fühlt.‘“

Kollaboration

Im Gegensatz zum schnellen, aktionsorientierten Stil männlicher Manager gehen Frauen an Konflikte aus einer ganz anderen Perspektive heran. Zu ihrem Stil gehört die starke und konstante Rücksichtnahme auf die Qualität von Beziehungen, ohne Rücksicht auf die Quelle des Konflikts. Die vorerwähnte Umfrage ergab, daß Frauen zwei verschiedene Arten von Konfliktmanagement bevorzugen. Die erste ist Kollaboration. Dabei bemühen sie sich, andere und befriedigendere Lösungen für komplexe Probleme zu finden als die von den Konfliktpartnern vorgeschlagen. Bei dieser Methode soll möglichst jeder „gewinnen“. Sie zieht eine auf Konsens zielende Lösungsstrategie dem bloßen Konkurrenzdenken vor. Ferner geht sie davon aus, daß eine Lösung, die von allen akzeptiert werden kann, möglich ist und durch Diskussion, Austausch persönlicher Standpunkte und kreatives Denken entwickelt werden kann und sollte.

Bei der Schilderung ihres persönlichen Stils betonte Dr. Donna Shalala vom Hunter College die Bedeutung der Kollaboration. *„Ich glaube, Fähigkeiten zur Kollaboration und die Kunst, unterschiedliche Gruppen hinter einer Entscheidung zu versammeln, sind Eigenschaften eines guten Politikers und eines erstklassigen Unternehmensführers. In meiner jetzigen Position beschreibe ich mich oft als Kapitän eines Schleppers, der diese gewichtige Institution hinter sich her zieht. Jeder Wandel wird sich wahrscheinlich festfahren, wenn viele Menschen an einem Entscheidungsprozeß beteiligt sind, für die durch den Wandel auch noch etwas auf dem Spiel steht. Je größer die Kollaboration, desto besser ist es für die Sache, und desto besser denken die Menschen von der Entscheidung.“*

Ein anderer Kommentar über die wichtige Rolle der Kollaboration bei Konfliktlösungen stammt von Noreen Haffner von der Southern New England Telephone Gesellschaft. *„Eine weitere Dimension des häufiger von Frauen praktizierten Managementstils hat mit ihrer Befähigung zu tun, eine Lösung herbeizuführen, bei der jeder irgendwie gewinnt. Frauen verrennen sich nicht so leicht in eine Haltung wie ‚Ich weiß, daß ich gewonnen habe, wenn du verloren hast‘. Diese Haltung kommt nicht immer so deutlich zum Ausdruck. Frauen scheinen einfach länger und intensiver an einer Lösung zu arbeiten, die für jedermann die beste ist. Daher kommt bei solchen Lösungen oft mehr Synergie zum Tragen.“*

Die auf Konkurrenzdenken basierenden Methoden, die wir vorhin diskutierten, haben den Vorteil, schnell und direkt zu sein. Im Gegensatz dazu erfordert ein kollaborativer Ansatz zur Konfliktlösung Zeit und anhaltende Aufmerksamkeit, weshalb dieser Ansatz in vielen Organisationen oft als nicht pragmatisch genug angesehen wird. Der Vorteil einer Strategie, die bei Entscheidungen ebenso auf individuelle wie auf Gruppenbeteiligung baut, wird inzwischen von vielen Firmen erkannt, wenn größere innerbetriebliche Veränderungen vom wohlverstandenen Interesse und der praktischen Mitwirkung aller Beschäftigten abhängen.

Die Fähigkeit zum Nachgeben

Die von weiblichen Managern bevorzugte andere Verhaltensform war die des überlegten Nachgebens. Zwar erhielt sie in der Umfrage weniger Punkte als die Kollaboration, doch bezeichneten viele weibliche Manager sie als zweite Wahl bei der Lösung von Konflikten. Auch hier steht wieder die Notwendigkeit im Vordergrund, gute menschliche Beziehungen zu bewahren, selbst wenn das auf Kosten der Durchsetzung persönlicher Ziele geschieht. Denn Nachgeben bedeutet Unterordnung von Eigeninteressen unter die einer anderen Person, ein Abrücken von einer vorher gehaltenen Position bei entsprechender Berücksichtigung der Wünsche eines anderen. Diese Methode geht davon aus, daß die Bewahrung guter Beziehungen zwischen den Konfliktparteien wichtiger ist als das Ergebnis der Lösung des Konflikts. Diesen Stil scheinen viele Frauen in solchen Situationen vorzuziehen, in denen das, was für sie auf dem Spiel steht, weniger wert ist als ihre persönliche Investition in das Bewahren positiver menschlicher Beziehungen.

Während Frauen besonders häufig auf Kollaboration und Nachgiebigkeit setzen, bevorzugen sie in Fällen, in denen dieses Verhalten keine Ergebnisse bringt, Kompromißlösungen.

Schwerpunkt: Bewahrung guter menschlicher Beziehungen

Auch wenn Frauen Konflikte gerne auf eine Weise lösen, die ihre persönlichen Zielsetzungen befriedigt, scheinen sie dabei doch auch die Bedeutung ihrer Beziehungen zu den Mitarbeitern zu berücksichtigen. Weiblichen Managern bedeutet Gewinnen nicht alles. Für sie zählt auch, wie sie mit anderen zusammenarbeiten oder unterschiedliche Ansichten auf einen Nenner bringen können. Zur langfristigen Orientierung auf den Menschen, die viele Frauen zu bevorzugen scheinen, schreibt Dr. Ramey: *„Frauen pflegen alles Geschehen in längeren Zeiträumen zu sehen, und zwar physiologisch wegen ihrer Reaktion auf Streß und psychologisch aufgrund ihrer Erziehung. Man setzt ein Baby nicht aus und schafft sich ein neues an, nur weil es heute seine Windeln beschmutzt hat. Frauen sind sich dessen bewußt, daß ein Baby nur ein Anfang ist, und daß die Beziehung zu ihm noch viele, viele Jahre fortdauern wird.*

Männer denken viel eher an sofortige Lösungen. Das hat viel mit ihrer gesellschaftlichen Konditionierung zu tun. Doch liegt das auch in der bedauerlichen Tatsache begründet, daß viele Firmen dazu neigen, schnelle Ergebnisse zu honorieren und ihre Manager zu ermuntern, niemals über die letzten Vierteljahresbilanzen hinauszublicken. Streben wir jedoch nach dem Aufbau einer Industriegesellschaft, die größeren Wert auf ausgezeichnete Dienstleistungen als auf ‚Instant-Lösungen' legt, dann sind Frauen besser geschult, in dieser Gesellschaft langfristig eine entscheidende Rolle zu spielen."

Ähnliche Anschauungen vertritt Lynne O'Shea, Leiterin der Abteilung Kommunikation und Public Relations bei Arthur Andersen & Company in Chicago. Bevor sie in dieses Weltunternehmen eintrat, war sie Vizepräsidentin bei International Harvester und in dieser Position die jüngste leitende Angestellte in der einhundertfünfzigjährigen Geschichte dieses Unternehmens. Über unterschiedliche Managementstile von Frauen und Männern denkt sie so: *„Meines Erachtens hängt ein wesentlicher Unterschied auch mit der Zeit zusammen, die für die Lösung von Konflikten aufgewendet wird. Frauen nehmen sich dafür erheblich mehr Zeit als Männer.*

Selbst bei schrittweisem Vorgehen verhalten sie sich anders. Sie lösen das Problem vielleicht nicht in einem einzigen Anlauf, während Männer immer schnell auf eine Lösung zusteuern. Frauen haben da einen weiteren Zeithorizont. Über die engeren und weiteren Zeithorizonte ist schon viel geschrieben worden. Weil wir Frauen länger leben, mehr Zeit mit Kindern verbringen und ihr langsames Reifen beobachten, glauben wir auch, daß für eine wirklich dauerhafte Lösung mehr Zeit benötigt wird. Die meisten Angelegenheiten müssen ja nicht unbedingt in den nächsten fünf Minuten geklärt werden. Wir sind auf dauerhafte und nicht auf schnellebige Lösungen aus.“

Ähnliche Anschauungen vertritt Schwester Colette Mahoney, Präsidentin des Marymount College in Manhattan. *„Habe ich einen Konflikt zu regeln, dann spreche ich zunächst einzeln mit allen Beteiligten und versuche danach, sie an einen Tisch zu bringen ... Ich schätze, eine Frau in einer akademischen Gemeinschaft oder einem Geschäftsunternehmen kann bei der Regelung von Konflikten überzeugender sein als Männer. Ich versuche stets, persönlich oder mit Hilfe von Kollegen die streitenden Parteien zu versöhnen. Männer treffen die Entscheidungen wahrscheinlich lieber selbst, ohne sich besonders mit den betroffenen Personen zu beschäftigen.“*

Im Jahre 1983 wurde ich aufgefordert, einen Vortrag über „Fähigkeiten zum Austragen eines produktiven Konflikts“ zu halten, und zwar vor den Vorsitzenden der dreißig größten Junior Leagues des Landes. Sie leiten Dienstleistungsorganisationen für die breite Öffentlichkeit mit Tausenden von freiwilligen Helfern und vielen Millionen Dollar Einkünften. Nach Ausfüllen des Fragebogens und der Diskussion der Arten von Konfliktmanagement fragte ein Teilnehmer, wie weit das Gesamtprofil dieser Gruppe mit dem einer ähnlichen Gruppe älterer männlicher Topmanager vergleichbar sei. Bei der Diskussion der Unterschiede, die bei einem solchen Vergleich vermutlich zutage treten würde (innerhalb dieser Gruppe war Kollaboration der primäre Stil), verblüffte mich, daß Männer und Frauen als Gruppe fast polar entgegengesetzte Methoden zur Konfliktbewältigung schilderten. Das soll nicht besagen, daß es niemals Überschneidungen zwischen beiden Gruppen gab, läßt jedoch erkennen, daß erfolgreiche Konfliktbewältigung in jedem einzelnen Fall sehr unterschiedlich erreicht werden kann. Außerdem sind entgegengesetze Methoden ein Hinweis darauf, daß es mehr als einen wirksamen Weg zur Lösung vieler Konflikte gibt.

Konfliktmanagement erfordert ein ganzes Spektrum von Verhaltensweisen

Die Bevorzugung einzelner Verhaltensweisen vor anderen weist darauf hin, daß keine Gruppe die volle Bandbreite der für das Managen von Konflikten verfügbaren Verhaltensweisen ausnutzt. Statt dessen beschränken Männer und Frauen sich auf ein enges Spektrum unterschiedlicher Methoden, die sich im Kompromißbereich überlappen. Männern liegt am meisten die wettbewerbsorientierte Methode oder das Vermeiden von Konflikten, Frauen nutzen diese beiden Methoden am wenigsten. Andererseits werden die beiden von Frauen bevorzugten Arten, Kollaboration und Nachgiebigkeit, von Männern am wenigsten geschätzt.

Worauf lassen diese Stilunterschiede aus der Sicht organisatorischer Effizienz schließen? Zunächst einmal erwecken sie den Anschein, daß männliche wie weibliche Manager sich manchmal zu sehr auf ihre favorisierten Methoden des Konfliktmanagements verlassen und zu wenig die vom anderen Geschlecht begünstigten Methoden nutzen. In Situationen, die einen völlig anderen und weniger vorhersehbaren Lösungsstil erfordern, kann dieses allzu starke Vertrauen auf den eigenen Stil zu einer Belastung werden. Statt den jeweils geeignetsten Stil zu wählen, optieren Männer und Frauen manchmal für die Methoden, die ihnen persönlich am besten liegen und die sie am besten beherrschen. Der Nettoeffekt gleicht dem, was geschieht, wenn man statt eines Schraubenziehers einen Schraubenschlüssel verwendet. Das mag zwar gelegentlich funktionieren, doch wird das Endergebnis nicht immer das beste sein.

Diese unterschiedlichen Stile wirken sich auch organisatorisch aus. Das hängt mit dem Spektrum von Verhaltensweisen zusammen, über das Männer und Frauen verfügen. Die fünf Verhaltensarten, wie sie in „Thomas-Kilmann Conflict Mode Instrument“ beschrieben werden – Konkurrieren, Vermeiden, Kompromisse schließen, Kollaboration und Nachgiebigkeit –, bilden zusammen das breiteste

Spektrum von Methoden, die Managern für produktive Konfliktlösungen zur Verfügung stehen. Jede kann für sich ein wirksames Mittel zur Regelung bestimmter Konflikte sein, doch kann keine in jedem einzelnen Fall erfolgreich sein. Arbeiten Männer und Frauen zusammen und nutzen ihre bevorzugten Methoden dazu, sich gegenseitig zu ergänzen, dann steigert das ihre individuelle Leistungsfähigkeit ebenso wie die ihrer Organisation, Konflikte produktiv zu lösen. Wieder einmal erkennt man, wie nützlich es für Männer und Frauen wäre, wenn sie die bestehenden Unterschiede anerkennen und positiv für ihr Management einsetzen. Organisationen, in denen sowohl die maskuline, konkurrenzorientierte als auch die weibliche, kollaborative Methode verstanden, geschätzt und gefördert werden, können durchaus beträchtliche Vorteile ziehen.
Ein besonders eindrucksvolles Beispiel für die Auswirkungen männlicher und weiblicher Konfliktmanagement-Stile auf die Fähigkeit eines Teams zu effektiver Zusammenarbeit und Problemlösung lieferte ein Managementseminar unter der Schirmherrschaft des NTL Institute in Snowmass, Colorado. Der Vorfall, der sich in der Mitte eines einwöchigen Programms ereignete, war nicht nur reich an Beispielen für die Vor- und Nachteile der Anwendung jedes einzelnen Stils. Er weist auch auf ziemlich einzigartige Weise darauf hin, wie erfolgreich die oft von Männern und Frauen bevorzugten Stile sein können, wenn sie gemeinsam praktiziert werden. Nachfolgend eine kurze Zusammenfassung des Geschehens.

Ein Wettbewerb: Wer fängt das unversehrte Ei

Das Ziel der Konferenz war, die Fähigkeit der Manager zu produktiver Konfliktlösung zu steigern. Die einundzwanzig männlichen und weiblichen Teilnehmer aus dem mittleren Management wurden in drei etwa gleich starke Grupen aufgeteilt: eine gemischte, eine rein weibliche und eine rein männliche Gruppe. Den drei Gruppen wurde mitgeteilt, sie sollten an einem Wettbewerb unter dem Motto „Wer fängt das unversehrte Ei?“ teilnehmen. Dann erhielt jede Gruppe ein buntes Sortiment von Gegenständen zugeteilt, darunter Zigarren, mehrfarbiges Zeichenpapier, Sicherheitsnadeln, Bindfaden, Schaumbad, eine leere Weinkaraffe sowie andere unwichtige Dinge. Nachdem man sich vergewissert hatte, daß jede Gruppe im wesentlichen die gleichen Materialien erhalten hatte, wurden die Manager in einen großen leeren Saal gebracht. Dort hingen von der drei Meter hohen Decke an dünnen Bindfäden einige Dutzend rohe Eier. Um den Wettbewerb zu gewinnen, mußte jede Gruppe aus dem ihr zugeteilten Material einen Behälter konstruieren, mit dem man eines der Eier auffangen konnte. Als einzige Regeln waren dabei zu beachten:

- Das Ei mußte „in freiem Fall“ in den Behälter gelangen, ohne direkt von einem Mitglied des Teams berührt zu werden!
- Es mußte, ohne zu zerbrechen, nicht mehr als einen Zentimeter über dem Fußboden zum Stillstand kommen.

Die Teams erhielten maximal eine Stunde Zeit, um ihre Fanginstrumente zu entwerfen und zu konstruieren, konnten aber die Aktion jederzeit stoppen, wenn sie zur Überzeugung gelangten, es sei einsatzbereit. Während der ganzen Übung zeichnete eine Videokamera die Aktionen jeder Gruppe auf, vor allem um zu zeigen, wie Konflikte zwischen Einzelpersonen und innerhalb der Gruppen gehandhabt wurden.

Zunächst versammelte sich jede Gruppe in einer Ecke des Saales, um mit der Arbeit zu beginnen. Fast sofort traten unterschiedliche Meinungen darüber auf, wie das Problem gelöst werden sollte. Innerhalb der rein weiblichen Gruppe konzentrierte sich die Diskussion darauf, wie Entscheidungen getroffen werden sollten. Sie versuchte während der gesamten Übung, Entscheidungen im Konsens zu treffen. Interessant war übrigens folgendes: Anfänglich äußerte man sich besorgt darüber, daß in dieser Gruppe, im Gegensatz zu den beiden anderen, niemand war, „der etwas von Physik oder Technik verstand“. Dann jedoch schien man die Anwesenheit der beiden anderen Gruppen kaum noch zur Kenntnis zu nehmen und konzentrierte sich ganz auf die Aufgabe und die Beziehungen untereinander.

Die rein männliche Gruppe scherzte zunächst viel über die Art ihrer Zusammensetzung. Einige der Männer sagten, sie wären froh, daß es eine rein weibliche Gruppe gebe, weil damit auf jeden Fall sichergestellt sei, „wer an dritter Stelle am Ziel ankommen werde“. Schon sehr bald lagen hier drei Entwürfe vor, von denen jedoch keiner über das Vorschlagsstadium hinauskam. Nach zwanzig Minuten, in denen die Männer sich über keinen Vorschlag einigen konnten, beschlossen sie, einen Industriespion loszuschicken, der herausfinden sollte, was in den beiden anderen Gruppen geschah. Während dieser Spion sich im Saal herumtrieb, teilten die anderen sich in mehrere kleine Teams auf, die sich mit verschiedenen Ideen zu befassen begannen.

In der gemischten Gruppe entwickelten sich schon frühzeitig zwischenmenschliche Konflikte unter den männlichen Teilnehmern. Einer der Männer versuchte, den Entscheidungsprozeß an sich zu reißen, was sofort den Widerstand anderer hervorrief. Dann kam es zu einem Konflikt, weil die Männer unter sich stritten und die Vorschläge der weiblichen Teilnehmer praktisch ignorierten. Als die Herren schließlich einigermaßen frustriert waren, schaltete sich eine der Frauen als Vermittlerin in ihre Diskussion ein. Dadurch lockerte sich die Spannung: man beriet die Zusammenarbeit und befragte jeden Teilnehmer, wie er sich das weitere Vorgehen vorstelle.

Die gemischte Gruppe konzentrierte sich während der ganzen Übung gleichermaßen auf die Aufgabe und den Entscheidungsprozeß. Dabei legten die Männer den Akzent auf Design-Ideen, die Frauen mehr auf die Methode der Zusammenarbeit. Gelegentlich kam es zu Überschneidungen der Rollen, die jede Untergruppe übernommen hatte. Die Teilnehmer schienen während der ganzen Zeit gut miteinander auszukommen, waren mit Begeisterung bei der Sache und empfanden für das von allen gemeinsam entwickelte Produkt eine Art von Miteigentümerschaft. Außerdem war man sich stets der Anwesenheit der beiden anderen Gruppen bewußt, was dazu beitrug, daß man die Aufgabe konzentriert anpackte und bemüht war, voranzukommen.

So war es nicht überraschend, daß die gemischte Gruppe die Aufgabe als erste löste und ihr Eierfanggerät erfolgreich vor den anderen testete. Von da ab schien die Spannung zwischen dem rein männlichen und dem rein weiblichen Team zu eskalieren, wobei die Männer die Frauen mit der „Hoffnungslosigkeit" ihres Produkts neckten. Die Frauen waren ihrer Methode treu geblieben, Entscheidungen im Konsens zu treffen, und verwendeten ziemlich viel Zeit darauf, Übereinstimmung herbeizuführen. Ihr Entwurf, der im wesentlichen aus einem mit Schaumbad und Wolle gefüllten Pappbecher bestand, war nicht unbedingt der ästhetischste. Doch immerhin: kurz nachdem die erste Gruppe ihren Entwurf vorgeführt hatte, tat dies auch die Frauengruppe. Zu aller Erstaunen funktonierte ihr Gerät. (Als das Ei aufgefangen war, verlangte die rein männliche Gruppe, es daraufhin zu untersuchen, ob die Schale nicht Risse bekommen hatte!)

Jetzt blieb den Männern nur noch kurze Zeit, ihren Eierfänger zu testen. Die Gruppe hatte fast fünfundvierzig Minuten gebraucht, sich auf das Design zu einigen. Und einige Männer arbeiteten immer noch an einem alternativen Entwurf, als die Zeit abgelaufen war. Die Arbeit am Design wurde noch zwanzig Minuten fortgesetzt, bis ein kompliziertes Netz aus Garn entstand, einem Basketballnetz ähnlich, das um die Beine eines Stuhls geknüpft war. Dies war das bei weitem interessanteste und ausgeklügeltste Design aller drei Lösungen. Da an seiner Entwicklung jedoch nur einige Teilnehmer beteiligt gewesen waren, schien sich nicht ein Gefühl echter „Teilhaberschaft" am Produkt entwickelt zu haben.

Die gemischte Gruppe hatte den Wettbewerb eindeutig gewonnen. Dennoch sprach die rein männliche Gruppe während der verbleibenden Tage immer wieder davon, ihr Entwurf sei „der beste“ gewesen. Wenn auch diese Bemerkungen stets in scherzhaftem Ton gemacht wurden, merkte man doch einigen Männern die Enttäuschung an, daß sie diesen Wettbewerb nicht gewonnen hatten. Noch etwas anderes war interessant: Als drei Tage später das Seminar beendet war, sprachen die Teilnehmer der rein männlichen Gruppe immer noch von dieser Episode, als hätten sie den Wettbewerb gewonnen – während die beiden anderen Gruppen sie gar nicht mehr erwähnten.

Dem „Eierfangen“ kam im Grunde keine besondere Bedeutung zu. Und doch hielten viele Teilnehmer der rein männlichen Gruppe das Gewinnen für sehr wichtig. Die Frauen hatten ihren Erfolg an ihrer Fähigkeit zur Zusammenarbeit und zur Lösung des Problems gemessen. Die männliche Gruppe befaßte sich mehr mit der Konkurrenz zwischen den Grupen. Obwohl weder die rein weibliche noch die rein männliche Gruppe als erste fertig geworden war, schienen die Frauen mit der Leistung ihrer Gruppe zufrieden, während viele Teilnehmer der männlichen Gruppe sich auch weiterhin verpflichtet fühlten, ihr Ergebnis zu verteidigen und verstandesmäßig zu begründen.

Zwar behaupten viele Experten immer noch, sportlicher Wettkampf helfe jungen Burschen Fähigkeiten zu entwickeln, die sie später für eine erfolgreiche Teamarbeit in Organisationen brauchen. Doch zeigt das obige Beispiel, wie gültig jene andere Lehre ist, die viele Männer in Mannschaftswettkämpfen oft lernen mußten: daß es wenig Spaß macht, ein Problem zu lösen oder ein Ziel zu erreichen, wenn ein anderer zuerst da war, und daß „gewinnen“ stets bedeutet, daß man besser als ein anderer ist, aber nicht der beste schlechthin.

Unterschiede im männlichen und weiblichen Stil des Konfliktmanagement sind also eindeutig erkennbar. Warum dann nicht auch innerhalb von Organisationen? In einer Umgebung, in der nicht erwartet wird, daß weibliche Manager sich genauso verhalten wie männliche, treten diese Unterschiede deutlich in Erscheinung. Da läßt sich dann gut beobachten, wie wirksam beide Stile sind, wenn sie die Möglichkeit haben, sich auszugleichen und zu ergänzen. In den meisten Organisationen wird jedoch ein homogenisierter Stil praktiziert, mit Schwerpunkt auf dem traditionellen maskulinen Verhalten. Dadurch treten die Unterschiede nicht in Erscheinung, und die meisten Frauen haben keine Möglichkeit, ihre natürlichen Fähigkeiten einzusetzen.

Im Rahmen von Fortbildungsseminaren, die vor allem ein breiteres Spektrum von Methoden zum Managen schwieriger Probleme erarbeiten sollen, haben weibliche Manager oft größere Möglichkeiten, ihre Leistungsfähigkeit unter Beweis zu stellen, als in ihrer regulären Arbeitswelt. Die Begabungen und Sachkenntnisse, die sie entfalten, wenn man sie ermuntert, mit einer breiten Vielfalt von Verhaltensweisen zu experimentieren, zeigen keine Abirrungen von der Norm, sondern ein Verhalten, das viele Frauen an ihrem Arbeitsplatz zwangsläufig annehmen müssen, das jedoch ihre wahren Fähigkeiten nicht widerspiegelt.

Kapitel 10

Intuition hilft Probleme lösen

Intuition oder die Fähigkeit, mit einem Quantensprung eine Situation aufgrund nur begrenzter bewußter Daten genau zu beurteilen, galt während eines langen Zeitraumes der Nachkriegsära als exklusive Domäne der Frauen. Bis zum Ende der sechziger Jahre war „weibliche Intuition" ein populärer Begriff zur Beschreibung der schnellen Einsichten und nichtrationalen Verhaltensweisen, die Frauen mehr als Männer zu bevorzugen schienen, um Situationen und Menschen psychologisch zu erfassen und zur Grundlage ihrer Entscheidungen und zum Lösen von Problemen zu machen. Niemand bezweifelte, daß Frauen besonders befähigt sind, schnelle und erkenntnisreiche Urteile über Situationen und Menschen abzugeben. Doch sah niemand darin eine Befähigung, die auch in der Welt des Managements anwendbar ist. Wie andere, besonders Frauen zugeschriebene Eigenschaften wurde Intuition beim Lösen von Problemen in Organisationen nicht sehr ernst genommen. Vieles spricht sogar dafür, daß Intuition gerade wegen ihrer Assoziation mit dem weiblichen Geschlecht unterschätzt, falsch verstanden und in vielen Unternehmen als buchstäblich nutzlos angesehen wurde.

Da viele wertvolle weiblichen Eigenschaften mit negativen Vorurteilen über Frauen verwechselt wurden, lehnten mit der Zeit selbst viele weibliche Manager es ab, Intuition für ein ernst zu nehmendes Thema zu halten. Weibliche Intuition brachte sie sogar in Verlegenheit, da die Organisationen Wert auf rationales und quantivatives Management legten und beide Geschlechter sexistische Vorurteile vermeiden wollten. Sagte man jemandem, er habe Intuition, dann war das fast so, als hielte man ihn für das Opfer einer gefährlichen Krankheit. Zumindest galt Intuition nicht als eine ordentliche und professionelle Methode zum Lösen von Problemen.

Während dieser Periode der Ablehnung der Intuition, die mit der wachsenden Popularität des Maskulinismus in den meisten Organisationen zusammenfiel, gab es gelegentliche wissenschaftliche Diskussionen über den Zusammenhang zwischen Intution und vielen bedeutenden kulturellen und wissenschaftlichen Leistungen. Albert Einstein hat angeblich gesagt, er habe die Relativitätstheorie durch Anwendung einer intuitiven Methode für Problemlösungen gefunden. Eine Computeranalyse hat „bewiesen", daß die Musik von J. S. Bach zu komplex ist, als daß sie durch einen rationalen, überlegten Prozeß komponiert sein könnte, weshalb sie als Ergebnis intuitiven Denkens gewertet werden müsse. Doch selbst angesichts solcher Beispiele blieb das negative Ansehen der Intuition in unserer Gesellschaft erhalten. Anfänglich galt sie wegen ihrer angeblich femininen Züge als unseriös, später als übertrieben konventionell und formelhaft.

Die negativen Folgen von Vorurteilen und einer übertrieben vereinfachten Methode zur Integration von Frauen ins Management trugen dazu bei, Intuition als bedeutsame Managementfähigkeit abzuwerten. Als man dann versuchte, den Status berufstätiger Frauen anzuheben, wurden weiterhin viele ihrer einzigartigen Begabungen wie etwa Einfühlungsvermögen und Intuition fälschlich als negativ abgetan. Statt zu erkennen, daß Frauen mit diesen Fähigkeiten die Leistung ihrer Unternehmen steigern können, konzentrierten die Organisationen sich darauf, ihren weiblichen Angestellten analytische Fähigkeiten beizubringen. Das Ergebnis: Intuition als weiblicher Charakterzug galt als Weibergeschwätz und mythisches Überbleibsel aus mittelalterlicher, unaufgeklärter Zeit.

Erneuertes Interesse an Intuition

Dann jedoch, Ende der siebziger Jahre, als man die Intuition endgültig als Unthema abgelegt hatte, geschah etwas Bemerkenswertes. Bei der Analyse ihrer geschäftlichen Erfolge erwähnten einige japa-

nische Manager ihr Vertrauen in ihre Intuition. Sie schienen zu glauben, ihre Intuition fördere ihre Fähigkeit zum Lösen von Problemen und habe die Gesamtwirkung vieler vom Abendland übernommenen Managementmethoden verbessert. Shigen Okada, ein erfolgreicher japanischer Industrieller, erklärte, seine riesige Einzelhandelskette habe Nutzen gezogen aus *„... der Übernahme des pragmatischen und abendländischen Managements kombiniert mit den spirituellen, intuitiven Aspekten des Fernen Ostens“.*[73]
Inzwischen begannen viele amerikanische Industriegiganten sich für die Gründe des Erfolgs der japanischen Konkurrenz zu interessieren, und damit auch für intuitive Problemlösungen. Dazu kam, daß die traditionelle vernunftmäßige Methode, lange Zeit Markenzeichen für effektives Management in den Vereinigten Staaten, allmählich in Mißkredit geriet. Quantitative Analysen und deduktives Denken schienen bei der Lösung vieler komplexer organisatorischer Probleme nicht mehr so wirksam. Während amerikanische Unternehmen noch damit beschäftigt waren, weitere Daten zur Unterstützung ihrer Wettbewerbsstrategien zu sammeln, kam es zu dramatischen Veränderungen auf den Weltmärkten, wobei Ideen veraltet waren, bevor sie noch das Stadium des Zeichenbretts hinter sich hatten. Viele amerikanische Großunternehmen, die in der Vergangenheit wegen ihrer sehr strukturierten und rationalen Methoden florierten, fanden sich auf einmal von kleineren, flexibler organisierten und gemanagten Konkurrenten überholt.

Zu starkes Vertrauen auf rationales Denken

Nach Jahrzehnten totalen Vertrauens auf rationales Management wurde schließlich deutlich, daß die quantitative, rationale Methode in einigen Situationen die Probleme nicht lösen konnte. In ihrem Buch *In Search of Excellence* erörtern Tom Peters und Bob Watermann die Probleme, die sich aus zu großem Vertrauen in quantitative Analysen ergeben können. Sie verdeutlichen ihren Standpunkt nachdrücklich mit der Aussage: *„Was wir bekämpfen, ist die falsch angelegte Analyse, eine Analyse, die zu komplex ist, um nützlich, und zu unhandlich, um flexibel zu sein. Wir sind gegen Analysen, die sich mit zu viel Genauigkeit (vor allem zur falschen Zeit) um das bemühen, was seiner Natur nach nicht erkennbar ist – etwa detaillierte Marktvoraussagen, wenn der Endverbrauch eines neuen Produkts noch reichlich unklar erscheint ... Wir sind auch gegen Situationen, in denen das Handeln zugunsten der Planung aufhört, also das allzu oft beobachtete ‚Paralyse durch Analyse'-Syndrom ... Vor allem beklagen wir den leidigen Mißbrauch des Begriffs ‚rational'."*[74]

Bei ihrer Suche nach Lösungen für komplexe Probleme waren Unternehmen, die während des industriellen Booms der Nachkriegszeit aufgeblüht und finanzstark geworden waren, zu der Überzeugung gelangt, alle Variablen seien irgendwie voraussagbar, und es gebe auf alle Fragen absolut richtige Antworten. Es kam zu einer parallelen innerbetrieblichen Entwicklung: Die Organisationsstruktur der meisten erfolgreichen Unternehmen war durch eine straffe, hierarchische Pyramide gekennzeichnet. Und eine ebenso straffe, Schritt-für-Schritt- funktionierende Methode quantitativer Datensammlung und Analyse wurde zum Managementmodell für wirksames Lösen von Problemen und Entscheidungsprozesse.

Während der ausgehenden sechziger und der siebziger Jahre änderten sich die Marktverhältnisse infolge der Auswirkungen neuer Technologien und wachsender internationaler Konkurrenz. Nunmehr erkannten viele Manager einen wachsenden Bedarf an neuartigen, flexibleren und leistungsfähigeren Verfahren zum Lösen betrieblicher Probleme. Damit begann die Morgendämmerung des intuitiven Zeitalters.

Die Vorteile der intuitiven Methode

Zwar verlassen sich immer noch viele Unternehmen ausschließlich auf traditionelle, quantitative Maßnahmen zum Identifizieren und

Lösen komplexer Probleme. Andere jedoch integrieren inzwischen intuitive Prozesse, was auf drei entscheidende Faktoren zurückzuführen ist. Erstens ermöglicht die stärker auf induktives Denken vertrauende intuitive Methode das Managen komplexer Situationen mittels weniger quantitativer Daten, deren Bedeutung jedoch nicht negiert werden soll. Sie werden für effektive Problemlösungen weiterhin gebraucht, sind jedoch nur ein Standbein eines dreibeinigen Gebildes, das die Grundlage intuitiven Problemlösens ist. Die beiden anderen Faktoren sind frühere Erfahrungen (und Extrapolationen aus der Vergangenheit in die Gegenwart) sowie das „Gefühl im Bauch", beruhend auf Ahnungen und nichtrationalen Daten.

Zweitens ist die intuitive Methode der direktere Weg zur Innovation, eine Tatsache, die ihren Wert auf dem heutigen Wettbewerbsmarkt gesteigert hat. Die Intuition verläßt sich nicht völlig auf beobachtbare Fakten und bekannte Quantitäten, sondern setzt den menschlichen Geist frei für die Beachtung von Ahnungen und die Entdeckung potentieller und kreativer Methoden zum Lösen von Problemen. Die intuitive Methode betrachtet Probleme durch eine andere Brille und bedient sich gefühlsmäßiger wie verstandesmäßiger Daten. Das Ergebnis ist oft eine neuartige Lösung, die der konventionellen Weisheit zu widersprechen scheint, und dennoch durchaus funktioniert.

Aufgrund der Erkenntnis, daß das Ganze oft mehr ist als die Summe seiner Teile, vertrauen die mit Intuition begabten Problemlöser ihren Instinkten und Gefühlen ebenso wie harten Daten, wenn sie Entscheidungen treffen müssen. Zwar wissen sie genau, wie wichtig harte Daten sind; doch erkennen sie auch die Fallgrube, wenn man sich zur Entwicklung innovativer Lösungen für komplexe Probleme zu sehr auf quantitative Methoden verläßt. J. W. Marriott, Präsident der Marriott Corporation, hat angeblich gesagt: *„Zu viele amerikanische Unternehmen haben sich zu Bürokratien entwickelt. Zu viele Entscheidungen werden ganz oben an der Spitze getroffen, und echtes Handeln wird von schriftlichen Berichten und Vorstandssitzungen ver-*

drängt. Die Probleme werden in zu vielen Unternehmen zu Tode analysiert.“[75]

Der dritte Grund für die wachsende Wertschätzung der Intuition in Organisationen hängt mit effektivem Management von Menschen zusammen. Intuition ist nicht nur ein wirksamer Ansatz zur Bewältigung schwieriger Probleme, sondern kann auch beim Managen komplexer zwischenmenschlicher Beziehungen außerordentlich hilfreich sein. Einfühlungsvermögen und Intuition verschaffen Managern nützliche Daten über Ansichten und Verhaltensweisen ihrer Mitarbeiter. Sie ermöglichen es ihnen, sich auf ihre Leute einzustellen, das Unausgesprochene zu hören und das zu sehen, was im Organisationsklima an sich unsichtbar bleibt. Die Intuition ist ein entscheidendes Element zum Verständnis von Menschen, ihrer Bedürfnisse und ihrer wirklichen Anliegen.

In allen amerikanischen Wirtschaftszweigen werden das Managen komplexer Sachverhalte, gesteigerte Innovation und Fähigkeiten zur Pflege zwischenmenschlicher Beziehungen zunehmend gewürdigt, und damit auch die dafür benötigten intuitiven Fähigkeiten. In Wirtschaftszweigen mit schnell wachsendem Wissensstand, in denen es entscheidend auf die innere Beteiligung der Angestellten und flexible Managementmethoden ankommt, spielt die intuitive Methode bei Problemlösungen eine besonders wichtige Rolle. Und doch wissen die meisten Manager wenig über Intuition, wie sie funktioniert oder woher sie kommt. Und noch weniger wissen sie, wie sie ihre eigenen Fähigkeiten zur Nutzung der Intuition wirksam entwickeln könnten. Deshalb wollen wir uns kurz mit den Ursprüngen intuitiven Denkens beschäftigen.

Fähigkeiten der rechten Gehirnhemisphäre

Wissenschaftliche Untersuchungen über die Arbeitsweise des menschlichen Gehirns haben ergeben, daß die rechte und die linke

Hemisphäre anscheinend für unterschiedliche Aufgaben genutzt werden. Die linke Hälfte ist das Zentrum für Sprache, verbale Kommunikation, Denken in Aufeinanderfolgen und Logik. Die rechte Hemisphäre scheint weitgehend verantwortlich für visuell-räumliche Fähigkeiten, die Verarbeitung emotionaler Daten und für abstraktes Strukturieren. Während die linke Seite sich der Sprache bedient, um Informationen zu verarbeiten und zu kommunizieren, bedient die rechte sich nichtverbaler Symbole. Intuitives Denken ist für eine nicht-rationale Methode des Problemlösens erforderlich, für Lösungen, die weitgehend auf Empfindungen und nichtrationalen Daten basieren. Deshalb scheint die rechte Gehirnhälfte bei diesem Vorgang eine bedeutende Rolle zu spielen. Sie gilt als die Hemisphäre, die überwiegend für plötzliche intuitive Einfälle verantwortlich ist. Die linke Hälfte ist bemüht, Situationen aufgrund schrittweiser Analyse rationaler Fakten einen Sinn zu geben. Die rechte Hälfte sucht nach Strukturen, Assoziationen, Zusammenhängen und symbolischen Metaphern. Diese Assoziationen nehmen aufgrund von Faktoren, die sich oft nicht mit Worten ausdrücken lassen, die Form emotionaler Reaktionen und Ahnung an. Obwohl diese nicht sehr präzis sind, gibt es ausreichende Beweise, daß dieser intuitive Prozeß funktioniert. Und für manche Manager scheint dies tatsächlich die wirksamste Methode zur Lösung von Problemen zu sein.

Frauen als intuitive Problemlöser

Es ist wohl nicht überraschend, daß viele weibliche Manager die intuitive Methode des Problemlösens der traditionelleren rationalen Methode vorziehen. Einige meinen, intuitives Denken passe besser zu der Art, wie sie Informationen verarbeiten und der Welt einen Sinn geben. Andere halten dies für einen weniger überlegten und eher angeborenen Prozeß zum Lösen von Problemen, einen, der ihnen als Frauen natürlicher ist.

Dr. Donna Shalala berichtet, Intuition habe während ihrer höchst erfolgreichen Karriere für die Regierung und im akademischen Bildungswesen eine zunehmend wichtige Rolle gespielt. Sie schildert ihre persönliche Methode, wenn Probleme zu lösen sind. „*Manchmal traue ich meinem Gefühl mehr als meinem Kopf. Logische Information zieht mich vielleicht in die eine, mein Gefühl in die andere Richtung. Wo ich vor zehn Jahren vielleicht meinem Kopf gefolgt wäre, gebe ich heute mit größerer Wahrscheinlichkeit meinem Instinkt nach. Es ist eine Ironie – man sollte denken, das Gegenteil wäre der Fall, wenn man in die oberen Positionen gelangt ist. Aber das stimmt nicht.*

Männer sind vermutlich weniger auf ihre intuitiven Fähigkeiten eingestimmt, weil viele von ihnen den eigenen Gefühlen nicht trauen . . . Doch nutzen einige erfolgreiche und wirklich begabte Unternehmensführer eine Kombination von rationalen und intuitiven Fähigkeiten. Felix Rohatyn (Vorstandsvorsitzender der New York City's Municipal Assistance Corporation und Teilhaber bei Lazard Frères and Co.) ist das Beispiel eines Erfolgsmenschen, der es versteht, sich seiner Intuition zu bedienen. Wenn es um Zusammenschlüsse und Akquisitionen von Unternehmen geht, beweist er außerordentliches Geschick, die Konkurrenz auszumanöverieren.“

In seinem Buch *Intuitive Management* berichtet Dr. Weston Agor über seine Untersuchungen der Ähnlichkeiten und Unterschiede im männlichen und weiblichen Managementstil. Dr. Agor testete mehr als zweitausend Manager im öffentlichen und privaten Sektor, um herauszufinden, wie weit sie sich auf intuitive oder rationale Managementmethoden stützten. Dabei stellte sich ein bedeutsamer Unterschied in dem von Männern und Frauen bevorzugten Stil heraus. Frauen bevorzugten mehr den intuitiven Stil, was auch die These bekräftigt, daß sie sich beim Lösen von Problemen mehr auf Intuition verlassen und diese Methode insgesamt zu einem integralen Teil ihres Managementstils machen.

Dr. Agors Ergebnisse offenbaren auch eine interessante Ähnlichkeit im Stil weiblicher Manager und dem von Männern in Spitzenpositionen. Obwohl Männer als Gruppe sich im allgemeinen weniger auf Intuition verlassen, bedienen sie sich vermehrt der Intuition, je höher sie in der Hierarchie aufsteigen. Dabei haben weibliche Manager und männliche Spitzenmanager vieles gemeinsam.[76] Doch die Mehrheit der getesteten Männer bevorzugt die traditionelle rationale Methode.

Die Rolle der Sozialisation

Worauf ist dieser von den meisten Männern und Frauen bevorzugte Unterschied des Stils zurückzuführen? Ohne Zweifel hat die gesellschaftliche Konditionierung dabei eine äußerst wichtige Rolle gespielt. Für die meisten vor dem Ende der sechziger Jahre aufgewachsenen Frauen galt weibliche Intuition als akzeptable, wenn auch unbegreifliche Facette der Art und Weise, wie sie erwartungsgemäß Probleme anpacken, Situationen analysieren und Entscheidungen treffen. Andererseits betonte das gesellschaftliche Drehbuch für Männer die Bedeutung rationellen, logischen Denkens und einer kühlen und unemotionalen Haltung. Mädchen und Knaben standen in der Vergangenheit unter erheblichem gesellschaftlichen Druck, diesen beiden sehr unterschiedlichen Formen der Problemlösung zu entsprechen. Ist es da verwunderlich, daß heute Frauen und Männer im Management verschiedene Stile anwenden? Vielleicht werden wir im Laufe der Zeit eine Abschwächung dieser Unterschiede erleben, wenn die Wirkung der Sozialisation infolge gewandelter gesellschaftlicher Erwartungen gegenüber beiden Geschlechtern sich ebenfalls ändert. Heute ist dies jedoch noch nicht der Fall, und wird es wohl auch sobald nicht sein.

Zum Einfluß der Sozialisation auf die Nutzung der Intuition bei Männern und Frauen erklärte Walter Blass, Leiter der Abteilung Strategisches Planen bei AT & T: *„Einige Manager, und ich schätze, es werden mehr Frauen als Männer sein, vertrauen bei ihren Entschei-*

dungen auf die eigene Intuition. Diese Leute pflegen zu sagen: ‚Ich weiß nicht, warum das so ist, doch habe ich einfach das Gefühl, es ist so.' Ich meine, Männer trauen ihrer eigenen Intuition hauptsächlich nicht, weil sie so konditioniert wurden, obgleich auch die Biologie etwas damit zu tun haben könnte."

Die Rolle der Biologie

Heute sprechen viele wissenschaftliche Belege dafür, daß auch biologische Unterschiede dafür verantwortlich sind, daß Männer und Frauen Informationen unterschiedlich verarbeiten und auf ihre Umwelt reagieren. Und zwar handelt es sich nicht nur um hormonale Unterschiede. Vielmehr scheinen auch angeborene Unterschiede in der Struktur und im Funktionieren des männlichen und des weiblichen Gehirns geschlechtsspezifische Verhaltensunterschiede hervorzurufen, die man früher nie verstanden hat.

So ist es beispielsweise eine seit langem nachgewiesene Tatsache, daß Frauen sich besser von Schlaganfällen erholen als Männer und nicht so leicht dauerhafte Gehirnschäden davontragen. Nunmehr scheinen Beweise verfügbar, die erklären können, warum das so ist. Sie besagen u. a., daß die Nervenfasern, die Informationen zwischen den beiden Gehirnhälften befördern, im weiblichen Gehirn fast 40 Prozent stärker sind als im männlichen. Nimmt man die Ergebnisse vieler anderer neurologischer Untersuchungen hinzu, dann läßt sich aus dieser Information schließen, daß das weibliche Gehirn weniger seitengewichtig ist als das männliche. Anders ausgedrückt: Jede Gehirnhemisphäre ist vielleicht in ihrer Funktion nicht so spezialisiert, weshalb das weibliche Gehirn besser imstande sein könnte, die Funktionen der Sprache und der visuell-räumlichen Analyse zu integrieren. Darauf könnte zumindest teilweise zurückzuführen sein, daß bei Frauen als Gruppe die intuitiven Fähigkeiten besser entwickelt sind als bei Männern, und daß Frauen sie auch häufiger beim Lösen von Problemen anwenden.

Die Johnson O'Connor Research Foundation, Inc., hat landesweit Tausende von Frauen und Männern getestet. Dabei zeigten die Frauen Überlegenheit bei mehreren natürlichen Begabungen, die auch bei effektivem Management von Bedeutung sind.[77] Vier davon stützen die These, einige der weiblichen intuitiven Fähigkeiten seien das Ergebnis naturgegebener, angeborener Unterschiede. Diese vier sind:

- **Ideenfreudigkeit,** das Tempo des Flusses von Ideen bei verbalen Diskussionen;
- **Silogramme,** die Fähigkeit, Assoziationen zwischen bekannten und unbekannten Worten herzustellen;
- **Beobachtung,** die Fähigkeit, kleine Veränderungen physischer Details wahrzunehmen; und
- **abstraktes Visualisieren,** die Fähigkeit zum Befassen mit abstrakten Problemen, Ideen und Prinzipien.

Sollte die weibliche Bevorzugung intuitiven Denkens auf biologischen wie auf gesellschaftlichen Ursachen beruhen, könnte das erklären, warum es einigen Managern schwerfällt, diese nicht-rationale Haltung bei der Lösung von Problemen zu verstehen.

In vielen Organisationen scheint man sich mittlerweile auf eine ausgewogenere Haltung gegenüber Methoden zum Lösen von Problemen einzustellen, auf eine, die sich sowohl rationaler wie intuitiver Daten bedient. Doch beharren einige traditionelle Manager immer noch auf ihrer erheblichen Skepsis gegenüber dem Wert intuitiven Denkens. Da viele von ihnen sich bisher ausschließlich auf ihre Fähigkeit verlassen haben, Probleme logisch und rational zu lösen und ihr persönliches intuitives Denken nicht entwickelt haben, können sie auch die Wirkung intuitiven Denkens und seine erfolgreiche Nutzung nicht begreifen. Und doch wächst der Bedarf an solch nichttraditionellen Methoden in dem Maße, in dem auch die Komplexität und das Verlangen nach Innovationen in den Firmen zunimmt.

Intuition am Werk

Sandra Meyer von American Express beschreibt ihren persönlichen Managementstil und die Ausgewogenheit, die sie hinsichtlich der rationalen und der intuitiven Methode des Problemlösens gefunden zu haben meint. *„Ich halte mich für einen kreativen Menschen. Man sagt von mir, ich sei sehr analytisch; meines Erachtens kombiniere ich analytisches mit kreativem Denken. Ich bin seit 1957 tätig. Deshalb ist vieles, was intuitiv erscheinen mag, mehr darauf zurückzuführen, daß ich es schon ein dutzendmal getan habe – und auch weiß, wie es sich auswirken wird."*

Einige Unternehmen bieten ihren Mitarbeitern Seminare über Innovation und kreatives Problemlösen an, um bei ihren Managern größeres Gewahrsein zu entwickeln und Fähigkeiten zu kreativem Lösen von Problemen zu beleben. Das ist jedoch ein langsamer Prozeß. Andere Unternehmen erkennen inzwischen die Begabungen weiblicher Führungskräfte für intuitive Problemlösungen an. Dort werden sie nun genutzt, um den Weg der Organisation ins intuitive Zeitalter zu beschleunigen. In vielen Organisationen macht sich das bereits bemerkbar, und die komplementäre Natur der von Männern und Frauen zur Lösung von Problemen eingesetzten Methoden tritt stärker in Erscheinung.

Ruth Downing Karp ist Leitende Vizepräsidentin und Leiterin der kreativen Abteilung bei J. Walter Thompson, einer der bedeutendsten Werbeagenturen des Landes. Sie sagt: *„Männer wollen stets die Richtung bestimmen und erwarten, daß man ihnen dabei folgt. Doch haben die einzelnen Menschen ihre persönliche gefühlsmäßige Dynamik und können deshalb negativ auf diese Methode reagieren. Eine Frau ist dagegen imstande, den Typ der Person, mit der sie zu tun hat, instinktiv zu erfassen. Daher ist sie auch eher in der Lage, diese Person zu motivieren. Viele kreative Personen in dieser Branche, die Persönlichkeitsprobleme oder grundsätzliche Schwierigkeiten in ihren Beziehungen zu anderen Menschen haben, blühen oft richtig auf, wenn sie* *für eine Frau arbeiten. Ich erinnere mich mehrerer spezifischer Fälle, in denen weibliche Manager toleranter waren, ihren Untergebenen ein positives kreatives Umfeld schaffen konnten, was sie sehr viel erfolgreicher machte.“*

Anders als gewisse weibliche Charakterzüge, die bei den meisten Männern weniger entwickelt scheinen, ist Intuition eine Fähigkeit, die einige männliche Manager ebenfalls gelernt haben, wirksam zu nutzen. Es wird zwar nicht oft in der Öffentlichkeit erwähnt, doch scheinen einige Manager sich durchaus auf ihre intuitiven Fähigkeiten zu verlassen. Interessanterweise äußern sich auch weibliche Manager zu diesem Thema. So erklärte Dr. Janice Jones von der Firma Chartwell & Company in Los Angeles: *„Ich glaube, Männer bedienen sich sehr viel mehr ihrer Intuition, als sie zugeben. Viele meiner männlichen Mitarbeiter sprechen von einem ‚Gespür‘ oder einem ‚Gefühl‘, das sie in dieser oder jener Angelegenheit haben. Ich selbst weiß, daß ich mich auf Intuition verlasse, wenn ich finanzielle Geschäfte abschließe. Ich habe mein Geld in Projekte gesteckt, weil ich fühlte, sie würden Erfolg haben, und sie hatten es. Dagegen schlugen andere Geschäfte, bei denen ich lange und anstrengend nachgedacht hatte, nicht so gut ein. Ich kenne viele Männer, die aufgrund von Intuition entscheiden. Einige der größten Unternehmer packen ihre Geschäfte aufgrund von Ahnungen an, manche befragen sogar die Sterne oder Hellseher. Aber natürlich reden sie nicht darüber. Es wäre das Letzte, von dem sie wünschten, daß es allgemein bekannt würde.“*

Das Image des erfolgreichen amerikanischen Topmanagers war lange Zeit das eines betont rational denkenden Mannes, der in Krisenzeiten kühl bleibt und eher aufgrund von Fakten als von Gefühlen entscheidet. Nun scheint es, daß dieses Image mit den heutigen Bedürfnissen nicht nur nicht synchron ist, sondern es könnte auch ein falsches Bild davon geben, wie viele erfolgreiche männliche Manager tatsächlich arbeiten. Zwar fühlt sich eher eine größere Anzahl weiblicher Manager auf jeder Ebene frei genug, ihre intuitiven Fähigkeiten einzusetzen, doch haben einige männliche Topmanager offensichtlich schon immer so gehandelt. Mit anderen Worten: Intuition als ein Schlüsselelement für den Erfolg von Managern scheint gar nicht neu zu sein, heute wird nur mehr darüber gesprochen.

Jill Considine von The First Women's Bank äußerte sich darüber, wie sie bei wichtigen Managemententscheidungen ihre Intuition einsetzt. Zum Vergleich ihres Stils mit dem vieler männlicher Manager, mit denen sie zusammengearbeitet hat, sagte sie: „*Ich halte mich für sehr intuitiv. Nach meiner Erfahrung gehen auch einige Männer Probleme auf diese Weise an, andere jedoch ganz anders. Im allgemeinen vertrauten die Männer, mit denen ich gearbeitet habe, sehr wenig ihren intuitiven Fähigkeiten. Damit will ich nicht sagen, ihr Vertrauen wäre nicht ebenso gut oder besser als meines gewesen. Sie wollten es aber lieber ganz genau haben, daß eins plus zwei drei ergibt, und das dann immer wieder beweisen. Vielleicht fällt darum Mathematik den meisten Männern leichter – weil das etwas ist, was man beweisen kann. Intuitivität scheint eher etwas von einem anheimelnden, behaglichen Gefühl für Frauen an sich zu haben.*"

Auch Deborah Fields hat die Unterschiede zwischen der männlichen und der weiblichen Methode erkannt. „*Viele Männer, darunter auch mein Mann Randy, gehen beim Lösen von Problemen ganz anders vor. Was mir dabei hilft, ist ziemlich unkonventionell. Ich nutze meine Intuition und meine Empfindungen, weil ich glaube, damit etwas zu nutzen, was ein Teil von mir ist. Auch Männer sind emotional, doch nutzen sie ihre Gefühle nicht. Die meisten geben zwar zu, daß Emotionen und Intuitionen eine gute Sache sind, doch hat man sie ihr Leben lang gelehrt, sich auf andere Dinge zu verlassen. An den Wirtschaftshochschulen haben sie gelernt, analytisch vorzugehen – was sich sehr von meinem eigenen Managementstil unterscheidet.*"

Eine Quelle kreativer Lösungen

Die Nachfrage nach Innovationen verstärkt sich in direktem Verhältnis zum Wettbewerbsdruck aus dem Auslande. Das bedeutet für amerikanische Manager eine wachsende Herausforderung, auf nichttraditionelle Weise zu denken, um kreative Lösungen für viele Probleme zu entwickeln. Angesichts des beschleunigten Wandels werden intuitive Methoden zu einem entscheidenden Faktor. Das gilt ganz besonders für den Sektor finanzielle Dienstleistungen, in dem die Aufhebung staatlicher Regelungen einen bedeutenden strategischen Wandel in Gang gebracht hat. Nach Marilyn Barnewall, Präsidentin der MacGruder Company, einer Consultingfirma für Finanzfragen in Colorado, wird dieser Bedarf in Zukunft noch wachsen. Zu den Auswirkungen des Wandels auf diesen Wirtschaftszweig und zur wachsenden Nachfrage nach intuitiven Fähigkeiten beim Management sagte sie: *„Das Bankwesen und die ganze Volkswirtschaft ändern sich auffallend. Wer sich beim Blick in die Zukunft nicht auf Intuition verläßt und nicht imstande ist, die Dinge so zu sehen, wie sie vielleicht sein könnten, statt so, wie sie einmal waren, der ist wirklich im Nachteil. Meines Erachtens sind Frauen darauf konditioniert, sich beim Blick in die Zukunft mehr auf ihre Intuition zu verlassen. Auch einige Männer, jedoch nur wenige, haben gelernt, die Dinge ebenfalls so zu sehen. Zu den Erfolgen der Frauenbewegung gehört auch, daß Männer in zunehmendem Maße ihre eigenen intuitiven Fähigkeiten akzeptieren, so daß wir heute bei einigen von ihnen größere Toleranz und Akzeptanz der Intuition antreffen. Leider verlieren einige weibliche Manager ihre intuitive Vorrangstellung, weil sie versuchen, die Männer durch Verlangen nach mehr Ziffern und Fakten zu imitieren."*

Zu der wichtigen Rolle der Intuition bei erfolgreicher langfristiger Planung erklärte der männliche Planungsdirektor einer bedeutenden Kommunikationsgesellschaft: *„Jüngst hatte ich viel mit einer Strategiegruppe zu tun, deren Arbeit davon abhing, ‚ganzheitlich' (holistisch) zu denken. Es kam unter anderem darauf an, etwas aufzuspü-*

ren, das in etwa relevant ist, ohne imstande zu sein, es in einem ganz und gar rationalen Vorgang zu artikulieren, der das Ganze abwürgt. Vielleicht müssen Männer einige ihrer erlernten Verhaltensmuster wieder ablegen. Frauen gelangen müheloser in eine intuitive Verhaltensphase."

In einem Artikel der Zeitschrift *Psychology Today* werden die Forschungsarbeiten von Dr. Arthur Reber vom Brooklyn College beschrieben. Danach besitzen die Menschen *„eine Fähigkeit zu wissen, was sie in komplizierten Situationen tun müssen, ohne genau erklären zu können, wie sie das wissen."* Obwohl diese Fähigkeit unbewußt ist, ermöglicht sie uns die Erledigung höchst komplexer Aufgaben, und *„wenn es sich um ungewöhnlich subtile Aufgaben handelt, haben Personen, die den einzuschlagenden Weg ‚erfühlen' oder intuitiv erfassen, einen Wettbewerbsvorteil gegenüber denen, die ganz bewußt versuchen, das Ziel allein durch angestrengtes Nachdenken zu erreichen"*.[78]

Der Wert nichttraditionellen Denkens

Einige Analysten mögen zwar argumentieren, Intuition sei eine artspezifische Fähigkeit, die Männern und Frauen gleichermaßen gegeben ist. Dennoch hat sich jede Gruppe entschieden, diese Fähigkeit unterschiedlich zu nutzen. Die Unterschiede werden im Laufe der Zeit wohl geringer werden. Ebenso wahrscheinlich wird der Bedarf an intuitiven Fähigkeiten schneller wachsen. Bei der Entwicklung nichttraditioneller Methoden für Problemlösungen existieren heute Chancen, den Input und das Sachwissen weiblicher Manager vermehrt zu nutzen. Es wird jedoch nicht leicht sein, die Unternehmenskultur in Richtung kreativerer Methoden zu verändern. Würde man es jedoch ganz unterlassen, wären die Folgen verheerend. Das sich beschleunigende Tempo des Wandels erfordert eine sofortige Reaktion.

Die Vorstellung, daß intuitive weibliche Methoden dem Unternehmen helfen können, komplexe Probleme zu lösen, mag vielen Managern nicht leichtfallen. Wer die Vorteile wirklich erkennen will, muß den konventionellen, rationalen Rahmen verlassen. Die Einsicht, daß eine ausgewogenere und stärker auch die Gefühle berücksichtigende Methode die Kreativität fördern und die Qualität vieler Managemententscheidungen verbessern würde, erfordert einen intuitiven Sprung im Denken. Es ist eine Ironie der Entwicklung, daß die Organisationen zu einer Zeit, in der das Vertrauen in die Logik zu einem festen Bestandteil ihrer Lebensart geworden ist, nunmehr beginnen müssen, die Notwendigkeit des Wandels intuitiv zu erkennen. Jetzt müssen sie plötzlich lernen, persönlichen Ahnungen zu vertrauen und mehr auf die Meinung ihrer intuitiven Manager zu hören. Strategie und analytische Methoden reichen nicht mehr aus. In dieser Ära stetigen Wandels und volkswirtschaftlicher Ungewißheit verlangt es die Klugheit von den Managern, auf ihr Herz und ihre Gefühle ebenso zu hören wie auf ihren Verstand.

Kapitel 11
Das Managen von Vielfalt, Streß und beschränkten Mitteln

Weibliche Manager erhielten erst Ende der sechziger Jahre eine akzeptierte Präsenz in vielen Organisationen. Vor diesem Zeitpunkt gab es eine Flut von fast mythischen Aussagen über ihr Verhalten und ihre vielfältigen angeblichen Eigenschaften. Dazu gehörte die weitverbreitete Meinung, Frauen seien von Details geradezu besessen und befaßten sich so eingehend mit den belanglosesten Problemen des alltäglichen Geschäfts, daß sie die wirklich wichtigen gar nicht wahrnehmen. Mehr noch – ihre übertriebene Beachtung belangloser Kleinigkeiten veranlaßte sie angeblich, sich wie „Erbsenzähler" zu benehmen, die ständig auf ihren Untergebenen herumhacken.

Da vor Beginn der siebziger Jahre nur wenige Frauen Managementposten innehatten, waren diese Märchen schwer zu widerlegen. Im großen und ganzen hatten diejenigen, die so urteilten, wenig oder gar keinen Kontakt mit Frauen im Unternehmen. Und doch, obwohl nur wenige Angestellte tatsächliche Erfahrungen mit der Arbeit für weibliche Vorgesetzte hatten, hielten sich bei den meisten vorgefaßte Ideen darüber, wie das wohl sein würde.

Wie ist es, unter einer Frau zu arbeiten?

Die Macht vorgefaßter Meinungen wurde mir im Jahre 1974 anläßlich eines von mir geleiteten Fortbildungsseminars für Manager demonstriert. Im Mittelpunkt des Programms stand die sich wandelnde Rolle von Männern und Frauen in Organisationen. Als Vorbereitung wurden fünfzig Teilnehmer gebeten, eine Serie von vier kurzen Interviews mit Kollegen zu führen. Eine der dabei zu stellenden Fragen lautete: *„Wenn es darum geht, für einen Mann oder eine*

Frau zu arbeiten – hätten Sie da eine Präferenz? Wenn ja – für wen würden Sie lieber arbeiten und warum?"

Am ersten Tage des Seminars wurde die Gruppe gebeten, kurz über ihre Ergebnisse Bericht zu erstatten. Zur Überraschung vieler ergaben die Daten eine starke Bevorzugung männlicher Führung bei Männern und Frauen, die noch nie für eine Frau gearbeitet hatten. Als Erklärung dafür gaben viele der Befragten zu Protokoll: „... weil Frauen zu pingelig sind". Interessanterweise gab es keine Präferenzen bei Männern und Frauen, die für Manager beiderlei Geschlechts gearbeitet hatten. Einige Befragte verwiesen sogar darauf, ihre weiblichen Vorgesetzten seien „gut organisiert" und aufgeschlossen gewesen.

Bei den Interviews stellte sich heraus, daß Angestellte, die schon für Frauen gearbeitet hatten, sich dem Gedanken weiblicher Führung weitaus weniger widersetzten als jene, die keine praktische Erfahrung damit hatten und sich am schärfsten ablehnend äußerten. Bemerkenswert ist auch, daß dieser Trend in den Interviewdaten während der folgenden Jahre, in denen dieses Seminar mehrfach wiederholt wurde, durchaus gleich blieb.

Seit jener Zeit haben Zehntausende aus praktischer Erfahrung gelernt, daß weibliche Manager sehr wohl den „Wald als auch die Bäume" sehen. Mehr noch – vieles spricht dafür, daß Frauen gar nicht „zu pingelig", sondern nur viel eher gewillt und befähigt sind, eine Vielfalt großer und kleiner Aufgaben gleichzeitig zu bewältigen. Diese Fähigkeit, mehrere Dinge gleichzeitig anzupacken – ohne zu ignorieren, was in bestimmten einzelnen Bereichen geschieht –, scheint weibliche Manager ganz besonders auszuzeichnen.

Von Untergebenen und männlichen Kollegen hört man häufig, Frauen könnten die unterschiedlichsten Aufgaben sehr geschickt meistern. Der Vizepräsident einer großen kalifornischen Firma der Unterhaltungsindustrie erklärte mir: *„Frauen sind hartnäckig. De-*

tails vergessen sie nicht so leicht wie viele von uns Männern. Manchmal bin ich richtiggehend verblüfft, mit wieviel Bällen sie gleichzeitig jonglieren können.

So habe ich zum Beispiel eine persönliche Assistentin, die ganz besonders befähigt ist, auch den kleinsten Vorgängen auf der Spur zu bleiben. Die Männer, die vor ihr diesen Job ausübten, haßten ihn und regten sich über die Details auf. Letzten Endes delegierten sie ohnehin alles an andere Angestellte – wobei dann oft wichtige Dinge für immer versackten . . .

Sie ist da ganz anders, läßt sich von kniffeligen Einzelheiten nicht nervös machen und hat offensichtlich alles fest im Griff. Das hängt wohl mit der Art unserer Erziehung zusammen. Frauen achten auf Kleinigkeiten mehr als die meisten Männer. Das Kleinzeug macht sie nicht verrückt. Ich weiß, daß ich selbst das nie könnte."

Viele Einzelheiten stets im Kopf zu behalten – das ist ein wichtiger Teil wirksamen Managens der Vielfalt. Da man oft feststellen kann, wie leicht Frauen das fällt, stellt sich die Frage, wie ihre Methode der Bewältigung diverser Aufgaben sich von der traditioneller Manager unterscheidet. Sehen wir uns die Sachlage einmal genauer an.

Komplexität bedeutet Streß

Es besteht kein Zweifel daran, daß der schnelle Wandel und die zunehmende Komplexität des Wirtschaftslebens dem modernen Manager immer mehr Streßsituationen bescheren. Natürlich leidet jedes Individuum recht unterschiedlich unter Streß. Doch spricht einiges dafür, daß es auch geschlechtsspezifische Reaktionen auf anhaltende Streßsituationen gibt. Wissenschaftlich belegt ist, daß Frauen über einen angeborenen hormonalen Schutz verfügen, der sie chronischen Streß mit weniger negativen physiologischen Konsequenzen ertragen läßt. Die weniger extremen weiblichen Reaktionen scheinen mit der offensichtlichen Fähigkeit weiblicher Manager zusammenzuhängen, Vielfalt leichter zu managen als viele ihrer männlichen Kollegen.

Dazu sagt Dr. Estelle Ramey von der Medizinischen Fakultät der Georgetown University: *„Physiologisch erleiden Frauen durch Streß weniger Schaden als Männer. Deshalb leben sie auch länger. In ihr Blut wird auch nicht so viel Adrenalin ausgeschüttet, was sich recht interessant auf ihr Verhalten auswirkt. Fühlt der Mann sich bedroht und schüttet daraufhin mehr Adrenalin aus, dann verstärkt sich seine Schwelle von Reizbarkeit und Angst. Bei Frauen in Streßzuständen ist das nicht im gleichen Maße der Fall, weil dafür das (männliche) Hormon Testosteron verantwortlich ist."*

Die hormonale Struktur ist jedoch nicht der einzige biologische Unterschied, der das Managen von Streß und Vielfalt beeinflußt. Auch die jüngst entdeckten Beweise für Unterschiede im Aufbau des männlichen und des weiblichen Gehirns scheinen darauf Einfluß zu haben. Dazu schreibt Dr. Ramey: *„Für das Managen von Vielfalt scheinen Frauen wegen ihrer hormonalen Struktur ideal geeignet zu sein. Auch die Organisation des weiblichen Gehirns kann hierbei eine Rolle spielen. Neurologen haben berechnet, daß bei Frauen etwa vierzig Prozent mehr Nervenfasern zwischen beiden Gehirnhälften verlaufen."*

Natürlich ist es schwierig, die Rolle der Gesellschaft und die des Gehirns bei Entstehung der Verhaltensweisen genau zu trennen. Doch sieht es so aus, als sei das weibliche Gehirn viel besser in der Lage, mehrere Probleme gleichzeitig mit weniger Schwierigkeiten zu bewältigen. Tatsächlich gilt schon seit längerem als Tatsache, daß Frauen schneller von einer Sache zu einer anderen umschalten können. Steigenden Blutdruck reduzieren sie leichter dank einer hormonalen Struktur, die entspannende Faktoren freisetzt. Außerdem kann ihr Gehirn Informationen zwischen den beiden Hemisphären nach Belieben hin und her transportieren – und zwar emotionale wie rationale Informationen, die dazu beitragen, Probleme zu lösen und viele Aufgaben gleichzeitig zu managen.

Auf Bewältigung von Streß konditioniert

Wie auch bei anderen Verhaltensunterschieden beider Geschlechter spielt die Sozialisation beim Entstehen weiblicher Managementmethoden eine wichtige Rolle. Viele erfolgreiche Frauen berichten, sie hätten sich diese Fähigkeit schon in ihrer Kindheit angeeignet, als sie beobachteten, wie ihre Mütter die komplexen Aufgaben meisterten, die sie selbst eines Tages würden übernehmen müssen. In diesem Zusammenhang berichtet Stephanie Solien, Geschäftsführerin des Women's Campaign Fund in Washington, D.C., wie sie als junges Mädchen die Bedeutung organistorischer Fähigkeit zu erlernen begann. *„Während meiner Jugend beobachtete ich meine Mutter, die eine berufliche Laufbahn bewältigte und zugleich den Haushalt führte. Dabei habe ich wohl eine Menge gelernt, wie man viele Dinge gleichzeitig tut und wie man organisiert. Von Knaben wird nicht so oft verlangt, im Haushalt mitzuhelfen. Sie tragen daher nicht schon so früh Verantwortung und entwickeln keine organisatorischen Fähigkeiten. Doch scheint sich das hier und da zu ändern."*

Bei ihrer Tätigkeit für mehrere größere Organisationen im ganzen Lande hat Edith Whitfield Seashore, eine erfolgreiche Organisationsberaterin mit Sitz in Washington, D.C., ebenfalls Unterschiede zwischen Männern und Frauen bei der Erledigung vielfältiger Aufgaben beobachtet. Nach ihrer Erfahrung pflegen Männer die einzelnen Dinge nacheinander zu bearbeiten, während Frauen sich anscheinend wohler fühlen, wenn sie sich mit verschiedenen Angelegenheiten gleichzeitig beschäftigen können. *„Manchmal habe ich beobachtet, wie Männer sich so sehr auf eine einzelne Sache konzentrierten, daß sie nichts anderes um sich herum mehr wahrnahmen. Versucht man in solchen Augenblicken das Thema zu wechseln, dann verlieren sie die Orientierung. Auch Frauen konzentrieren sich auf eine Aufgabe, haben jedoch auch noch andere Dinge im Kopf, mit denen sie sich gleichzeitig beschäftigen können. Es fasziniert mich manchmal zu sehen, wie viele Dinge sie gleichzeitig erledigen.*

Einige Beobachter werten das als weibliche Flüchtigkeit. Meines Erachtens ist es aber eine echte Begabung, wenn man sich mit verschiedenen Angelegenheiten befassen kann, ohne dadurch die Konzentration auf ein bestimmtes Thema zu verlieren . . .

Ich habe so eine Ahnung, daß es die Art ihrer Sozialisation ist, die Frauen gegenüber ihrer Umwelt wachsamer sein läßt, weil sie immer noch für viele familiäre und berufliche Aufgaben verantwortlich sind. Frauen insgesamt scheinen besser in der Lage zu sein, Zusammenhänge zwischen getrennten Elementen zu erkennen. Sie sehen die Verknüpfung zwischen Dingen, Handlungen und Menschen klarer als Männer.“

Freien Lauf den Gefühlen

Das Erkennen von Zusammenhängen zwischen getrennten Elementen ist eine Fähigkeit, die vielen berufstätigen Frauen für das Überleben in der heutigen Welt mit ihren mannigfaltigen Anforderungen wesentlich erscheint. Als Ehefrauen, Mütter und erfolgreiche Managerinnen müssen sie oft mit einer Vielfalt widersprüchlicher Forderungen an ihre Zeit und ihre persönliche Loyalität jonglieren. Eine Methode zum Abbau des Stresses, der solche Anforderungen oft begleitet, besteht darin, den Gefühlen freien Lauf zu lassen. Damit schaffen Frauen sich ein Ventil, um in Streßsituationen einen großen Teil der angestauten Spannung und Sorge abzubauen. Zwar bringt das nur vorübergehend Entlastung; diese reicht jedoch meist aus, den Geist zu befreien und alle Energien wieder auf bestimmte Aufgaben zu konzentrieren.

Männer haben diese Möglichkeit oft nicht. Auf Streß reagieren sie daher durch Nichtbeachten der gefühlsmäßigen Signale. Statt gegenüber sich selbst und anderen zuzugeben, daß sie unter erheblichem Streß arbeiten, unterdrücken sie ihre Gefühle und machen stur weiter – wie man es sie gelehrt hat. Der Teilhaber einer bedeutenden Anwaltskanzlei in Dallas bemerkte hierzu: *„Das Eingeständnis, unter Streß zu stehen, gilt als unmännlich. Würde einer der Anwälte hier mit Magengeschwüren oder einem anderen typischen Signal für Streß auftreten, bezweifle ich sehr, daß er jemals als Partner in Frage käme.*

Die meisten Männer wurden erzogen, an die alte Redensart zu glauben, ‚Wenn die laufenden Geschäfte hart werden, dann machen wir das Harte zum laufenden Geschäft'. Man erwartet von uns, daß wir uns durch nichts unterkriegen lassen. Tun wir es doch, dann haben wir versagt und entsprechen nicht der Erwartung der Gesellschaft, harte Führungspersönlichkeiten zu sein, versagen übrigens auch gegenüber unseren ganz persönlichen Erwartungen."

Bei ihrem Versuch, dem maskulinen Ideal gerecht zu werden, entdecken viele Männer, wie schwierig es ist, ständig die starke Persönlichkeit zu spielen, die Verantwortung trägt und frei von Gefühlen ist. Diese Rolle macht es ihnen sogar unmöglich, nach Ventilen für die Spannungen zu suchen, um negative Auswirkungen von chronischem Streß zu verringern.

Da immer mehr Frauen Managementposten übernehmen und die Akzeptanz ihres weiblichen Führungsstils wächst, werden Männer künftig eher bereit sein, ihre Gefühle einzugestehen und anderen ihre Sorgen anzuvertrauen. Inzwischen müssen sie lernen, es zu akzeptieren, wenn weibliche Kollegen als gesunde Reaktion auf Streß ihren Gefühlen freien Lauf lassen. Auch wenn es so aussehen mag, als könnten Frauen sich nicht beherrschen, so ist das für viele von ihnen ein nützliches Mittel, sich Luft zu schaffen.

„Gelegentlich muß ich Dampf ablassen", erklärte die Präsidentin einer großen Ladenkette für modisches Zubehör. *„Ich erwarte dann jedoch nicht, daß mein Chef kommt und das Problem für mich erledigt. Ich möchte nur, daß er sich meine Klagen anhört, und brauche nichts weiter als ein wenig Sympathie und Unterstützung – keine Rettungsak-*

tion. Sobald ich meine Gefühle losgeworden bin, kann ich mich wieder selbst um mein Problem kümmern."

Organisatorische Fähigkeiten

Wie wichtig Planung und Organisation zur Erledigung komplexer und vielfältiger Aufgaben sind, wissen Frauen ganz genau. Niemand benötigt mehr Organisation als berufstätige Mütter mit erfolgreichen und anspruchsvollen Karrieren. Die an sie als Eltern und Berufstätige gestellten Anforderungen haben diese Frauen gezwungen, ihre Zeit effizient zu organisieren. Dr. Lynn Offerman von der Georgetown University schreibt in einer wissenschaftlichen Studie: *„Frauen bedienen sich gewisser Techniken von Zeitmanagement. Sie führen tägliche Terminkalender über die zu erledigenden Aufgaben, organisieren die einzelnen Aufgaben nach Prioritäten und terminieren die wichtigen auf eine Zeit, zu der sie sich am leistungsfähigsten fühlen. Sie tun das beständiger als Männer."*

Bei einer Konferenz der Eastern Psychological Association sagte Dr. Offerman über ihre Forschungsergebnisse: *„Frauen erledigen einen großen Teil ihrer Haushaltsfunktionen und der Kindererziehung zusätzlich zu ihren beruflichen Aufgaben, weshalb sie Zeit hervorragend managen können."*[79]

Über ihre persönliche Situation als Geschäftsführerin der internationalen Personalberatungsfirma Rossell Reynolds sagt Alice Earley: *„Die besonders erfolgreichen Frauen dieser Firma waren auch besser organisiert, vielleicht weil wir alle auch noch eine Familie zu betreuen haben. So in dem Stil ‚Ich muß unbedingt das Flugzeug nach . . . erwischen, vor dem Abflug aber noch den Klempner bestellen und das Abendessen für die Kinder vorbereiten'."*

Wer multiple Rollen managen will, muß Details sorgfältig beachten. Hierzu sagt Julia Goggin, leitende Managerin beim Banking Trust:

„Frauen achten auch beim Managen sehr auf Einzelheiten. Wahrscheinlich tun sie das, weil sie vielerlei vorausplanen müssen – Mahlzeiten für die Familie, Impfung der Kinder, Versammlungen der Vereine, denen sie angehören. Sie sind grundsätzlich praktisch und zukunftsorientiert.“ Zwar werden die Rollen des Vaters, Ehemannes und Managers in unserer Gesellschaft ebenfalls fortentwickelt, doch sind sie noch nicht die wahren Gegenstücke zu den Rollen Mutter, Ehefrau und Managerin. Immer noch tragen berufstätige Mütter die Hauptlast der Betreuung der Kinder, müssen sie mehr Anforderungen und Verantwortung in unserer Gesellschaft bewältigen als alle anderen Bevölkerungsgruppen. Niemand, der jemals beobachtet hat, wie ein weiblicher Manager mit kleinen Kindern zu Hause die tägliche Routine in den Griff bekommt, kann wohl die komplizierte Planung und die rastlose Energie vergessen, deren es bedarf, um die täglichen Details von Familienhaushalt und beruflicher Laufbahn zu meistern. Man spricht hier oft von „Superfrauen“, und selbst diese Bewertung klingt noch bescheiden angesichts der vielen Rollen, die diese Frauen spielen müssen.

Die Superfrau

In mancher Hinsicht wurde die Rolle der Superfrau den berufstätigen Frauen von der Gesellschaft auf unfaire Weise auferlegt, selbst wenn führende Rollen im Management einer Frau viel Befriedigung und Belohnung verschaffen. Genau genommen wurde die Notwendigkeit, zur Superfrau zu werden, von drei zusammenhängenden Phänomenen bewirkt. An erster, negativer Stelle steht die riesige Lücke zwischen Bedarf und Verfügbarkeit institutionalisierter Betreuung von Kindern berufstätiger Eltern. Muriel Fox von der Firma Carl Byoir & Associates sagt dazu: *„Wir leben immer noch in einer Gesellschaft, die an die Frau größere Anforderungen stellt als an den Mann. Eine berufstätige Frau bewältigt zwanzig Stunden Hausarbeit, ihr Ehemann nur dreißig Minuten. Kommt dann noch die Betreuung der Kinder hinzu, wird das Leben für die Frauen nochmals um vie-*

les härter, da die Gesellschaft das Problem einer ordentlichen Kinderbetreuung erst noch lösen muß . . . Frauen in leitenden Managementpositionen müssen oft ihren Schlaf und ihre Freizeit opfern, um als Mütter wie als Berufstätige erfolgreich zu sein.“

Ein weiterer negativer Faktor ist das Zögern vieler Organisationen, es beiden Elternteilen zu ermöglichen, die Fürsorge für die Kinder untereinander gut aufzuteilen. Viele Unternehmen gewähren zwar bereits Vaterschaftsurlaub. Doch gibt es nur wenige, in denen ein Manager nicht auf Unverständnis stoßen würde, wenn er Freizeit beanspruchen wollte, um sich zu Hause um sein krankes Kind zu kümmern. Ein längerer Urlaub für Männer zur Betreuung von Kindern findet in den Organisationen praktisch überhaupt keine Unterstützung.

Der Teilhaber einer großen Firma in Chicago, die leitende Angestellte vermittelt, sagte hierzu: *„Meines Wissens haben wir noch nie einen Manager vermittelt, der eine Stellung suchte, nachdem er sich zum Zweck der Kindererziehung hatte beurlauben lassen. Diesen Fall mag es hier und da geben, doch würden viele unserer Klienten ganz sicher sehr indiskrete Fragen über diese Person stellen. Die Vorurteile sind da noch keineswegs ausgeräumt.“*

Positiv zu bewerten ist, daß die Rolle der Superfrau ihre Belohnung in sich selbst findet. Die Bedeutung des Berufs hat zwar im Leben vieler weiblicher Manager an Gewicht gewonnen, die von Heim und Familie dabei jedoch nicht verdrängt. Im Gegenteil. Viele Frauen sind der Ansicht, ihre berufliche Karriere habe ihr Privatleben und die Qualität ihrer Beziehungen zur Familie und zu Freunden noch gefördert. Denn die Bewältigung multipler Rollen stellt nicht nur große Anforderungen; sie bietet auch Herausforderungen und Befriedigungen im Beruf wie im Familienleben.

Typisch für die Empfindungen vieler Frauen, die ein Gleichgewicht zwischen den Anforderungen der beruflichen Karriere und denen der Kindererziehung gefunden haben, ist folgende Äußerung: *„Nach der Geburt meines ersten Kindes habe ich eine zweijährige Pause in meinem Beruf eingelegt. Als dann jedoch das jüngste kam, brauchten wir das Einkommen dringend, so daß ich gleich danach wieder voll gearbeitet habe. Zweifellos habe ich jetzt weniger Zeit für die Familie, doch hat die Arbeit meinem Leben ein neues interessantes Element hinzugefügt. Es ist gewiß schwierig, einen Haushalt mit zwei lebhaften Kindern zu führen und sich auch weiterhin voll dem Beruf zu widmen. Andererseits ist es eine echte Herausforderung, die mir die Möglichkeit gibt, alle meine Fähigkeiten einzusetzen. Und ich glaube, daß auch meine Kinder das mögen."*

Positive Wirkung auf die Gesundheit

Vieles spricht auch für einen Zusammenhang zwischen guter Gesundheit und der Bewältigung multipler Rollen. In ihrer Studie *„Die sozialen Rollen der Frau und die Gesundheit"* schreibt Dr. Lois Verbrugge von der University of Michigan: *„Es ist allgemein üblich, die negativen Aspekte multipler Rollen hervorzuheben, vor allem, wenn sie Überlastung und Rollenkonflikte verursachen können. Die Überlastung entsteht durch zu viele Anforderungen zur gleichen Zeit. Konflikte ergeben sich aus unvereinbaren Erwartungen hinsichtlich der verschiedenen Rollen.*

Trifft das zu, dann müßte man Überlastung und negative Konsequenzen für die Gesundheit erwarten, wenn eine Person mehrere Rollen spielen muß . . . Doch können multiple Rollen auch zum Nutzen der Gesundheit sein. Menschen mit mehreren Rollen erhalten mehr Privilegien, Sicherheit und Einkommen. Sie lernen, ihre Zeit gut einzuteilen, und ihre größere gesellschaftliche Verflechtung und Leistung schafft ihnen Befriedigung." [80]

Auch wenn es negative Folgen gibt für berufstätige Frauen, die ohne adäquate Unterstützung durch Familie, Arbeitgeber und Gemeinschaft multiple Rollen spielen müssen, scheinen diese sich jedoch segensreich für die Gesundheit der Frau auszuwirken, der Unterstützung gegeben wird. In der Studie von Dr. Verbrugge heißt es: *„Je mehr Rollen Frauen spielen müssen, desto besser ist ihre Gesundheit. Frauen mit drei Hauptrollen (Beruf, Ehe, Mutter) sind in der Regel die gesündesten und nehmen am wenigsten Krankenurlaub. Es hat den Anschein, als wirkten die multiplen Rollen sich in der Addition positiv aus.“*[81]

In Gesprächen über das Managen multipler Rollen zitieren Frauen oft die Bedeutung von Planung, Organisation und Beachtung von Details als entscheidende Faktoren. In der Regel haben Frauen zu dem Zeitpunkt, an dem sie in die Chefetage einziehen, gerade in diesen Fähigkeiten viel praktische Erfahrung gesammelt. Doch hängt ihre Befähigung zum Managen multipler Rollen auch mit einem anderen grundsätzlichen Unterschied der Perspektive zusammen. Sie betrifft die Anschauung, die viele weibliche Manager von den Grenzen zwischen ihrer beruflichen Laufbahn und ihrem persönlichen Leben haben. Hier zeigt sich erneut ein bemerkenswerter Unterschied zwischen weiblichen und traditionellen Managern, wenn es darum geht, ihre Tätigkeit einerseits in ihr nicht-berufliches Leben zu integrieren und andererseits von ihm zu trennen.

Grenzen zwischen Berufs- und Privatleben

Wie kann man diesen Unterschied beschreiben? Um es einfach auszudrücken – viele traditionelle Manager gestalten die Grenzen zwischen ihrer Arbeit und ihrem Privatleben ziemlich durchlässig, während ihre weiblichen Kollegen sie oft viel strenger definieren. Das bringt unterschiedliche Anschauungen über viele Themen zum Ausdruck, die in beiden Bereichen zur Geltung kommen.

Nach Angaben vieler weiblicher Manager hängt die Fähigkeit zum wirksamen Managen multipler Rollen davon ab, daß man die Grenzen zwischen ihnen deutlich beachtet. Für einige Frauen kann das bedeuten, daß sie wegen persönlicher Verpflichtungen Überstunden verweigern oder eine mit Umzug in eine andere Stadt verbundene Beförderung ablehnen, weil das die Entwurzelung der Familie bedeuten würde. Anderen mag dies nur bedeuten, daß sie genug Zeit haben wollen für ihren Haushalt oder die Erziehung der Kinder.

Wer wird jemals die erste Begegnung der Kongreßabgeordneten Geraldine Ferraro mit der Presse vergessen, nachdem sie als demokratische Kandidatin für die Vizepräsidentschaft aufgestellt worden war? Umgeben von Geheimdienstbeamten marschierte sie an den Regalen ihres lokalen Supermarktes entlang und diskutierte mit anderen Kunden ihre politischen Überzeugungen, während sie ihre Einkäufe tätigte. Es war ein Interview, wie es in der Geschichte der amerikanischen Politik noch nicht vorgekommen war, und zeigte deutlich auf, wie viele Rollen einige erfolgreiche Frauen spielen müssen.

Viele traditionelle Manager glauben, die Arbeit habe Vorrang vor allen persönlichen Bedürfnissen. Der Wettbewerb um die nächste Beförderung erfordere es nun einmal, daß man Zeit opfert, die an sich der Familie und den Freunden gewidmet sein sollte. Frauen haben dagegen eine ganz andere Einstellung zur Trennung von Beruf und Privatleben. Natürlich hat die Arbeit auch für weibliche Manager einen hohen Stellenwert, und sie nehmen ihre Karriere ernst. Doch sind viele von ihnen nicht gewillt, die traditionellen Normen ihrer Organisation in bezug auf Versetzungen, Dienstreisen und andere, ihr Privatleben störende Aktivitäten, einfach hinzunehmen. Daran hindert sie vor allem die große Bedeutung, die weibliche Führungspersönlichkeiten dem Familienleben beimessen.

Diese Abneigung weiblicher Manager, ihrem Beruf zu erlauben, ihr ganzes Leben zu kontrollieren, geht jedoch noch über die Bedeutung hinaus, die sie der Familie einräumen. Sie hat etwas zu tun mit dem Aufbau und der Pflege persönlicher Beziehungen, mit der Kontaktpflege zu anderen Menschen. Man will vermeiden, gesellschaftlich isoliert zu werden; dazu käme die Unpersönlichkeit ihres Lebens als zwangsläufige Folge einer zu starken Konzentration auf die Arbeit.

Colombe Nicholas von der New Yorker Filiale von Christian Dior ist der Ansicht, ein facettenreiches Leben könne das Potential für geschäftliche Erfolge nur steigern. In einem Vortrag sagte sie: *„Ich glaube, die Tatsache, daß so viele erfolgreiche Manager von ihrer Arbeit besessen sind, hat zu der Ansicht geführt, um erfolgreich zu sein, müsse man andere Aspekte des Lebens vernachlässigen. Das stimmt nicht. Arbeitswut kann einer Karriere behilflich sein. Ganz bestimmt beschränkt sie private Tätigkeiten. Wer erfolgreich sein will, braucht deswegen nicht arbeitswütig zu sein. Tatsächlich haben Menschen mit vielen Facetten des Lebens eine bessere Chance, in leitenden Positionen Erfolg zu haben."*

Bedeutung von Familie und Lebensqualität

Die Grenzen, die Frauen ihrer Arbeit und ihrem Privatleben setzen, helfen ihnen, die einzigartigen Aspekte beider Bereiche zu bewahren. Außerdem verringern diese Grenzlinien das Risiko der Isolierung, das immer entsteht, wenn man dem Beruf zu viel und persönlichen Interessen und Beziehungen zu wenig Energie widmet. In gewissem Sinne scheint dieses Abgrenzen weiblichen Managern zu ermöglichen, sowohl im persönlichen wie im beruflichen Bereich zu wachsen und sich weiterzuentwickeln.

Die unterschiedlichen Prioritäten, die männliche und weibliche Manager für den Beruf und für private Verpflichtungen setzen, kommen auch in einer jüngst veröffentlichten Studie der Firma Korn/Ferry zum Ausdruck. Beim Vergleich des beruflichen Werdegangs von dreihundert männlichen und weiblichen Topmanagern fielen mehrere Unterschiede auf. *„... der typisch weibliche Manager verbringt durchschnittlich 33 Tage im Jahr auf Dienstreisen, erheblich* *weniger als der männliche mit 52 Tagen. Weniger als 20 Tage geschäftlich unterwegs ist fast die Hälfte, im Vergleich zu nur 21 Prozent der männlichen Kollegen.*“ Abgesehen vom Unterschied bei Dienstreisen zeigt die Studie noch etwas anderes auf: Obwohl rund ein Drittel der Frauen aufgefordert wurde, sich an einen anderen Ort versetzen zu lassen, stimmten dem nur 21 Prozent zu. Bei den Männern waren 81 Prozent mit ihrer Versetzung einverstanden.[82]

Barbara Fiorito, Vizepräsidentin der Chemical Bank, sagt zum Thema Arbeit und Familie: „*Viele Männer scheinen immer noch mehr an rein materiellem Aufstieg interessiert als an ihrer Lebensqualität. Frauen scheinen mir dagegen alle Aspekte zu berücksichtigen. So habe ich während der Zeit, als meine Kinder noch klein waren, vieles Reisen vermieden und darauf geachtet, zu einer angemessenen Abendstunde zu Hause zu sein.*

Als Mutter von zwei kleinen Kindern und drei Stiefkindern führte ich ein sehr beschäftigtes Leben. Bis zum dritten Geburtstag des Jüngsten war mein gesellschaftliches Leben beschränkt – ich verbrachte meine Tage mit Managen und die Zeit ab sechs Uhr nachmittags als Mutter. Es war mir wichtig, meine Verpflichtungen in beiden Bereichen zu erfüllen. Ich glaube nicht, daß viele Männer sich so auf diese Prioritäten einstellen würden.

Obwohl ich versuche, meine Verantwortung gegenüber der Familie nicht in meine berufliche Arbeit übergreifen zu lassen, nehme ich mir an den Geburtstagen meiner Kinder Urlaub und achte sie wie nationale Feiertage. Viele mir bekannte Männer würden sich vielleicht für eine Golftournee oder eine Segeltour beurlauben lassen, aber nicht für solche Anlässe. Sie legen eben nicht so viel Wert auf die Familie, wie Frauen es tun.“

Die Entscheidung weiblicher Manager, für ihre berufliche Laufbahn gewisse Grenzen zu setzen, wird von einigen Organisationen nur ungern akzeptiert. Und doch glauben weibliche Manager, viele

Männer würden gerne ihrem Beispiel folgen. So sagte beispielsweise Jean Gleason, Teilhaberin der prominenten Washingtoner Anwaltskanzlei Fulbright & Jaworski: *„Ich weiß genau, daß viele meiner männlichen Kollegen genau so interessiert wären wie ich, sich mehr Zeit für ihre Kinder zu nehmen; doch reden die meisten so, als wäre das unmöglich. Niemand will offen zugeben, daß er diesen Wunsch hat . . . Würde jemals ein Kollege eingestehen, daß er gerne drei Monate Urlaub hätte, dann würde er damit zugeben, er fühle sich seinem Job nur teilweise verpflichtet.“*

Auch wenn die meisten Männer nicht bereit sind, sich längere Zeit für die Erziehung ihrer Kinder beurlauben zu lassen, überlegen sie es sich doch zweimal, ehe sie Entscheidungen des Unternehmens zustimmen, die das Familienleben stören. Nachdem sie beobachtet haben, wie ihre Kollegen unter dem Streß und den Störungen durch häufige Versetzungen zu leiden haben, wägen viele männliche Manager die Vor- und Nachteile gegeneinander ab, bevor sie einer Versetzung zustimmen. Zu diesem Thema sagte ein Abteilungsleiter der New York Telephone: *„Frauen haben auch für uns Männer die Entscheidungsmöglichkeiten erweitert. Noch vor ein paar Jahren hat kein Mann eine Versetzung angefochten. Sagte man ihm, sein Job sei heute in New York und morgen in Buffalo, dann salutierte er nur, nahm seine Familie und ging. Frauen jedoch reagierten anders und sagten: ‚Moment mal . . .‘.*

Dann griffen einige Männer dieses Thema auf und sagten, ‚Die Frauen haben eigentlich recht‘. Obwohl viele Männer sich stark zu den Werten der Familie bekannten, waren sie niemals sicher, ob sie das auch laut zugeben sollten. Das ändert sich nach und nach.

Heute kenne ich mehr männliche Kollegen, die zwar entschlossen sind, für ihre Firma gute Arbeit zu leisten, aber nicht täglich zwölf Stunden lang. Ich meine, viele von ihnen kommen allmählich darauf, daß sie auch anderswo Verpflichtungen und Interessen haben.“

Weibliches Management hat auf die Mobilität leitender Führungskräfte mehr Einfluß ausgeübt als auf jeden anderen Unternehmensbereich. Noch vor zehn Jahren fügten sich die meisten Führungskräfte allen Versetzungsbeschlüssen, ganz gleich, wohin ihr Unternehmen sie schickte. Heute glauben immer mehr Frauen und Männer, daß sie da ein Wörtchen mitzureden haben. Viele Männer sind inzwischen dem Beispiel der Frauen gefolgt und haben sich geweigert, willkürliche Versetzungen anzunehmen. Daraufhin haben die Unternehmen entdeckt, daß sich auch humanere Alternativen für ihre Personalprobleme finden ließen, Alternativen, die keine negativen Ressentiments hervorrufen oder begabte Manager zwingen, sich nach einem anderen Arbeitsplatz umzusehen.

Jim Hennessy, geschäftsführender Vizepräsident der Nynex Corporation, einer Firma mit größeren Zweigstellen von Maine bis New York, ist im Verlauf seiner Karriere mehrmals umgezogen, häufig als Ergebnis einer Beförderung. Zwar glaubt auch er, daß berufliche Erfahrungen in mehreren geographischen Regionen eine wichtige Voraussetzung für den Aufstieg innerhalb einer großen Organisation sind. Doch meint er, viele Unternehmen hätten bisher noch nicht erkannt, welche Opfer ihre Versetzungspraxis den Familien vieler leitender Angestellter abverlangt hat. Er ist auch der Ansicht, Frauen üben eine positive Wirkung auf die Praxis der Versetzung von Personal in der gesamten Volkswirtschaft aus. *„Im Gegensatz zu früher denkt das Management die Dinge heute wirklich zu Ende. ‚Ist das die Versetzung, die wir im Sinn haben? Ist das wirklich die Person, die wir unbedingt am Ort X einsetzen müssen, und wäre das die richtige Erfahrung für diesen Typ von Persönlichkeit?‘ Man geht heute viel selektiver vor. Wird heute jemand versetzt, dann ist dies in der Regel eine Maßnahme, die sowohl dem Betreffenden wie dem Unternehmen nützt.“*

Flexiblere Unternehmenspolitik

Trotz des immer noch vorhandenen Widerstandes gegen den Wandel sehen die Unternehmen nach und nach die Notwendigkeit einer flexibleren Politik ein, die es den Managern gestattet, sowohl den Anforderungen der Karriere wie auch privaten Interessen und der Verantwortung gegenüber der Familie gerecht zu werden. Zwar erwarten viele Firmen immer noch von ihren Managern, daß diese ihre persönlichen Interessen denen des Unternehmens unterordnen. Doch wächst auch die Erkenntnis, welch negative Auswirkungen Arbeitsbesessenheit auf Manager haben kann. Sie kann nicht nur zu chronischem Streß, zur Isolierung und zu familiären Problemen führen, sondern auch ernsthafte organisatorische Probleme heraufbeschwören.

Mit der gleichzeitigen Betonung der Karriere und der privaten Interessen verschaffen Frauen ihren Organisationen auch ein Heilmittel gegen übertriebene Arbeitswut. Sie demonstrieren praktisch, daß der Preis für den beruflichen Erfolg nicht in der Isolierung von der Familie und den Freunden bestehen muß. Dies hat zur Folge, daß einige ehrwürdige Unternehmenstraditionen sich nach und nach wandeln, wodurch sich auch die Lebensqualität am Arbeitsplatz und im privaten Leben bessert.

Für Frauen in leitenden Positionen ist ein volles, vielseitiges Leben jenseits des Büros von entscheidender Bedeutung und etwas, wofür sie sich entschlossen einsetzen, wenn sie innerhalb einer Organisation aufsteigen. Wir können nur hoffen, daß bei weiterem Anwachsen ihres Einflusses diese Idee zu einer akzeptierten und von allen Organisationen voll unterstützten Realität für alle Manager werden wird. Denn effektive Führung erfordert heute noch mehr als bisher harte Arbeit, Ehrgeiz und Hingabe an die Ziele des Unternehmens, ohne daß dabei unsere menschlichen Kontakte verlorengehen.

Kapitel 12

Persönlicher Einsatz und berufliche Entwicklung

Versetzen Sie sich in folgende Lage. Sie müssen dem Generaldirektor morgen früh einen detaillierten Bericht vorlegen, der auch die neuesten Entwicklungen noch berücksichtigt. Aber ihre Sekretärin ist krank. Die Vervielfältigungsmaschine ist überhitzt, und der von der Abteilung Textverarbeitung mit zweistündiger Verspätung angelieferte Text muß noch auf Fehler durchgelesen und redigiert werden. Es ist nachmittags vier Uhr dreißig. Die anderen Sekretärinnen haben ihren Kegelabend, und so hat sich trotz eifrigen Nachfragens niemand gefunden, der freiwillig Überstunden macht und Ihnen hilft. Was würden Sie tun?

Selbst ist der Mann/die Frau

Angesichts einer Krisensituation wie der eben beschriebenen, dürfte ein weiblicher Manager sehr wahrscheinlich aus seiner offiziellen Rolle schlüpfen und sich selbst ans Werk machen, alles tun, was getan werden muß, um den Termin einzuhalten. Natürlich wird er nicht dafür bezahlt, Schreibarbeiten zu leisten. Und doch kommt es vor, daß dies die einzige Möglichkeit ist, ein wichtiges Projekt zu Ende zu bringen, weil niemand sonst da ist, der das tun könnte.

Vor die Wahl gestellt, entweder auf Hilfe von außen zu warten oder sich selbst zu helfen, werden die meisten Managerinnen sich für die zweite Möglichkeit entscheiden. In bezug auf Büroarbeiten oder die Behebung einer Panne des Vervielfältigungsapparates, das Abfassen eines schriftlichen Berichts oder das Auffinden bestimmter Formulare, können die meisten Managerinnen sich selbst helfen. Viele ihrer männlichen Kollegen dagegen sind entweder nicht gewillt oder nicht fähig, das zu tun. Worin liegt dieser stilistische Unterschied begründet? Da kommen mir drei Gründe in den Sinn.

Der erste hängt mit dem Image zusammen, das man im Büro pflegt. Viele traditionelle männliche Manager glauben, die persönliche Erledigung von Büroarbeiten schade ihrem Ansehen als leitende Angestellte, während es ihren weiblichen Kollegen weniger ausmacht, auch mal an der Schreibmaschine oder am Kopiergerät gesehen zu werden. Tatsächlich betrachten die meisten von ihnen solche Büroarbeiten eher als wesentliche Unterstützung ihrer Tätigkeit denn als bloße Handarbeit. Da Frauen die Bemühungen aller Mitglieder des Teams für wichtig halten, sind sie auch bereit, persönlich einzuspringen, wenn das irgendwo nötig ist.

Ein zweiter Grund für ihre Bereitschaft, persönlich Hand anzulegen, hängt mit dem Leistungsdruck zusammen, dem viele Frauen in Organisationen ausgesetzt sind, in denen sie noch nicht voll akzeptiert werden. Gerry Tabaczyk von der Firma Peter Rogers Associates verweist auf folgendes: *„Aufgrund früherer Erfahrungen in größeren Agenturen weiß ich sehr gut, daß Frauen eher zu persönlichem Handanlegen bereit sind, während die meisten Männer sich an die Sekretärin halten. Die Leistungen einer Frau im Management werden heute immer noch unter dem Mikroskop betrachtet. Um sicher zu sein, daß alles gut erledigt wird, erwartet man von Frauen stärkeren persönlichen Einsatz. Dieses persönliche Eingreifen scheint für viele Frauen eine Frage des Überlebens im Betrieb zu sein."*

Ein anderer Manager stimmt dieser Anschauung zu: *„Frauen sind eindeutig eher bereit, sich die Hände schmutzig zu machen. Ich habe persönlich beobachtet und auch erlebt, daß Frauen bereitwilliger Überstunden machen oder an Wochenenden arbeiten, um einen bestimmten Termin einzuhalten. Als Vizepräsident für Marketing der Firma Bristol-Myers mußte ich oft an Wochenenden arbeiten. An Samstagen und Sonntagen waren außer mir nur Frauen im Büro. Sie scheinen eine stärkere Arbeitsmoral zu haben."*

Für die Bereitschaft der Frauen, selbst Hand anzulegen, ist sicherlich der Leistungsdruck mitbestimmend. Da viele von ihnen immer noch der Meinung sind, sie würden nach härteren und anspruchsvolleren Normen beurteilt als ihre männlichen Kollegen, lehnen sie es rundweg ab, eine Aufgabe flüchtig zu erledigen. Persönlicher Einsatz fällt ihnen aber auch wegen ihrer Erziehung und der Erfahrungen leichter, die viele Frauen zu Beginn ihrer Karriere sammeln konnten. Alice Earley von der Firma Russel Reynolds sagt hierzu: *„Meines Erachtens sind Frauen nicht so von Schreibkräften abhängig und auch nicht hilflos, wenn eine wichtige Hilfskraft mal nicht zur Verfügung steht. Viele von uns haben nämlich auf unbedeutenden Posten angefangen, wo wir uns ohne Hilfskräfte behelfen mußten.“*

Die Beschreibung weiblicher Führungskräfte als Menschen „mit stärkerer Arbeitsmoral, die sich auch mal die Hände schmutzig machen“, erinnert an das Image der hart arbeitenden ersten Einwanderergeneration. Das trifft in vieler Hinsicht auf das Verhalten, den Arbeitsgeist und die geistige Einstellung der heutigen weiblichen Führungskräfte zu. Wenn manche ihre Methoden vielleicht auch als unorthodox bewerten, so machen sie doch besten Gebrauch von ihrer Erziehung und ihren Erfahrungen, um zu tun, was getan werden muß.

Auch wenn es den meisten weiblichen Managern Spaß macht, mit dringlichen Situationen im Büro fertig zu werden, kann ihnen daraus auch ein Nachteil erwachsen. Alice Earley meint dazu: „Die meisten Frauen fühlen sich bei jeder Büroarbeit wohl, weil sie einmal im Laufe ihrer Karriere gelernt haben, alle diese Arbeiten selbst zu verrichten. Wenn sie nun in Krisensituationen stets persönlich Hand anlegen, dann besteht die Gefahr, daß ihnen gesagt wird: „Nachdem Sie die Situation so gut gemeistert haben, warum machen Sie solche Sachen in Zukunft nicht überhaupt selber?“

Viele Frauen mit derartigen Erfahrungen glauben, jedesmal ein Risiko einzugehen, wenn sie die Trennungslinie zwischen Manager und Notstandsarbeit überschreiten. Zugleich sehen sie ein, daß diese Linie oft ganz willkürlich gezogen ist und zum Hindernis in Situationen werden kann, in denen es einer wirklichen Teamarbeit bedarf, um eine Aufgabe zu erledigen.

In einigen Organisationen kann das persönliche Handanlegen zu einer Rollenkonfusion führen, wenn es seit langem bestehende Verhaltensnormen herausfordert. Eine leitende Managerin sagte: *„Reagiert man als Frau persönlich auf einen telefonischen Anruf, dann glaubt die anrufende Person automatisch, sie habe die Sekretärin und nicht den Manager am Apparat.“* Trotz der Konfusion, die ihr weniger formaler und flexiblerer Stil gelegentlich verursacht, halten die meisten weiblichen Manager die Bereitschaft, in besonderen Fällen persönlich Hand anzulegen, für eine sehr nützliche Managementeigenschaft. Viele meinen auch, sie helfe ihnen gelegentlich, Krisen im Büro einzudämmen. Außerdem trage die Bereitschaft des Managers, sich auch einmal die Hände schmutzig zu machen, dazu bei, die Kluft zu verkleinern, die gelegentlich zwischen Management und Untergebenen besteht. Diane Rohde von der Nationalen Gesellschaft zur Bekämpfung der Multiplen Sklerose setzt sich sehr für eine solche aktive Mitarbeit ein, da sie es weiblichen Managern ermöglicht, auf gewisse Situationen schnell und angemessen zu reagieren. *„Bei Krisensituationen im Büro erwägen Frauen oft über die allgemeinen Fakten hinaus die individuellen Bedürfnisse. Sie erkennen solche Bedürfnisse durch viele Schichten der Organisation abwärts und wissen, welche Art von Hilfestellung erforderlich ist und wie man sich persönlich einsetzt, um die Arbeit, selbst auf der Ebene der Schreibbüros, erledigen zu lassen.“*

Die berufliche Fortbildung

Zusätzlich zum persönlichen Handanlegen in besonderen Situationen findet man bei weiblichen Managern auch ein ungewöhnlich starkes Interesse an beruflicher Fortbildung für sich selbst und ihre

Abteilungen. Einige Analysten schreiben dies zwar einem Mangel an Selbstvertrauen zu; die Frauen sehen das jedoch anders. Sie meinen, ausgezeichnete Ausbildungsnachweise könnten zur Überwindung der Ablehnung von Frauen in Führungspositionen beitragen – eine Ablehnung, die einen weiblichen Manager eine bedeutsame Beförderung kosten könnte. Dr. Donna Shalala vom Hunter College meint: *„Was die Frauen heute tun, ist genau das, was die erste Generation irischer Einwanderer tat, als sie in dieses Land kam. Sie wissen, daß sie sich zusätzlich anstrengen müssen, um die vor ihnen aufgebauten Hürden zu überwinden; und sie sind bereit, die dafür erforderliche Zeit zu investieren.*

Ich sage den Frauen immer: ‚Geben Sie sich eine erstklassige Ausbildung. Tun Sie alles, was Ihnen nur möglich ist, so daß Ihnen niemals jemand sagen kann, Ihnen fehle irgend etwas.' Einer der Gründe, warum ich Präsidentin des Hunter College geworden bin, statt wieder in den Hörsaal zurückzukehren, war, daß ich nicht wollte, man könnte je von mir behaupten, ‚Sie hat keine praktische Erfahrung.' Inzwischen habe ich mich mit allen wichtigen Themen befaßt, die im Zusammenhang mit meiner fachlichen Ausbildung aufgeworfen werden könnten. Ich habe inzwischen alle die Erfahrungen hinter mir, die man ‚gehabt haben muß', wenn man eine Spitzenposition bekleiden will."

Daß viele Frauen soviel Wert auf Fachzeugnisse legen, ist oft eine Reaktion auf die immer noch vorhandenen Zweifel in vielen Organisationen hinsichtlich ihrer Fähigkeit zu managen. Um solche Vorbehalte zu überwinden, sind die Frauen gewillt, viel Zeit und Energie aufzuwenden, um Diplome aller Art zu erwerben und ihr „technisches" Wissen in neuen Bereichen zu vervollkommnen. Über diesen Drang nach Bildung und Ausbildung sagt Jill Considine von The First Women's Bank: *„Die meisten Frauen, die befördert werden, pflegen hart zu arbeiten, um zu demonstrieren, daß sie dieses auch verdienen. Andererseits beginnen viele Männer von dem Augenblick an sofort, sich nach dem nächsten Job umzusehen. Die Frauen arbeiten viel härter, um alle beruflichen Voraussetzungen zu erlangen."*

Lydia Sarfati, Präsidentin und Leiterin der Abteilung Entwicklung der Firma Sarkli-Repechage, Ltd., eines Herstellers von Hautpflegemitteln, glaubt ebenfalls, daß Frauen für diesen Bereich besonderes Interesse zeigen. Den Hauptgrund dafür sieht sie in der Konkurrenz männlicher Manager: *„Meiner Meinung nach sind Frauen eher bereit, Lehrgänge zu besuchen und sich beruflich fortzubilden. Vor allem in den Vereinigten Staaten spürt eine Frau erhebliche Konkurrenz von Männern und betrachtet es als Schlüssel zum Erfolg, mehr Fachwissen sowie Managementfähigkeiten und Erfahrung als Männer demonstrieren zu können.“*

Zum gleichen Thema sagt Barbara Blum, Präsidentin und Generaldirektorin von The Women's National Bank in Washington, D. C.: *„Ich habe bisher noch mit keiner Frau zusammengearbeitet, die nicht – selbst mit drei Kindern zu Hause – bereit gewesen wäre, an einem Lehrgang teilzunehmen oder ein bestimmtes Buch zu lesen, wenn sie annehmen konnte, das wäre für ihren Job hilfreich, oder gerne eine zusätzliche Fähigkeit erlernte, um ihre Leistung zu steigern. Obwohl es für die meisten Männer leichter ist, Lehrgänge zu besuchen, weil sie nicht zu Hause das Abendessen für die Familie zubereiten müssen, sind es die Frauen, die eher dazu bereit sind.“*

Es hat den Anschein, als legten Frauen besonderen Wert auf Diplome und berufliche Fortbildung. Das gilt für solche, für die das Managen etwas Neues darstellt, ebenso wie für erfahrene Managerinnen. In einer neueren Studie der Managementvereinigung AMA über mittlere Manager betonten Frauen die Bedeutung von Fortbildungsseminaren über technische wie über Personalprobleme weitaus häufiger als Männer.[83] Im Gegensatz zu vielen traditionellen Managern, die größeren Wert auf Laufbahnfortbildung legen – und dabei jeden Job als Sprungbrett für einen besseren anderswo betrachten – sehen Frauen einen größeren Bedarf an besonderem Fachwissen und zusätzlicher Ausbildung, wenn sie Karriere machen.

Frauen legen größeren Wert auf Fachzeugnisse, weil sie in der Welt des mittleren Managements noch verhältnismäßig neu sind und ihr Können gegenüber skeptischen Kollegen unter Beweis stellen müssen. Für viele von ihnen ist ein akademischer Grad der unbestreitbare Beweis für fachliche Kompetenz – der es den Frauen leichter macht, sich zu äußern und Einfluß zu nehmen.

Hierzu äußerte sich Rusty Renick von der New York Telephone: *„Männer sind an der Weiterentwicklung ihrer Karriere interessiert, Frauen wollen in ihren Fachbereichen ihr Sachwissen entwickeln. Sie wollen in der Lage sein, ihre Ansichten durch Fakten unterstützen zu können und die Zweifel zu zerstreuen, die andere an ihre Fähigkeit zu effektivem Management haben könnten. Wenn Männer etwas nicht wissen, dann fabrizieren viele einfach selbst eine Antwort. Da Frauen stets herausgefordert werden, ihre Kompetenz zu beweisen, tun sie so etwas nicht. Statt dessen ziehen sie einen Haufen Diplome aus der Tasche."*

Bei einem Gespräch über das Gewicht, das viele Frauen dem Erwerb von Diplomen aller Art beimessen, äußerte Rosemary Pooler, Mitglied der New York Public Service Commission, folgende Gedanken: *„Lange Zeit haben viele meiner weiblichen Kollegen und ich selbst die Ansicht vertreten, die echte Gleichberechtigung werde erst dann verwirklicht sein, wenn Frauen genauso normal und mittelmäßig sein dürfen wie einige der Männer, die Managementposten bekleiden. Wenn ich ehrlich sein soll, so scheint mir das Zeitalter der Mittelmäßigkeit für Frauen noch nicht gekommen. Selbst bei jüngeren Frauen ist immer noch folgendes gang und gäbe: Wo ein Mann im gleichen Job ein Diplom besitzt, pflegt sie zwei zu haben; gehört ein Mann zum oberen Drittel seiner Klasse, pflegt sie zum oberen Zehntel zu gehören . . . In vielen Fällen wird ein ganz erheblicher Unterschied im bildungsmäßigen Hintergrund, bei den Zeugnissen, der verbalen Ausdrucksfähigkeit und Nachdenklichkeit deutlich."*

Bei Berücksichtigung des eben Gesagten sollte man annehmen, alle diese zusätzlichen Bemühungen und das besondere Interesse an beruflicher Fortbildung würden sich in Form von besseren Beförderungsaussichten für die Frauen von heute auszahlen. Wer so denkt, irrt sich sehr. Die Tatsache bleibt bestehen, daß Frauen weiterhin bei Beförderungen nicht ebenso berücksichtigt werden wie Männer, selbst wenn ihr Leistungsnachweis absolut gleichwertig ist. Bei einer Untersuchung der Fälle von mehr als dreihundert mittleren und leitenden Managern wurden Frauen mit den gleichen Diplomen wie ihre männlichen Kollegen zwar häufiger befördert, doch bekleideten sie in ihren Firmen Posten niederen Ranges.[84]

Eine weitere Studie neueren Datums über Männer und Frauen mit gleichwertigen Bildungsnachweisen ergab, daß weibliche Manager auch beim Wettlauf um die Gehälter verlieren. Die Gehaltsschere zwischen den Geschlechtern scheint sich danach sogar zu erweitern. Dr. Anne Devanna von der Columbia University fand bei dieser Studie über zweihundert Männer und Frauen mit MBA-Diplom heraus, daß die Frauen zu Beginn ihrer Laufbahn zwar die gleichen Gehälter erhielten wie ihre gleichrangigen männlichen Kollegen. Zehn Jahre später jedoch belief sich ihr Gehalt im Durchschnitt auf nur 81 Prozent des Gehalts ihrer männlichen Kollegen. Dieser Unterschied konnte durch keine der üblichen Theorien erklärt werden, warum Frauen nicht genausoviel verdienen wie Männer.[85]

Obwohl die Bemühungen um berufliche Fortbildung einigen Frauen bei ihrem beruflichen Aufstieg geholfen haben, scheinen sie doch nicht auszureichen, um die geschlechtsspezifische Lücke zu schließen, die beim Management weiterhin besteht. Die Studie der Columbia University zeigt, daß weibliche Manager nach wie vor Opfer negativer Haltung und unfairer Praktiken selbst dort sind, wo sie eine absolut gleichwertige Ausbildung nachweisen können.

Es ist daher eine Ironie, wenn viele männliche Manager glauben, gerade ein Mangel an entsprechenden Bildungsnachweisen sei für den langsamen Fortschritt der Frauen verantwortlich. Es wurde eine Umfrage unter 1654 Männern in Managementpositionen durchgeführt, von denen mehr als die Hälfte zum leitenden Management gehörte. Von diesen erklärten 59 Prozent, in ihren Organisationen gebe es nur eine begrenzte Anzahl von Frauen, die für Managementposten qualifiziert seien. Dieselbe Gruppe nannte die entsprechende Ausbildung als einen der Hauptmängel, der Frauen am Aufstieg behindere.[86]

Bei näherer Betrachtung des Themas professionelle Fortbildung erkennt man leicht die vielen Dilemmas, mit denen weibliche Manager heute konfrontiert sind. Da ist zunächst einmal das Problem, die berufliche Fortbildung mit der Entwicklung der Karriere zu verknüpfen. In vielen Organisationen scheint nur ein schwacher Zusammenhang zu bestehen zwischen den Fachzeugnissen eines weiblichen Managers und seinem Potential für ein entsprechendes Gehalt und entsprechende Beförderungsaussichten. Außerdem nutzen einige Unternehmen dies als Vorwand für die langsamere Beförderung von Frauen, ohne Rücksicht darauf, ob die Fakten diese Haltung stützen oder nicht. Auch scheint in vielen Organisationen keine klare Definition darüber zu bestehen, was als ausreichende Fortbildung gewertet werden kann. Daher haben viele Frauen überhaupt keine Möglichkeit zu beurteilen, ob sie den Kriterien entsprechen oder nicht.

Das schwierige Problem für heutige weibliche Führungskräfte ist vielleicht, zu beurteilen, was wirklich als professionelle Weiterbildung betrachtet werden kann, und sie von dem zu unterscheiden, was zu wissen zwar ganz nett, im Grunde jedoch irrelevant ist. Bei ihrer Suche nach Lösungen für die komplexen Probleme ihres Berufes stellen viele Frauen fest, daß ein beträchtlicher Teil der ihnen erteilten Ratschläge überhaupt nichts bringt. Denn die meisten dieser Lösungen ignorieren einfach die Notwendigkeit eines organisatorischen Wandels und gehen von der Annahme aus, die Probleme könnten in einem Vakuum gelöst und im Stile von Kochrezepten korrigiert werden.

Neben anderen weiblichen Managern ist Barbara Blum der Ansicht: *„Wir brauchen die Institutionalisierung des Wandels, und das kann auf viele verschiedene Weisen geschehen. Die Antwort besteht nicht darin, Frauen zum Golfspiel zu ermuntern, damit sie auch in den informellen Entscheidungsprozeß einbezogen werden. Es muß mehr Wert auf sinnvolle Weiterbildung gelegt werden und weniger auf Äußerlichkeiten."*

Für viele weibliche Manager bleibt berufliche Weiterbildung ein wichtiges Ziel an sich. Für andere ist sie ein Mittel zum Zweck – ein potentieller Pfad zu Beförderung und besseren Karrierechancen. Welches auch die persönliche Motivation sein mag, so steht doch fest, daß allen weiblichen Führungspersönlichkeiten der Drang zum Lernen eigen ist, die Bereitschaft, Zeit und Mühen zu investieren, um ihre Fähigkeiten zu erweitern. Was bis jetzt noch nicht erkennbar ist, das ist die ernsthafte Bereitschaft vieler Organisationen, jene Begabungen voll zu nutzen, die Frauen bereits besitzen, und ihre speziellen Fortbildungsbedürfnisse mit spezifischen Job-Anforderungen zu verknüpfen.

Bis man die stilistischen Unterschiede zwischen weiblichen und traditionellen männlichen Managern voll erkannt und sich in den Organisationen bewußt zu eigen gemacht haben wird, dürfte vieles von dem, was man gegenwärtig als professionelle Weiterbildung von Frauen bezeichnet, auf die Veränderung des weiblichen Managementstils konzentriert bleiben – statt auf Förderung der technischen Fähigkeiten der Frauen. Diese Methode mag zwar zu größerer Homogenität im Management führen, wird jedoch nicht das riesige Potential weiblicher Manager anzapfen und auch nicht die Krise der Unternehmen lösen.

Status-quo-Lösungen sind nicht die Antwort. Die einzige Lösung wäre Zusammenarbeit – unter Nutzung all der besonderen Fähigkeiten und Einsichten, die wir als Männer und Frauen zu bieten haben.

Teil III

Kapitel 13

Was Frauen tun können

Diejenigen, die meinen, viel über das Thema Frauen im Management zu wissen, hängen einer populären Theorie an, die von kritischer Masse spricht. Sie besagt, die Auswirkungen der Frauen und ihrer Führungsfähigkeiten würden in Organisationen deutlich erkennbar werden, sobald die Anzahl weiblicher Manager eine kritische Masse erreicht habe. Seit mehreren Jahren schätzt man diese auf etwa dreißig Prozent der Gesamtheit der Manager.

Vor kurzem haben die Verfechter dieser Theorie jedoch einen ernsthaften Rückschlag erlitten, als nämlich der Prozentsatz weiblicher Manager diesen kritischen Punkt überschritt und sich dennoch nichts Bemerkenswertes ereignete. In den Unternehmen ging man den Geschäften in alter Weise nach, *business as usual.*

Trotz der gegenwärtigen Situation halte ich an der Ansicht fest, daß an dieser Idee von der kritischen Masse etwas dran ist. Wenn nun aber für einen Führungswandel eine kritische Masse tatsächlich erforderlich ist, warum haben dann die Organisationen die in den vorigen Kapiteln beschriebenen Begabungen weiblicher Führungskräfte nicht in größerem Umfang anerkannt und genutzt? Warum muß dieser alternative Führungsstil in vielen Betrieben noch um Anerkennung ringen?

Das Problem ist, daß man bei den für die Berechnung der kritischen Masse benutzten Gleichungen ein wesentliches Element ausgelassen hat. Nicht die Masse selbst ist wichtig; es kommt auch auf die Wahrnehmungen und Handlungen der Masse an. Anders als Atome pflegen weibliche Manager nicht automatisch in einer Kettenreaktion zu explodieren, sobald eine gewisse Dichte erreicht ist. Für eine Kettenreaktion zugunsten weiblicher Führung bedarf es mehr als der bloßen Anwesenheit von Frauen im Management. Diese Frauen müssen den neuen Managementstil ihrer Unternehmen aktiv übernehmen und praktizieren. Vor allem müssen ihre Aktivitäten sorgsam überlegt und ausgerichtet werden. Sonst riskieren sie, daß die Unterstützung für ihren natürlichen Managementstil und ihren beruflichen Aufstieg sich schnell verflüchtigt.

Wenn es darum geht, ein Bewußtsein für weibliche Führungsfähigkeiten und die damit verbundenen Vorteile zu schaffen, dann sind heutige Managerinnen oft unterschiedlicher Meinung. Trotz immer deutlicher werdender Beweise für Stilunterschiede leugnen einige Frauen weiterhin die bloße Existenz weiblicher Führungskunst. Was steckt hinter dieser Haltung? Die Antwort ist komplex. Zunächst einmal glauben viele weibliche Manager, das Eingeständnis von Unterschieden werde in unserer Gesellschaft einen Rückschlag bei der Vergabe akzeptabler Rollen für Frauen bewirken. Damit würde ausdrücklich demonstriert, daß Frauen als Führer nicht effektiv sein können. Es gibt jedoch zahlreiche konkrete Beweise für die Effektivität von Frauen in vielen Unternehmen des ganzen Landes. Unter Berufung auf sie sollten die Frauen es wagen, auf die Unterschiede und den Nutzen ihres einzigartigen Stils hinzuweisen.

Es gibt aber auch erfolgreiche Frauen, die es gelernt haben, sich anzupassen, und die jetzt den Unterschied zu anderen Frauen hervorheben. Angesichts ihres errungenen besonderen Status sind sie nicht sehr scharf darauf, eine besondere weibliche Führungsfähigkeit anerkannt zu sehen. Auch sind sie nicht bereit einzugestehen, daß dieser Stil der Frau angemessen ist, da so viele von ihnen genötigt waren, des Erfolgs wegen ihre persönliche Identität als Frauen zu opfern.

Schließlich nehmen einige Frauen tatsächlich keine Unterschiede im Managementstil wahr, weil ihr ganz persönlicher Stil eher anpassend und traditionell als nichttraditionell ist. Da der Übergang in die Welt des oberen Managements ihnen selbst leichtgefallen ist, finden viele Frauen dieser Gruppe es schwierig, sich auf die Erfahrungen anderer Frauen einzustellen, bei denen das nicht der Fall war. Dennoch sollten auch sie allmählich einsehen, daß weibliche Führungskunst für viele andere Frauen eine effektive Alternative ist – ob sie selbst nun diesen Stil übernehmen oder nicht.

Und schließlich sind da die Frauen, die sich mit dem besonderen weiblichen Führungsstil identifizieren. An sie wende ich mich in diesem Kapitel ganz unmittelbar. Sie bilden ein Segment mit dem Potential, Männern und Frauen sowie Organisationen zu positivem Wandel zu verhelfen. Wie können sie das tun? Wie können sie die kritische Masse in die qualitative Masse umwandeln, die wirksam auf einen Wandel hinarbeitet? Die Antworten sind einfach, jedoch nicht zwangsläufig leicht.

Zur Förderung der Akzeptanz und Nutzung weiblicher Führungsfähigkeiten in Organisationen können mehrere grundlegende Aktionen ergriffen werden:

1. Lernen, worum es geht

Der erste und entscheidende Schritt besteht darin zu lernen, worum es überhaupt geht. Zu oft habe ich erlebt, daß weibliche Manager es einfach ablehnten, die Notwendigkeit größeren Wissens über die wichtigen Probleme einzusehen. Zwar ist es verständlich, wenn sie meinen, bereits genug darüber zu wissen; doch schaden sie sich selbst damit.

Um auf einem starken Fundament von Tatsachen aufbauen zu können, müssen Frauen Antworten auf Fragen wie diese finden: Was sagt die Statistik über Einstellungen und Beförderungen von Frauen für das Management der eigenen Organisation? Wie viele Frauen befinden sich zur Zeit in höheren Managementpositionen? Wie verhält sich die Organisation zur Frage von Frauen in Managementrollen? Wie ist dieses Verhalten durch die Unternehmenspolitik abgesichert?

Außerdem müssen Frauen, die sich auf Änderungen im Verhalten einzustellen haben, ihr ganz persönliches Gewahrsein weiterentwikkeln. Sie müssen bereit sein, sich selbst einige tiefgründige Fragen zu stellen, etwa: Welchen Einfluß hat der Maskulinismus im Unternehmen auf sie selbst als Frau? Wie wirkt er sich auf ihr Selbstgefühl als weibliche Führungskraft aus? Wann haben sie festgestellt, daß er sich auf andere Frauen auswirkt? Wie offen und ehrlich sind ihre Beziehungen zu männlichen Kollegen? Zu anderen Frauen? In welcher Form hat man von ihnen Anpassung als Voraussetzung zum Aufstieg erwartet? Was hat ihnen das gebracht? Was ist ihnen dadurch verlorengegangen?

Abgesehen davon, daß sie auf diese Weise ihre eigenen Positionen gegenüber den einzelnen Themen besser erkennen, verschafft die Beachtung der erwähnten Fragen den Frauen wichtige Informationen über das Betriebsklima. Die Auswirkungen des Maskulinismus im Unternehmen sind nicht so leicht abzuschätzen. Dazu bedarf es einer sorgsamen und kritischen Analyse sowie persönlicher Selbstkritik. Diese Analyse ist jedoch notwendig, wenn Frauen jemals Anerkennung für einen eigenen Managementstil erreichen wollen.

2. Eingefahrene Beziehungen werden neu ausgehandelt

Zu den unangenehmen, jedoch unvermeidlichen Aspekten der Schärfung des Gewahrseins gehört die Entdeckung, daß einige unserer ältesten und engsten Beziehungen sich dem Wandel am stärksten widersetzen. Ist unser Gewahrsein jedoch erst geschärft, dann empfinden wir das Bedürfnis, alte Beziehungen neu zu definieren und sie so aufzufrischen, daß sie ehrlich, anhaltend und in Übereinstimmung mit dem neuen Image unser selbst und der Welt um uns bleiben. Frauen beginnen die anpassende und unproduktive Rolle zu erkennen, die sie bisher gespielt haben und in der sie sich unbehaglich fühlen. Dabei entdecken einige dann auch, daß Freunde und Kollegen weiterhin Druck auf sie ausüben, diese Rollen weiterzuspielen.

Zur Bewahrung ihrer alten Verhaltensweisen müssen die Männer sich bewußt oder unbewußt darauf verlassen, daß die Frauen dies ignorieren oder stillschweigend dulden. Nehmen die weiblichen Manager es jedoch nicht länger hin, sich anzupassen und die ihnen auferlegte Rolle zu spielen, dann ändern sich plötzlich die vertrauten Spielregeln zwischen Mann und Frau. Männer mit Gespür für Veränderungen können jedoch erkennen, wie wertvoll es wäre, die veralteten Beziehungen zu den Frauen auf eine neue Grundlage zu stellen. Bei vielen Männern ist das jedoch nicht der Fall.

Für künftige weibliche Manager ist die Wahl, entweder in ihrer alten Rolle zu verharren oder die Auflösung einer Beziehung zu riskieren, schwierig, aber nicht unmöglich. Mit Unterstützung durch andere und dem Wissen, daß Anpassung keine langfristige Erfolgsstrategie bedeutet, haben die meisten Frauen die Möglichkeit, eingefahrene Beziehungen nach und nach auf eine neue Grundlage zu stellen.

Zunächst entwickeln sie Fähigkeiten, sich mit schwierigeren Leuten abzugeben, wobei sie erfolgreich ihr eigenes Verhalten und die Erwartungen anderer modifizieren. Sobald die Frauen erkennen, daß stillschweigende Duldung dazu beiträgt, das Problem des Maskulinismus im Unternehmen zu verewigen, können sie bewußt die notwendige Übereinstimmung zwischen ihren Gedanken, Gefühlen und Handlungen herstellen. Treffen sie auf starken Widerstand gegen den Wandel, werden viele herausfinden, daß sie besser auf die bisherige Beziehung verzichten, da deren Fortführung ihnen zu viel Opfer abverlangt.

3. Aufbau eines hilfreichen Teams im Unternehmen

Heute vertreten viel mehr erfolgreiche Frauen als früher den Standpunkt, das spezifisch weibliche Management müsse grundsätzlich unterstützt werden. Nach vielen Jahren des Managens und des Anpassens an eine fremdartige Unternehmenskultur erkennen diese Frauen, wie notwendig es ist, sich gegenseitig zu unterstützen und zu stärken, um den Wandel erfolgreich in Gang bringen zu können. Ruth Downing Karp von der Firma J. Walter Thompson sagt dazu: *„Heute kümmern die Frauen sich mehr umeinander als in der Vergangenheit. Es besteht ein Bedarf an kleinen lokalen ‚Schwesternschaften' in jedem Unternehmen, in denen die einzelnen Frauen Unterstützung für ihr Bestreben finden können, ihre Identität als Frau zu bewahren. Ich glaube, die Saat dafür ist nunmehr ausgestreut worden."*

Carol Foreman, die bei den vorigen amerikanischen Präsidentschaftswahlen den Wahlkampf für das Paar Mondale–Ferraro organisierte, meint ebenfalls, es gebe heute ein stärkeres Zusammengehörigkeitsgefühl bei den Frauen. *„Die meisten Frauen draußen im Lande arbeiten zusammen und schützen einander. Mehr noch – wir empfinden ein Gefühl des Stolzes für unsere Leistungen als Frauen. Mein persönlicher Erfolg wird auch von den Frauen um mich herum empfunden. Der Erfolg von Gerry Ferraro gehört uns allen."*

Der beste Weg der Zusammenarbeit zum gegenseitigen Nutzen aller weiblichen Manager bestünde im Aufbau eines Netzwerks. Das Konzept des Netzwerks ist zwar nicht neu; doch ist der Bedarf dafür heute stärker als je zuvor. In dem Maße, in dem Frauen neue Rollen probieren und größere, sichtbarere Risiken eingehen, entdecken viele von ihnen, wie wichtig es ist, Erfahrungen mit anderen Frauen auszutauschen, die vor ähnlichen Situationen stehen. Selbst wenn männliche Kollegen Verständnis zeigen, fällt es vielen Frauen doch schwer, offen mit ihnen über ihre Probleme zu sprechen.

Männer werden in ihren Organisationen nicht immer mit denselben Situationen konfrontiert, weshalb sie sich vieler Probleme oft nicht bewußt sind und nicht die Hilfe leisten können, die weibliche Manager brauchen. Mit Hilfe lokaler Netzwerke finden viele Frauen jedoch die innere Kraft, sie selbst zu bleiben, sowie das Selbstvertrauen, erfolgreiche Manager zu werden.

Es liegt auf der Hand, daß diese Art von Zusammenarbeit und Unterstützung nicht von alleine kommt. Man braucht Zeit, Sorgfalt und innere Verpflichtung, ein wirklich funktionierendes Netzwerk aufzubauen. Fühlt sich eine Frau nicht spontan verpflichtet, anderen Frauen beizustehen, sollte sie es lassen. Heute wird viel darüber geschrieben, wie Netzwerke den Frauen helfen können, bessere Jobs zu finden, sich neue Freunde und gesellschaftliche Kontakte zu schaffen. Natürlich ist so etwas eine gute Sache. Doch müssen Frauen bereit sein, auch anderen viel zu geben, wenn es zu einer sinnvollen Erfahrung führen soll. Ohne die starke innere Verpflichtung, die Chancen für *alle* Frauen in der Organisation zu verbessern, kann ein Netzwerk rein oberflächlich und nicht mehr als ein elitärer Klub sein.

4. Vorbild sein für die Unterstützung anderer Frauen

Während einer Konferenz für mittlere und leitende Managerinnen in einem der größten amerikanischen Unternehmen wurde ich gebeten, an einer Podiumsdiskussion über die Probleme weiblicher Manager in den achtziger Jahren teilzunehmen. In meiner Einleitung sprach ich von der Notwendigkeit stärkeren Aktivismus unter den Frauen. Ich betonte vor allem die wichtige Rolle, die sie innerhalb ihres Unternehmens spielen könnten, um das Management von Grund auf umzugestalten und die Chancen für Frauen ganz allgemein zu verbessern.

Nach einer sehr lebhaften Diskussion trat am Ende des Seminars die ranghöchste anwesende Managerin an mich heran und sagte: *„Gegen Ende der sechziger und während der frühen siebziger Jahre* *war ich eine Aktivistin zugunsten berufstätiger Frauen. Ich habe mich im Unternehmen für einen Wandel eingesetzt, habe sogar Plakate getragen und bin bei politischen Umzügen mitmarschiert. Meines Erachtens habe ich meinen Teil zu einem positiven Wandel beigetragen. Und nun kommen Sie und sagen mir, ich solle noch mehr tun. Am augenblicklichen Punkt meiner Karriere ziehe ich es vor, stille Unterstützung zu gewähren.*" Von diesem Kommentar überrascht, fragte ich, was sie unter stiller Unterstützung verstehe. Sie antwortete: *„Nicht den Weg versperren.*"

Man kann zwar verstehen, warum einige weibliche Manager es ablehnen, sich aktiv für den Prozeß des Wandels einzusetzen. Doch müssen weibliche Führungspersönlichkeiten unbedingt mehr tun als nicht den Weg versperren. Die wichtigste Aufgabe der Frau von heute ist, durch persönliches Beispiel zu wirken, den anderen deutlich zeigen, was weibliche Führung bedeutet. Es liegt also an den weiblichen Führungskräften, durch ihr persönliches Beispiel Begeisterung und Unterstützung für weibliches Management zu schaffen. Obgleich es unwahrscheinlich ist, daß solche Frauen jemals weibliches Management aktiv unterstützen werden, trifft man inzwischen bei Frauen an der Spitze von Unternehmen auf zunehmende Akzeptanz dieses neuen Stils. Heute glauben mehr leitende Managerinnen als früher an diese Methode und praktizieren sie auch; ferner sind sie auch eher bereit, sich zu wichtigen Fragen deutlich zu äußern. Anders als die Bienenköniginnen der Vergangenheit begrüßen viele von ihnen, wenn mehr weibliche Manager in den inneren Führungskreis Eingang finden.

Wo immer eine Frau auf der Karriereleiter auch stehen mag – es gibt stets andere Frauen auf den Stufen darunter, die wissen möchten, woran sie sind, und die die Wahrheit hören wollen. Es kommt entscheidend darauf an, daß Frauen in Managementpositionen ehrliche Informationen und Anleitung vermitteln. Warum sollte man nicht miteinander über die Notwendigkeit größerer Unterstützung, Zusammenarbeit und die Entwicklung stärkerer Bande zwischen berufstätigen Frauen sprechen? Warum soll man andere nicht wissen lassen, was man von weiblicher Führungskraft hält? Kurz gesagt: Warum soll man nicht ein hilfreiches und realistischeres Vorbild für andere Frauen sein, an das sie sich auf ihrem Weg nach oben halten können?

Welche Erleichterung kann es doch für Frauen sein, wenn sie erfahren, daß andere dieselben Probleme haben! Und welch frustrierende und verwirrende Erfahrung ist es für diese Frauen, wenn sie hören, daß ihre eigene Managementrolle sich in einer anderen Stratosphäre ohne größere Hindernisse oder Probleme abzuspielen scheint. Um das Thema des Maskulinismus im Unternehmen an die Öffentlichkeit zu bringen, müssen weibliche Manager bereit sein, klar und deutlich die Notwendigkeit des Wandels zur Sprache zu bringen. Wichtiger noch ist es, durch ihr Handeln zu demonstrieren, daß es eine realistische Alternative gibt, wenn sie ihren eigenen Werten, Anschauungen und Begabungen als weibliche Führungspersönlichkeiten treu bleiben.

Heute wächst die Zahl erfolgreicher Frauen im Management, die bereitwillig anerkennen, daß sie einen anderen Managementstil praktizieren und daß ihnen das, im Gegensatz zu einer weitverbreiteten Meinung, nicht geschadet, sondern zu ihrem Erfolg beigetragen hat. Viele der in diesem Buch zitierten Frauen sind Beispiele für dieses nichttraditionelle Modell. Ihre Kommentare und Erfahrungen unterstreichen die Tatsache, daß Menschen zwar Menschen sind, jedoch auch Männer und Frauen mit eigenen Perspektiven und unterschiedlichen Stilen im Beruf. Traditionelle Formeln haben einige Frauen zweifellos genützt; doch muß heute der von weiblichen Managern innerhalb von Frauenteams und beruflichen Netzwerken bevorzugten Methode mehr Beachtung geschenkt werden. Diese Frauen repräsentieren ein hochinteressantes neues Erfolgsmodell, das viele aufsteigende weibliche Führungskräfte gerne übernehmen und ausgestalten möchten.

Zwar haben auch Männer weiblichen Managern bei deren beruflichem Aufstieg Hilfestellung gegeben, doch lernt man vieles nur von gleich zu gleich. Zur Bedeutung des weiblichen Rollenvorbilds sagt Walter Blass von AT & T:

„Um mit anderen in einem von Männern beherrschten Bereich zu konkurrieren, braucht eine leistungsbewußte Frau eine ziemliche Dosis maskuliner Eigenschaften, Selbstbehauptung und die Bereitschaft, gefährliche Führungspositionen einzunehmen. Damit sie sich selbst aber als Frau und nicht als Mann in einem weiblichen Körper empfindet, muß sie sich andererseits in ihrer ganz persönlichen physischen und geistigen Gestalt, ihren Fähigkeiten und ihrem schwesterlichen Gefühl für andere Frauen wirklich wohl fühlen. Ich betone dies, weil so viel dummes Zeug in Büchern gelehrt wird, wo man den Frauen rät, sich wie Männer anzuziehen, wie Männer zu reden und Sportarten zu betreiben, an denen sie wenig interessiert sind . . . wodurch sie dann ihre Hingabe, Zartheit und andere Formen menschlicher Fürsorge verlieren, die von Natur aus Frauen gegeben sind."

Für aufsteigende weibliche Manager gibt es leider nur wenige Vorbilder. Aber sie existieren. Auf der Suche nach Beispielen für diese Methode in der eigenen Organisation müssen weibliche Führungspersonen zunächst wissen, daß ihresgleichen wahrscheinlich etwas anders aussehen und handeln als ihre erfolgreichen männlichen Kollegen und auch viele ihrer erfolgreichen weiblichen Kollegen. Sie mögen zwar vergleichsweise sanfter und weniger auffallend sein, doch würde sich bei näherem Hinsehen herausstellen, daß sie keineswegs weniger effektiv sind.

5. Maximiere die Stärken weiblicher Führungskunst: Sei du selbst

Heute haben weibliche Manager die Chance, ihren angeborenen Managementstil in den Dienst ihrer Firmen und ihrer selbst zu stellen. Dafür müssen sie sich jedoch zunächst an ihren persönlichen weiblichen Stil gewöhnen. Im Gegensatz zu den Bemühungen, die das Erlernen neuer Verhaltensweisen erfordert, wird von den Frauen nur gefordert, daß sie sich selbst treu bleiben. Sie müssen ihre natürlichen Stärken einsetzen – ihre Fähigkeit zur Pflege zwischenmenschlicher Beziehungen, ihre Gefühle und ihre Mittel zum Lösen von Problemen, deren sie sich ihr ganzes Leben lang bedient haben. Sie müssen in der Praxis ihren eigenen Instinkten und Intuitionen trauen. Statt emotionale Daten zu ignorieren oder ihre persönlichen Reaktionen mit dem Verstand zu unterdrücken, sollten sie das einsetzen, was sie denken und fühlen. Aufgrund persönlicher Erfahrungen wissen sie, daß das, was sie als richtig empfinden, gewöhnlich auch richtig ist. Warum sollen sie gerade zwischen neun Uhr morgens und fünf Uhr nachmittags diesen Gefühlen nicht trauen? Warum ihre besondere Fähigkeit zur Lösung von Problemen an der Bürotüre abgeben und dort nicht nutzen?

Einige Frauen behaupten zwar, die Welt der Unternehmen sei für weibliches Management noch nicht reif. Ich halte dagegen, daß die amerikanische Wirtschaft heute dafür aufgeschlossener ist als je zuvor. Das Problem liegt nur darin, das anzuerkennen. Die Unternehmen haben einfach noch nicht erkannt, welchen Beitrag weibliche Manager leisten können. Sie werden nur dann für diesen nichttraditionellen Stil empfänglicher werden, wenn mehr Frauen ihre Bereitschaft demonstrieren, ihn zu praktizieren.

Zunächst einmal müssen weibliche Manager sich der Eigenschaften bewußt werden, die weibliche von den traditionellen männlichen Führungsmethoden unterscheiden, und diese dann ganz offen und deutlich erkennbar anwenden. Um das Bewußtsein für die Vorteile weiblicher Führungsmethoden in den Organisationen zu stärken, müssen Frauen, die sich mit ihnen identifizieren und sie als natürliche Erweiterung ihrer Funktionsweise betrachten, diese Fähigkeiten stärker einsetzen, statt sich zurückzuhalten und anzupassen. Natürlich besteht immer die Möglichkeit, daß andere das mißbilligen. Doch wie groß ist dieses Risiko im Vergleich zu den negativen Konsequenzen des Spielens angepaßter Rollen? Wichtiger noch: Wieviel können Sie potentiell gewinnen, wenn Sie sich selbst treu bleiben und alle Ihre Stärken und Begabungen einsetzen, um wirkungsvoller zu managen?

Die Bedeutung des Sich-selbst-treu-Bleibens ist ein Gedanke, den die erfolgreichen weiblichen Manager von heute für ganz entscheidend halten. Die Unternehmerin Deborah Field sagt in diesem Zusammenhang: *„Ich bin unbedingt der Ansicht, die Frauen sollten sich mehr auf ihr einmaliges Selbst verlassen, statt irgend jemanden zu imitieren. Auf diese Art können sie zur Volkswirtschaft eine Menge Mehrwert beisteuern."*

Bei ihrer Tätigkeit für Großunternehmen hat die Organisationsberaterin Edith Whitfield Seashore bereits die positiven Wirkungen dieses nichttraditionellen Stils erlebt. Nach ihrer Erfahrung *„müssen Frauen bei ihrem Aufstieg in Organisationen auf ihren eigenen Stil achten. Sie müssen sich über ihre ganz speziellen Eigenschaften klar sein, deren Bewahrung für sie nützlich wäre – und ebenfalls für ihre Organisationen."*

Bedeutet dies, daß Frauen ihren Stil nicht ihrem besonderen Arbeitsumfeld anpassen sollten? Gewiß nicht. Alle Manager, gleich welchen Geschlechts, müssen sich organisatorischen Normen anpassen. Es gehört zu den Fakten unternehmerischer Tätigkeiten, daß einige stilistische Unterschiede gedämpft werden müssen, um im Management insgesamt erfolgreich sein zu können. Für viele weibliche Manager ist dieser Anpassungsvorgang jedoch zu weit gegangen, hat sie veranlaßt, grundlegende Identitäten und Werte aufzugeben. Zwar sind für Überleben und Erfolg in einer komplexen Organisation Kompromisse notwendig, doch darf man nicht die eigene Identität aufgeben. Das ist nicht nur selbstzerstörerisch; in den meisten Fällen bleibt dann auch der Erfolg als Manager aus.

Die weiblichen Manager von heute müssen ihren persönlichen Aktivismus als ein ständiges und beharrliches Bemühen ansehen, Bewußtsein und Akzeptanz für nichttraditionelle Führungseigenschaften zu wecken. Am besten geschieht das durch Gespräche und beispielhaftes Verhalten. Die Aktion muß überlegt, vernünftig und natürlich erfolgen, ohne propagandistische Plakate und Proteste. Sie muß vor allem deutlich herausstellen, daß Frauen auf andere Art, aber durchaus wirkungsvoll managen, wenn man ihnen erlaubt, sich selbst treu zu bleiben.

Lynda Confessore, Leiterin der Abteilung Public Relations der Firma Levenstein and Gaines Advertising, ist so ein beispielhaftes Modell. Sie hat im Laufe ihrer eigenen erfolgreichen Karriere hart daran gearbeitet, das Bewußtsein für weibliche Führungsfähigkeiten zu wecken und in den Unternehmen einen entsprechenden Wandel herbeizuführen. Sie ist der Ansicht: *„Nur wenn mehr Frauen als bisher nach oben gelangen und dabei ihren persönlichen Managementstil bewahren, wird sich wirklich etwas ändern. Wenn möglichst viele Unternehmen weibliche Manager erleben, die mit Hingabe ihre Arbeit verrichten und dabei eine andere Auffassung von Führung vertreten, wird man uns ernst nehmen. Ich habe das schon erlebt, weiß aber auch, daß dies viel Zeit und Mühe kosten wird.“*

Wendy Fleder, Managerin für Marketing bei der Nynex Corporation, glaubt ebenfalls, daß Frauen sich darauf konzentrieren sollten, ein neues Beispiel zu geben, um den Wandel herbeizuführen. *„Überall in den Unternehmen bestärkt man die Frauen darin, sich wie Männer zu verhalten. Jetzt ist es an uns, die Aufmerksamkeit darauf zu lenken, daß es noch einen anderen Weg gibt. Frauen haben so viel zu bieten, vor allem im Bereich wirkungsvoller Zusammenarbeit. Diejenigen von uns, die wissen, daß wir auf andere Weise managen, und die auf diesen Unterschied stolz sind, müssen endlich an die Öffentlichkeit gehen. Wir sollten mehr Wert darauf legen, daß andere uns auf diese Art managen sehen und von uns hören.*

Anfänglich wird bereits die Erwähnung des Wortes ‚Unterschied' Aufregung verursachen. Doch werden wir das wohl durchstehen können, indem wir uns auf das konzentrieren, was wir zu bieten haben, und indem wir anderen zeigen, wie unser unterschiedlicher Stil funktioniert. Wir versuchen ja gar nicht, das System zu bekämpfen. Wir wollen es nur verbessern. Gerade in der heutigen Zeit können wir viel dazu beitragen, unseren Organisationen zu einem wirksameren Management zu verhelfen."

6. Stärkung des unternehmerischen Bewußtseins

Bisher haben wir davon gesprochen, wie Frauen in den Organisationen, für dic sie tätig sind, positive Veränderungen bewirken können, wenn sie sich selbst treu bleiben und andere Frauen ermutigen, ihren eigenen Managementstil zu entwickeln, und als nichttraditionelle Führungsmodelle hervortreten. Doch gibt es für sie noch eine andere, gleichfalls wichtige Aufgabe zu erfüllen, die auch für Männer neue Türen aufstoßen kann.

Heute sind viele männliche Manager, die mehr Ausgeglichenheit und Zufriedenheit an ihrem Arbeitsplatz und in ihrem Privatleben erreichen wollen, besorgt wegen der Auswirkungen des Maskulinismus und seiner Betonung des Konkurrenz- und Karrieredenkens. Da inzwischen viele von ihnen einige Werte und Traditionen in Frage stellen, die an sich die Unternehmenskultur geformt haben, können Frauen als Katalysatoren des Wandels dienen. Durch den Nachweis, daß es mehr als einen wirksamen Managementstil gibt, können Frauen die Vielfalt der auch den Männern zur Verfügung stehenden Optionen erweitern.

In vielen Unternehmen interessieren sich inzwischen auch Männer für die Prinzipien und Eigenschaften weiblicher Führung. Im Gegensatz zu den traditionelleren Managern erkennen sie die Vorteile dieser Führungsmethode und ziehen es vor, vieles davon zu übernehmen. Doch ist ihre Möglichkeit, diesen bevorzugten Stil akzeptiert zu sehen, durch die Erwartungen begrenzt, die andere in ihre Rolle als maskuline Führer setzen. Ironischerweise haben gerade diese Männer in vielen Unternehmen weniger Freiheit, mit den überlieferten Traditionen des Maskulinismus zu brechen als Frauen, und warten auf die Zeit, in der weibliche Führungskunst in ihren Organisationen allgemein anerkannt wird. Dann erst wird auch der Weg für neue männliche Führungsmodelle gebahnt sein.

7. Beharrlichkeit und Vorausschau

Spricht man mit weiblichen Führungspersönlichkeiten darüber, wie sie persönlich die Zukunft sehen, dann wird klar, daß sie auf den Augenblick warten, in dem die Organisationen beide Geschlechter ermutigen werden, ihre gesamten Fähigkeiten und Perspektiven effektiv für das Management einzusetzen. Dabei sind sie sich darüber klar, daß ein größerer Bereich akzeptabler Optionen für beide Geschlechter nur dann gegeben sein wird, wenn Frauen innerhalb der Organisationen als ernstzunehmende und leistungsfähige Manager anerkannt werden.

Es ist keine leichte Aufgabe, die Managementnormen innerhalb der von Männern dominierten Unternehmenskultur so zu verändern, daß auch die weiblichen Führungsfähigkeiten einbezogen werden. Andererseits ist das kein unmögliches Traumziel. Überall in der Welt der Unternehmen haben Frauen Erfolg, weil sie ihrem eigenen Stil treu bleiben, und in einigen Unternehmen wächst das Verständnis dafür, daß weibliche Führungsmethoden einen wertvollen Beitrag zum Managementmix leisten. Wenn dieser Prozeß auch Zeit braucht, so sind doch schon ermutigende Anzeichen erkennbar, daß er sich auszuwirken beginnt. Was wir jetzt brauchen, ist Beharrlichkeit, Vorausschau und die persönliche Überzeugung, die nötig ist, um die in Gang gekommene Entwicklung fortzuführen.

Für die amerikanischen Unternehmen sind hervorragende Leistungen durch neue Führungsmethoden ein erstrebenswertes und entscheidendes Ziel. Die weiblichen Führungspersönlichkeiten müssen darin so etwas wie eine fortlaufende persönliche Verpflichtung sehen. Nie zuvor hatten weibliche Manager eine solche Chance, sich in ihren Organisationen hervorzutun. Sie können nicht nur zu einer einflußreichen kritischen Masse werden, sondern dem Konzept der Humanisierung des Arbeitsplatzes auch neuen Sinn verleihen. Durch ihr persönliches Beispiel können sie andere Frauen inspirieren, es ihnen nachzutun, und auch den Männern neue Wege erschließen. Dr. Sharon Connelly von der University of Southern California faßt die Herausforderungen zusammen, wenn sie feststellt: *„Heute besteht im Management ein großer Bedarf an Vorausschau und innerer Anteilnahme. Um Menschen inspirieren zu können, Risiken auf sich zu nehmen und schöpferisch tätig zu sein, müssen Unternehmensführer zukunftsorientiert sein. Sie müssen sich auf neue Beziehungen zwischen Menschen konzentrieren. Ich halte das für eine sehr feminine Eigenschaft."*

Kapitel 14

Was Männer tun können

Im Gegensatz zu den anderen Kapiteln dieses Buches ist dieses hier speziell für Männer geschrieben, vor allem für diejenigen, die das Konzept weiblicher Führung bejahen und es in ihren Organisationen stärker entwickeln möchten. In den vergangenen Jahren habe ich überall im Lande Hunderte von männlichen Managern gesprochen, die große Anteilnahme für dieses Thema zeigten. Einige von ihnen arbeiten mit Frauen zusammen, die sich dieses weiblichen Stils bedienen und daher an seiner weiteren Entwicklung sehr interessiert sind. Andere Männer glauben an die Idee und begreifen instinktiv ihren Nutzen, haben sie jedoch noch nicht in der Praxis erlebt.

Woher ihr Interesse auch kommen mag, diese Männer erkennen das Potential für einen Wandel, das dieser aufkommende Führungsstil repräsentiert. Sie begreifen, daß größere Freiheit und Unterstützung für einen besonderen weiblichen Führungsstil auch Männern größeren Spielraum und Chancen verschaffen würde. Denn weibliche Führung basiert auf dem starken Glauben an ihren Nutzen für die Individuen und die Institutionen einer pluralistischen Unternehmenskultur. Diese Kultur ermutigt alle Menschen, ihre Kreativität und einzigartigen Fähigkeiten zu nutzen, um sich selbst, ihren Kollegen und ihren Organisationen zu Wachstum und Wohlstand zu verhelfen.

Wenn Männer sich dieses Ziel setzen, können sie einiges zur Förderung der neuen Führungsmethoden tun und damit den Organisationen helfen, neue Parameter für zeitgemäßes Management zu definieren. Bevor wir darauf näher eingehen, möchte ich den Leser zur Vorsicht ermahnen. Die in diesem Kapitel umrissenen Ideen nehmen Bezug auf eine Reihe strittiger Fragen, die in den beruflichen

Beziehungen zwischen Männern und Frauen ernsthafte Probleme aufwerfen. Zwar leben wir schon seit Jahren mit diesen Problemen, doch fällt es beiden Geschlechtern immer noch schwer, sie offen anzusprechen und in den Griff zu bekommen. Die Diskussionen darüber sind schon deshalb schwierig, weil sie in der Vergangenheit oft zu gegenseitigen Anschuldigungen geführt haben, ohne eine echte Lösung zu bewirken.

In diesem Kapitel habe ich einige Maßnahmen beschrieben, die Männer in den Betrieben ergreifen könnten, um die durch den dominierenden Maskulinismus geschaffenen Probleme zu lösen. Meine Anregungen beruhen auf dem mehr als fünfzehnjährigen Studium dieser Fragen in vielen Organisationen sowie auf Diskussionen mit Tausenden von weiblichen und männlichen Managern über denkbare Lösungen. Ich will hier keine Schuldzuweisungen vornehmen, sondern aufrichtig über das derzeitige Klima in den Unternehmen sprechen, um bei nachdenklichen Männern für ihre Unterstützung des notwendigen Wandels zu werben. Meine Beschreibung des gegenwärtigen maskulinen Betriebsklimas mag einigen Lesern hart erscheinen. Doch schafft gerade dieses Klima vielen Frauen ernste Probleme. Die Situation der Frauen in unseren Unternehmen erfordert eine kritische und ehrliche Prüfung, wenn sie sich je zum Besseren ändern soll. Und das muß sie, wenn unsere Organisationen überleben sollen.

In meinen Gesprächen über die Notwendigkeit des Wandels haben mir viele Männer und Frauen ihre Strategien erläutert, mit denen sie in ihren eigenen Betrieben ein günstiges Klima für den Wandel geschaffen haben. Einige dieser Strategien wurden offensichtlich in Firmen praktiziert, in denen ein echter Wandel bereits im Gange ist, und in denen Frauen als einflußreiche Kräfte im Management tätig sind. Diese Strategien tragen dazu bei, das Klima zu schaffen, das Frauen brauchen, um ihren ganz persönlichen und natürlichen Managementstil zu entwickeln.

Komplexe Organisationen benötigen eine solide Grundlage für den Wandel – eine Grundlage, die das Konzept des Pluralismus unterstützt und weiblicher Führung den Weg ebnet. Mit den nachfolgend beschriebenen Maßnahmen können Männer in ihren Firmen diese Grundlage schaffen:

1. Die Existenz grundlegender strittiger Fragen anerkennen

Bisher haben wir erörtert, welche negativen Auswirkungen der Maskulinismus in unseren Betrieben auf Frauen hat, und auf welche Weise er sie bei der Ausübung ihrer Führungsrollen behindert. Ferner sprachen wir darüber, welchen Verlust an Kreativität die Organisationen erleiden, wenn weibliche Manager zur Anpassung gezwungen werden. Die negativen Konsequenzen sind also bekannt. Warum bleibt es dann immer noch bei dieser Situation?

Der Hauptgrund dafür: Unsere Gesellschaft beharrt auf der festen Überzeugung, Gleichberechtigung bedeute Gleichheit und lasse keine Unterschiede zu. Zwar hat diese Anschauung den Frauen einige Türen geöffnet, sie andererseits jedoch daran gehindert, eine eigene Identität zu entwickeln und in den Organisationen einen Stil zu entwickeln, der ihre persönlichen Wertvorstellungen, Ansichten und ihr Verhältnis zu ihrer Umwelt zum Ausdruck bringt.

Wer heute von Gleichstellung der Frau in geschäftlichen Unternehmen und sonstigen formalen Institutionen spricht, meint damit, Frauen müßten wie Männer behandelt werden. Sie müßten sich auch ähnlich wie Männer verhalten, ähnlich denken, nach denselben Regeln leben und denselben Traditionen folgen – auch wenn sie von Natur aus andersartig sind.

Das Problematische an dieser Denkweise ist, daß sie viele grundlegende Fakten ignoriert, die auf stilistische Unterschiede zwischen

Männern und Frauen hinweisen. Außerdem vereinfacht sie zu sehr die gegenwärtige Situation der Frauen, die innerhalb ihrer Organisationen eine erfolgreiche Laufbahn anstreben. Wer so denkt, setzt voraus, daß die Identifizierung von Unterschieden am Ende die Ungleichheiten und Konflikte noch verstärken wird, statt die gegenseitige Achtung und ein besseres Verstehen zwischen den Geschlechtern zu bewirken.

Die Vorstellung, Gleichstellung bedeute absolute Gleichheit, war wohl in den sechziger und siebziger Jahren als kurzfristige Strategie von einigem Nutzen. Jetzt ist es jedoch an der Zeit, ihre offensichtlichen Schwächen und Grenzen zu erkennen und die Realität in den Organisationen zu verdeutlichen.

Meine Gespräche mit vielen Topmanagern haben meine Meinung bestärkt, daß die meisten davon überzeugt sind, daß Frauen einen anderen Managementstil praktizieren. Dennoch zögern sie, diesen Unterschied öffentlich zuzugeben, weil sie befürchten, damit stereotype Vorurteile auszusprechen. Einer von ihnen sagte mir: *„Es ist uns eingehämmert worden, nicht über Unterschiede zu sprechen, um zu vermeiden, sexistisch zu wirken. Auch wenn ich von einem speziellen weiblichen Stil überzeugt bin, sage ich das ungern. Ich glaube nicht, daß Frauen schlechtere Manager sind. Im Gegenteil – einige unserer Damen halte ich für besser als die Männer. Spreche ich jedoch aus, daß sie anders sind, dann riskiere ich, als unfair zu gelten.“*

Weil früher negative Vorurteile und Unterschiede zwischen den Geschlechtern so sehr durcheinandergebracht wurden, fällt es heute schwer, sie klar zu trennen. Es ist jedoch von entscheidender Bedeutung, daß Männer wie Frauen den Gordischen Knoten durchschlagen, der entstand, als man zwanzig Jahre lang Gleichberechtigung mit voller Gleichartigkeit verwechselte und die Thematik dadurch übermäßig vereinfachte. Nach fast zwei Jahrzehnten in Managementpositionen haben die Frauen ihre Kompetenz unter Beweis gestellt. Früher, als ihre Sachkenntnis und ihre Erfolge noch nicht erwiesen waren, hätte das Hervorheben der Unterschiede ihre Erfolgschancen beeinträchtigt.

Nunmehr sollten endlich fortschrittlich denkende Männer in ihren Organisationen den Dialog über die Unterschiede zwischen den Managementmethoden von Frauen und Männern in Gang bringen. Es ist an der Zeit, daß sie anderen Managern die Auswirkungen das Maskulinismus auf weibliche Manager bewußt machen, selbst wenn sie damit das eigene Ansehen aufs Spiel setzen.

2. Die Unterschiede kennenlernen

Männern, die bisher noch wenig Erfahrung mit dem Managementstil weiblicher Kollegen haben, empfehle ich, den zweiten Teil dieses Buches zu lesen. Die Praxis erleben sie anschließend durch persönliche Beobachtungen in der Firma. Dabei sollten sie auf ein Führungsverhalten achten, das zwar anders als das eigene, jedoch nicht weniger effektiv ist. Damit rate ich nicht zur genauen Beobachtung aller einzelnen Handlungen weiblicher Manager. Vielmehr sollten sie die Konsequenzen dieser Handlungen zum endgültigen Maßstab ihrer Effizienz machen.

In den meisten Organisationen dürfte es einige Manager geben, die bereit sind, mit männlichen Kollegen über die Unterschiede zu sprechen, deren sie sich bewußt sind. Doch sollten die Männer nicht glauben, die Frauen warteten geradezu auf eine solche Diskussion. Ebenso wie es Männern schwerfällt, diese Thematik zu erörtern, sind die meisten Frauen davon überzeugt, sie müßten sich anpassen, um als Manager akzeptiert zu werden. Deshalb glauben sie auch, das Betonen der Unterschiede werde sie den Männern entfremden, mit denen sie zusammenarbeiten.

Bei der Suche nach Gelegenheiten, die Auswirkungen des Maskulinismus auf weibliche Manager zu erkennen, müssen die Männer einsehen, daß es ihnen selbst schwerer fallen wird, diese Wirkungen zu sehen, als vielen Frauen. Selbst Männer, die der überbetonten maskulinen Unternehmenskultur ablehnend gegenüberstehen, haben immer noch mehr Möglichkeiten als Frauen, innerhalb dieses Umfeldes effektiv tätig zu sein. Darum sollte ein Mann bei dieser Diskussion keinesfalls versuchen, Frauen zu überzeugen, ihr Problem sei auch das seine, oder daß das Problem gar nicht so kompliziert sei, wie viele vielleicht glauben. Statt zu versuchen, diese Frauen auf ihre Seite zu ziehen, wäre es für die Männer viel aufschlußreicher, zuzuhören, was weibliche Kollegen zu diesem Thema zu sagen haben. Nur so könnten sie mit der Zeit erkennen und verstehen, wie viele Frauen das Betriebsklima wirklich sehen.

Mit ziemlicher Wahrscheinlichkeit wird es auch einigen Frauen schwerfallen, dieses Thema zu diskutieren. Sie brauchen zunächst einmal Zeit, sich über ihre eigenen Gedanken und Empfindungen klar zu werden. Da ist Geduld geboten. Zu bedenken ist nämlich, daß die Frauen lange Zeit hindurch darin bestärkt wurden, über bestehende Unterschiede gar nicht nachzudenken. Doch ist es niemals zu spät, damit zu beginnen.

3. Wirksame Führungsmodelle neu definieren

Die Notwendigkeit, den Führungsstil zu ändern, wird heute zwar viel diskutiert. Doch wird dabei kaum die bedeutsame Rolle erkannt, die Frauen dabei spielen können. Nahezu allgemein deutet man den erforderlichen Wandel der Managementmethoden als bloße Modifizierung des überlieferten männlichen Modells.

Die Anerkennung eines besonderen weiblichen Führungsmodells als Alternative zum traditionellen Management wäre der erste Schritt, um neu zu definieren, was effektive Führung für die Volkswirtschaft bedeutet. Sie würde den Prozeß des Wandels einleiten, der schließlich zu vermehrten Optionen und Entfaltungsmöglichkeiten für *alle* Manager führt, sowohl für Männer wie auch für Frauen. Das weibliche Führungsmodell ist u. a. eine Folge der Sozialisation und der biologischen Eigenschaften der Frauen. Männer, die sich durch den Maskulinismus in ihren Unternehmen eingeengt fühlen, brauchen andere Managementmodelle, und zwar solche, die ihnen mehr Verhaltensmöglichkeiten bieten und ihnen dennoch ermöglichen, ihre maskulinen Traditionen und ihre eigene Identität zu wahren.

Das Konzept androgynen Managements ist zwar interessant, doch hat es ebenfalls die Tendenz, die realen und unveränderlichen Unterschiede zwischen den Geschlechtern übermäßig zu vereinfachen und trivial erscheinen zu lassen. Als Männer und Frauen können wir einfach nicht in jeder Hinsicht gleich sein. Unsere Biologie und unsere Sozialisation sind recht unterschiedlich und haben jedem von uns ein anderes Erbe hinterlassen.

Als Konzept hebt Androgynie die Vorteile für die Organisationen hervor, die sich der größtmöglichen Bandbreite der verfügbaren männlichen und weiblichen Führungsfähigkeiten bedienen. Doch ist diese Idee für die überwiegende Mehrheit der Männer und Frauen nicht in einen realistischen Managementstil umsetzbar. Statt sich selbst das uniforme, jedoch unerreichbare Ziel zu setzen, androgyne Manager zu werden, wäre Männern und Frauen besser gedient, wenn sie gegenseitig ihre eigenen Stile anerkennen und mehr darüber lernen würden, worin sie sich ähnlich sind und worin sie sich unterscheiden.

Wenn sie sich mit der Realität statt mit einem unerreichbaren Ziel befassen, werden Männer und Frauen viel eher dazu kommen, sich gegenseitig zu verstehen und zu respektieren, und zwar als unterschiedliche, aber gleichwertige Partner in der Arbeitswelt.

4. Aufbau von größerem Problembewußtsein bei den Männern

In der Anfangszeit der feministischen Bewegung waren viele Männer stolz darauf, als Chauvis bezeichnet zu werden. Der Feminismus war für sie eine vorübergehende Modeerscheinung. Nachdem dann im Laufe der Zeit immer mehr Frauen von Sexismus sprachen, wurden viele männliche Manager verwirrt und gerieten in die Defensive. Warum attackierte man sie wegen der Sünden ihrer Väter? Was war daran so unerhört, daß sie Frauen einfach als „Girls" bezeichneten? Warum reagierten einige Frauen in diesen Dingen so überempfindlich, während andere behaupteten, das mache ihnen überhaupt nichts aus? Da die Antworten auf diese Fragen lauter, unter weiblichen Managern jedoch weniger schlüssig wurden, gaben einige Männer den Versuch auf, die Thematik zu verstehen, und wurden der ganzen Debatte überdrüssig. Leider gaben sie auf, lange bevor das Problem gelöst war.

Heute haben einige traditionelle Manager die Diskussion wieder aufgenommen. Zwar zögern sie immer noch, die Probleme anzuerkennen, die der Maskulinismus in den Unternehmen vielen Frauen bereitet, doch sind sie neugierig zu erfahren, warum es auch Männer gibt, die die Situation anders sehen. In Diskussionen mit Befürwortern weiblicher Führungsfähigkeiten entdecken traditionelle Manager, daß diese Idee ihren eigenen Stil weder entwertet noch eine Spaltung im Management bewirkt. Statt dessen kann sie Männern und Frauen zu wirksamerer Zusammenarbeit verhelfen, wenn die Wahrnehmung und Respektierung der stilistischen Unterschiede stärker wird.

Zu den erfolgreichsten Maßnahmen, die realitätsbewußte Männer zur Förderung des Wandels ergreifen können, gehört es, das Bewußtsein für den Maskulinismus der männlichen Kollegen zu wekken. Im Gegensatz zu Frauen können sie oft besser mit traditionellen Managern über dieses Thema diskutieren, ohne diese gleich in die Defensive zu drängen. So können sie auch anderen Männern helfen, sich zu wandeln und fortzuentwickeln. Außerdem können sie bei dieser Gelegenheit klarmachen, daß Maskulinismus in der Firma nicht nur ein Problem für Frauen ist, sondern eine Thematik, die auch die Männer betrifft und zu ihrer Lösung deren Energie und Anteilnahme erfordert.

5. Fördere Integration, nicht Anpassung

Heute erkennen immer mehr Männer an, welchen Mehrwert weibliches Management zur Rolle des Managements ganz allgemein beisteuert. Diese Anerkennung alleine kann aber noch nicht das für den Wandel erforderliche Klima schaffen. Sollen die Frauen jemals ihre wahre Leistungsfähigkeit als kompetente Managerinnen erbringen können, müssen die männlichen Kollegen und Vorgesetzten den speziellen Führungsstil der Frauen unterstützen, ihre Kolleginnen ermutigen, sich selbst treu zu bleiben. Schließlich müssen sie die Leistungen der Frauen für das Unternehmen anerkennen und herausstellen.

Wichtiger noch wäre, daß die Männer gegen eine Unternehmenspolitik und organisatorische Praktiken Stellung beziehen, die den Frauen Anpassung an männliche Normen und Nichtachtung ihrer weiblichen Führungsfähigkeiten abverlangt.

Die Männer sollten in den ihnen unterstellten Abteilungen danach streben, eine nur scheinbare Kollegialität durch echte Teamarbeit zu ersetzen. Sie sollten stets daran denken, die weiblichen Kollegen in den Entscheidungsprozeß einzubeziehen, und immer gewahr bleiben, daß Frauen oft davon ausgeschlossen werden, selbst von Männern mit den besten Absichten. Barbara Blum, Präsidentin einer Bank und ehemalige Regierungsbeamtin, bemerkt dazu: *„Frauen werden oft von der Macht ausgeschlossen, ganz gleich, welche Position sie bekleiden. Als ich stellvertretender Direktor der Wahlkam-*

pagne für Carter/Mondale im Jahr 1976 war, stellte sich oft heraus, daß Entscheidungen alleine von den Männern getroffen wurden, irgendwo in einem Zimmer eines abgelegenen Motels, bei einem Glas Bier, die Füße auf den Betten. Ich bekam davon meist erst hinterher zu hören.“

Würden mehr Männer als bisher Frauen in ihre Teams fest einbeziehen, wären sie wahrscheinlich von der Qualität ihrer Beiträge überrascht. Frauen sehen die Probleme und Organisationsdynamik anders. Ermutigt man sie, ihre Reaktionen und Ideen vorzubringen, dann sind sie oft Quellen einsichtsvoller und ungewöhnlicher Lösungen. Männer können auch damit rechnen, von den weiblichen Mitgliedern ihrer Teams die Wahrheit zu hören, vorausgesetzt, sie machen deutlich, daß sie diese hören wollen. Es ist nämlich typisch für weibliche Manager, daß es ihnen schwerfällt, die Wahrheit zu verdrehen, um anderen damit nach dem Munde zu reden. Ihnen ist es weitaus lieber, geradeheraus zu sprechen, als sich zweideutig auszudrücken.

Sollen Frauen voll integrierte Mitglieder des Managementteams werden, dann müssen die Männer auf ihre Ideen achten, ihre Beiträge richtig werten und aufhören, sich abfällig über sogenannte emotionale Reaktionen zu äußern. Es genügt nicht, einfach weibliche Manager in die Organisation zu holen; es müßten auch ernsthafte Bemühungen unternommen werden, deren Stärken maximal zu nutzen. Nur dann können Frauen innerhalb von Organisationen ihr wahres Potential voll entfalten.

6. Bauen Sie berufliche Beziehungen zu Frauen auf

Trotz des Interesses vieler Männer an der Entwicklung legitimer kollegialer Beziehungen zu ihren weiblichen Mitmanagern waren einige von ihnen bisher nicht imstande, ihre alten maskulinen Vorstellungen darüber aufzugeben, wie diese Beziehung zu Frauen geartet sein sollte. So beachten beispielsweise viele Männer weibliche Manager nicht, die sie physisch unattraktiv finden, ganz gleich, wie gut diese ihren Job auch ausführen möchten. Obwohl sie das ungern zugeben, spielt Sexualität in ihren Beziehungen zu berufstätigen Frauen immer noch eine wichtige Rolle. Solche Kollegen genießen die Zusammenarbeit mit Frauen offensichtlich nur dann, wenn dabei ein erotisches Fluidum sowie die unausgesprochene Möglichkeit künftiger sexueller Beziehungen spürbar ist.

Ob eine Frau derartige Phantasievorstellungen teilt oder nicht, scheint die Männer wenig zu kümmern. Tatsächlich ziehen Männer es in vielen Fällen vor, mit Frauen zusammenzuarbeiten, die an ihnen überhaupt nicht interessiert sind – um jede mögliche ernsthafte Komplikation zu vermeiden. Die Komplikationen jedoch, die dieses Verhalten für Frauen schafft, sind dennoch recht schwerwiegend.

Solange diese Männer Frauen im Betrieb weiterhin als Sexobjekte ansehen, können sie nicht hoffen, gleichberechtigte Beziehungen zu ihnen aufzubauen. Wenn auch in den Beziehungen zwischen Männern und Frauen am Arbeitsplatz stets ein gewisses sexuelles Element vorhanden sein wird, so sollte Sex-Appeal nicht für eine bestimmte Managementposition qualifizieren oder disqualifizieren. Solange Männer nicht lernen, ihre sexuellen Empfindungen vom Beruf zu trennen und Frauen alleine nach ihren Fähigkeiten und ihrer Sachkompetenz zu bewerten, werden sie jeder Frau, der sie begegnen, einen schlechten Dienst erweisen, ohne Rücksicht darauf, ob sie diese Frau in ihrer Phantasie begehren oder ablehnen.

In Gesprächen mit männlichen Führungskräften überrascht mich oft die Sorge, die viele Männer im Hinblick auf ihre berufstätigen Ehefrauen oder Töchter empfinden, die sich ihrerseits um erfolgreiche Laufbahnen in der Welt der Unternehmen bemühen. Würden alle Männer ihre weiblichen Kollegen mit derselben Rücksichtnahme und professionellen Haltung behandeln, wie sie das für ihre lieben Familienangehörigen wünschen – welch auffallende Unterschiede würden wir doch in vielen Firmen erleben!

7. Werde zum aktiven Befürworter weiblichen Managements

Schließlich können Männer eine wirkliche Änderung in der Akzeptanz weiblicher Führungskräfte bewirken, wenn sie zu aktiven Befürwortern der Frauen in ihren Organisationen werden. Sie dürfen sich nicht einfach in ihrem Sessel zurücklehnen und schweigen, wenn weibliche leitende Manager erheblich niedrigere Gehälter beziehen als ihre männlichen Kollegen. Sie sollten dagegen Stellung nehmen. Ferner sollten sie es nicht länger dulden, wenn Männer in ihrer Organisation die besten Posten erhalten, sondern sollten darauf achten, daß eine Beförderung nur nach wirklichen Verdiensten ausgesprochen wird und Frauen ihren fairen Anteil an Zusatzleistungen erhalten. Sie sollten es nicht zulassen, daß eine Frau bei einer wichtigen Beförderung nur deshalb übergangen wird, weil jemand meint, sie könnte schwanger werden und die Firma verlassen. Sie sollten statt dessen darauf hinweisen, daß einige der erfolgreichsten amerikanischen Manager berufstätige Mütter sind, die mit Überlegung und hervorragendem Können ihre Karriere ebenso bewältigen wie die Betreuung ihrer Familie.

In den amerikanischen Unternehmen kontrollieren Männer nach wie vor den überwältigenden Anteil von Macht und Einfluß. Die Förderung weiblicher Führungspersönlichkeiten und des weiblichen Führungsstils hängt weitgehend von der aktiven Unterstützung und Befürwortung dieser Männer ab. Es genügt nicht, wenn einflußreiche männliche Manager sich aufgeklärt geben. Die weiblichen Manager brauchen für ihren Erfolg deren Beistand und Kooperation.

Kapitel 15

Worauf es wirklich ankommt: Was Organisationen tun können

Bisher haben wir uns auf das konzentriert, was Männer und Frauen tun können, um weibliches Management in Unternehmen zu fördern. Soll dieser Wandel im Managementstil zu einem dauerhaften Teil der Unternehmenskultur werden, sind mehr als individuelle Anstöße erforderlich. Wir brauchen auch die aktive und anhaltende Unterstützung durch die Organisationen. Dieses Kapitel, das sich mit der Frage befaßt, was Organisationen in diesem Bereich tun können, konzentriert sich auf die Formen von Unternehmenspolitik, Programme und Prozeduren, die diesen alternativen Managementstil institutionalisieren könnten.

Vor der Beschäftigung mit spezifischen Maßnahmen, die Organisationen ergreifen können, wollen wir zunächst eine andere Verhaltensänderung in Erwägung ziehen, die in Organisationen, und dort vor allem im Topmanagement, erfolgen muß. Soll weibliche Führungskunst zu einer starken Kraft in der Volkswirtschaft werden, dann müssen erst einmal die Topmanager von dem Nutzen überzeugt werden, den ein stärker partizipierender Managementstil ihren Unternehmen bringen würde. Bei vielen Leitenden herrscht da immer noch Skepsis. Doch gibt es bereits zahlreiche Beispiele für die positiven Auswirkungen des partizipierenden Managements auf die Produktivität und Arbeitsmoral in der gesamten Wirtschaft.

Sobald mehr Topmanager davon überzeugt werden, in ihren Betrieben partizipierendes Management einzuführen, wird sich auch eine entsprechende Verlagerung des Managementstils durchsetzen. In vielen Fällen erleben wir bereits größere Bereitschaft, die strengen Kontrollen zu Gunsten einer stärkeren Einbeziehung der Mitarbeiter zu lockern. Man legt inzwischen schon mehr Wert auf Kooperation statt auf Konkurrenzdenken der Angestellten. Das bisherige Gewicht auf autoritären Taktiken verlagert sich in den Bereich zwischenmenschlicher Beziehungen. Schließlich finden wir auch schon größere Unterstützung für intuitive, nichttraditionelle Problemlösungen und entsprechende Verfahren. In dem Maße, in dem dieses Verhalten sich innerhalb der Organisationen wandelt, wird auch die Empfänglichkeit des Topmanagements für weiblichen Führungsstil größer. Da immer mehr weibliche Manager die Wirksamkeit ihrer alternativen Methode demonstrieren, gewinnen sie auch in stärkerem Maße die Achtung und Zustimmung ihrer männlichen Kollegen. Mag der weibliche Stil auch nicht dem traditionellen entsprechen, es wird selbst dem konservativsten Manager schwerfallen, sichtbare Erfolge hinwegzudiskutieren.

Beispiele für diesen evolutionären Prozeß sind noch rar. Unter den wenigen Beispielen von Organisationen, die ihn praktizieren, ist vor allem das Hunter College zu nennen, eine öffentliche Bildungseinrichtung in New York City mit 14 000 eingeschriebenen Studenten. Seine Präsidentin, Dr. Donna Shalala, sprach von dem veränderten Verhalten, das als Folge der Bemühungen dieses Colleges um Institutionalisierung weiblichen Managements auf den oberen Managementebenen sichtbar geworden ist. *„Einige der traditionellsten, ja selbst chauvinistischen Manager in dieser Institution sind inzwischen zu Stützen dieser Strategie geworden, weil sie ihrer Ansicht nach die Produktivität steigert . . . Würde heute jemand zu ihnen sagen, das sei eine feministische Strategie, würden sie erwidern: ‚Das ist nicht nur eine feministische Strategie; das ist gute Managementstrategie.' Sie sind vom Saulus zum Paulus geworden, weil sie gute Ergebnisse gesehen haben."*

Mit Unterstützung durch das obere Management können weibliche Führungsmethoden zu einem akzeptierten, geschätzten und dauerhaften Teil der Organisationskultur werden. Die typisch weiblichen Führungsqualitäten können in das Gewebe der Organisation einbezogen werden, wenn das Unternehmen eine formelle Politik und entsprechende Praktiken entwickelt, um gegen die auffallendsten Aspekte maskuliner Vorurteile anzugehen. Die Führung einiger Firmen bemüht sich bereits um diesen Wandel. Folgende Aktivitäten zur Stützung weiblicher Managementmethoden haben nach Ansicht vieler Männer und Frauen im Management die weitreichendsten Auswirkungen:

1. Stellen Sie noch mehr Frauen ein

Zwar ist die Zahl der Frauen in Managementposten in den jüngsten Jahren stark gestiegen, doch gaben vornehmlich Gesetzgebung und von der Regierung gestützte Aktionsprogramme den Anstoß zu diesen massiven Veränderungen. Seit 1980 wurde die gesetzliche Erzwingung gleicher Chancen stark gelockert. In einer offiziellen Publikation der League of Women Voters (Liga weiblicher Stimmberechtigter) heißt es: *„Die beiden vergangenen Jahrzehnte waren gekennzeichnet durch die schrittweise Ausdehnung der Regierungsmaßnahmen zur Erzwingung gleicher Beschäftigungschancen. Die Politik der allerletzten Jahre jedoch hat diese Entwicklung ernsthaft in Frage gestellt . . . Gerichtsverfahren wegen Verletzungen des Prinzips der Gleichbehandlung sind in den vergangenen Jahren auffallend weniger geworden . . . Die Bemühungen der zuständigen Organisationen zur Erzwingung der Gleichbehandlungen wurden durch Kürzung der Budgetmittel und des Personals behindert."* [87]

Es obliegt in zunehmendem Maße den zuständigen Managern darauf zu achten, daß Buchstabe und Geist des Gesetzes von ihrer Firma weiterhin beachtet werden. In einer Studie der Zeitschrift *Working Woman* über Diskriminierungen wegen des Geschlechts heißt es: *„Der Schlüssel zum Erfolg liegt beim obersten Manager. Verhält er sich in dieser Thematik nur mäßig interessiert, dann wird das ganze Programm pflaumenweich. Wenn ihr oberster Chef wirklich wünscht, daß das Programm funktioniert, werden die mittleren Manager dafür sorgen, daß dies auch geschieht."* [88] Angesichts der gelockerten gesetzlichen Bestimmungen ist der Rückhalt durch den obersten Chef absolut notwendig, wenn der Zustrom kompetenter Frauen zum Management fortdauern soll. Mehr noch – das Bekenntnis zur Chancengleichheit muß über die Einstellungspolitik hinausgehen. Es muß dazu genutzt werden, eine Unternehmenspolitik und Maßnahmen zu entwickeln, die die Rechte der Beschäftigten auf allen Ebenen innerhalb der Organisation schützen und sie ermuntern, alle ihre Fähigkeiten voll anzuwenden.

2. Revidieren Sie die Leistungsbewertungssysteme

Eines der deutlichsten Zeichen für organisatorische Unterstützung weiblicher Managementfähigkeiten wäre, wenn eine Firma ihr Bewertungsverfahren für das Personal so umdefiniert, daß die weiblichen Führungsqualitäten darin zur Geltung kommen. Organisationen, die das tun, werden neben den traditionellen Managementfähigkeiten auch folgende Qualifikationen in den Bewertungsprozeß einbeziehen: Pflege zwischenmenschlicher Beziehungen, effektive Teamarbeit, nichttraditionelle Methoden der Innovation und zum Lösen von Problemen, die Befähigung, vielfältige und pluralistische Arbeitsgruppen fair und effektiv zu leiten. Alle Manager, männliche wie weibliche, werden nach ihren Leistungen in diesen Bereichen bewertet und belohnt. Bei Texas Instruments in Dallas bedient man sich eines formalen Bewertungssystems, um jede Diskriminierung von Frauen zu verhindern. Ein weiblicher Elektroingenieur sagte neulich in einem Interview: *„Einige männliche Vorgesetzte fühlen sich eindeutig durch die Anwesenheit von Frauen in traditionell unweiblichen Arbeitsvorgängen bedroht, doch werden Einzelfälle von Diskriminierung vom Management nicht leichtgenommen. Zweimal jährlich wird die Spalte Leistung der Personalakte überprüft; das wirkt wie eine Versicherung gegen diskriminierendes Verhalten.“* [89]

Wo die maskuline Tradition besonders stark ist, können die Angestellten auch darüber befragt werden, ob ihr unmittelbarer Vorgesetzter die Probleme von Frauen und Minderheiten objektiv behandelt. Mit solchen Verfahren können Organisationen Manager identifizieren, die über Fähigkeiten und Perspektiven verfügen, unterschiedliche Arbeitsteams besonders effektiv anzuführen.

3. Korrigieren Sie Ungerechtigkeiten bei Gehältern und Beförderungen

Der weibliche Vizepräsident einer führenden finanziellen Institution des Landes erklärte neulich in einem Interview: *„Was ich jetzt sage, wird der Leiter der Personalabteilung sicherlich bestreiten. Ich wette mein Jahresgehalt, daß viele der weiblichen Manager dieser Institution in ihren Positionen das Mindestgehalt, die meisten männlichen dagegen das Höchstgehalt beziehen. Da viele von uns in Jobs der unteren Ebenen als Sekretärinnen oder Direktionsassistentinnen begonnen haben, ist unser Grundgehalt niedriger geblieben. Selbst nach mehreren Beförderungen und Jahren im Management haben viele Frauen immer noch nicht gleichgezogen: Sie erledigen dieselbe Arbeit wie ihre männlichen Kollegen, werden dafür jedoch viel schlechter bezahlt.“*

Unternehmen, die sich der Förderung weiblicher Managementfähigkeiten verpflichtet fühlen und deren Nutzen erkennen, dürfen Ungleichheit der Bezahlung und in der Beförderungspolitik nicht dulden. Fairneß und die Perspektive, Motivation für hervorragende Leistungen zu bieten, verlangen eine Firmenpolitik des gleichen Lohns für gleiche Arbeit. Diese Politik darf nicht nur für neu eingestelltes Personal gelten, sondern muß bei allen Jobklassifikationen innerhalb der ganzen Organisation praktiziert werden. Statt da nur 59 Cents zu erhalten, wo ihre männlichen Kollegen einen Dollar bekommen, müssen berufstätige Frauen vergleichbare Gehälter für vergleichbare Arbeit beziehen.

Ebenso sollten effiziente weibliche Manager dieselbe Anzahl und Qualität von Beförderungen genießen wie ihre gleichwertigen männlichen Kollegen. Dazu können Programme beitragen, die den Beförderungsweg aller Beschäftigten genau aufzeichnen. Ein solches Programm wurde von der 3M Company of St. Paul, Minnesota, geschaffen und in einem Feature der Zeitschrift *Savy* unter der Überschrift „*Corporations of the Year: The Annual Report on Corporations where Success is Based on Merit not Gender*" (Die Unternehmen des Jahres: Der Jahresbericht über Unternehmen, in denen Erfolg auf echten Verdiensten und nicht auf dem Geschlecht beruht) wie folgt beschrieben: „*Ein auffallenderes Beispiel für das progressive Überprüfungssystem von 3M ist das Identifizierungsprogramm für ‚hochbegabte Angestellte'. Dabei wählen Manager Angestellte mit außergewöhnlichen Fähigkeiten aus – wobei man besonders auf Frauen und Minderheiten achtet –. Diese Angestellten werden in einem besonderen Plan erfaßt, der der Unternehmensführung als Grundlage zur Auswahl künftiger Anwärter für das Management dient. Die beruflichen Fortschritte dieser vielversprechenden Angestellten werden laufend beobachtet, um sicherzustellen, daß auch sie die Chancen für Beförderungen erhalten.*"[90]

4. Berufen Sie hervorragende Frauen in höhere Gremien

Eine weitere wirksame Methode, die Anerkennung der Leistungen weiblicher Manager innerhalb ihrer Organisationen zu sichern, besteht in der Berufung hervorragender Frauen in den Vorstand des Unternehmens. Catalyst, eine gemeinnützige Organisation zur Förderung von Frauen in der Unternehmenswelt, hat in einer neueren Studie folgendes festgestellt: Frauen besetzen augenblicklick nur 455 (oder etwa drei Prozent) der 14 000 Direktorenposten innerhalb der von der Zeitschrift *Fortune* aufgeführten eintausend führenden Unternehmen. Ironischerweise stellt diese äußerst geringe Zahl eine erhebliche Steigerung dar gegenüber den 46 Frauen, die im Jahre 1969 in der seinerzeit 1350 Firmen umfassenden *Fortune*-Liste als Direktoren aufgeführt waren.[91] Der Fortschritt auf dem Wege zum Direktor ist für Frauen nach wie vor sehr langsam.

Colombe Nicholas, Präsidentin von Christian Dior in New York, hat als erfolgreiche Topmanagerin eine sehr deutliche Meinung zu diesem Thema. *„Ich bin der festen Überzeugung, daß jedes größere Unternehmen zumindest eine Frau in seinem Vorstand haben sollte. Die Anwesenheit von Frauen regt die Männer an, einmal ernsthaft über die Frage nachzudenken, ‚Berücksichtigen unsere Entscheidungen auch wirklich die Anliegen der Frauen?' Meines Erachtens erzeugen Firmen, die Frauen im Vorstand haben, bessere Produkte und Dienstleistungen, was wiederum zu besseren Bilanzsummen führt – ohne bedeutende Kosten, vor allem wenn man Kosten und Nutzen vergleicht."*

Alice D. Emerson, Präsidentin des Wheaton College, ist zugleich Direktorin in den Vorständen der The Bank of Boston und The Penn Mutual Life Insurance Company. Sie hat aus erster Hand erfahren, wie die Anwesenheit eines weiblichen Direktors die Chancen der Frauen verbessert und die Aufmerksamkeit des Unternehmens auf die Belange weiblicher Manager richten kann. Sie schreibt dazu: *„Früher mußte bei der Erörterung von Beförderungen in leitende Managementpositionen bis zu dreimal nachgefragt werden, wieviele Frauen unter den Kandidaten seien; heute wird das routinemäßig berichtet. Ich versuche auch, so oft wie möglich mit dem Leiter der Personalabteilung ganz informell zum Lunch zu gehen. Andere Vorstandsmitglieder tun das vielleicht nicht, da ihr besonderes Interesse anderen Bereichen gilt."* [92]

Abgesehen von Einsichten, die ein weiblicher Direktor vortragen kann, wenn unternehmenspolitische Entscheidungen anstehen, können Frauen im Topmanagement auch bedeutsamen psychologischen Auftrieb für andere Frauen innerhalb der Organisation abgeben. Eine Frau als Direktor – das bedeutet eine handfeste Verpflichtung des Unternehmens, weiblichen Managern Aufstiegsmöglichkeiten zuzugestehen. Außerdem kann diese Frau als Vorbild für Frauen dienen, die auf eine ansteigende Karriere im Unternehmen hoffen. Da männliche Direktoren nur selten ständigen Kontakt mit weiblichen Kollegen haben, kann eine Direktorin auch besseres Gewahrsein und mehr Unterstützung für weibliche Managementfähigkeiten schaffen, durch die Demonstration ihres weiblichen Stils.

5. Schaffen Sie besondere Gremien für Managerinnen

In Organisationen, die die Notwendigkeit einer laufenden und direkten Kommunikation zwischen dem oberen Management und weiblichen Angestellten anerkennen, hat man Gremien für weibliche Manager geschaffen, als Bindeglied zwischen diesen beiden Gruppen. Solche Organe dienen mehreren Zwecken. Zunächst einmal liefern sie der Unternehmensspitze Material zu Fragen, die alle Frauen innerhalb der Organisation betreffen, und sichern dadurch ab, daß Änderungen der Unternehmenspolitik und neue Vorschriften keine benachteiligenden Auswirkungen auf diese Gruppe haben. Diese Gremien können auch Kommentare und Reaktionen der anderen Frauen über Unternehmenspolitik und -praxis weiterleiten und auf Probleme aufmerksam machen, die auf unfaire Weise die Chancengleichheit der Frauen beschneiden.

So wie die Anwesenheit von Frauen im Vorstand und in Aufsichtsräten garantiert, daß bei Beschlüssen auch weibliche Gesichtspunkte berücksichtigt werden, können die Gremien der Managerinnen die Aufmerksamkeit auf spezielle Anliegen berufstätiger Frauen lenken. Sie können Meinungen erfragen und durch ein kontinuierliches Feedback die Unternehmensführung über die Probleme und Möglichkeiten unterrichten, mit denen Frauen Tag für Tag in ihren Organisationen konfrontiert werden.

6. Lassen Sie erkennen, daß Ihre Organisation weibliches Management unterstützt

Es gibt noch eine andere Methode, die formale Unterstützung weiblicher Führungsmethoden zu verstärken – durch regelmäßige offizielle Information aller Mitarbeiter über dieses Thema. Rundschreiben, Betriebszeitschriften und innerbetriebliches Fernsehen sind populäre und wirksame Methoden, den Wandel innerhalb der Organisationen zu kommunizieren. Dazu kommen informelle Versammlungen, bei denen leitende Manager sich zu wichtigen organisatorischen Änderungen und neuen Prioritäten der Firma äußern. Sie bieten ideale Gelegenheiten, die Zustimmung der obersten Unternehmensführung zu einer erweiterten Führungsmethode deutlich zu machen. Einige Unternehmen betrachten klare und bestimmte Mitteilungen des obersten Managements als wesentlich für die Verwirklichung jeder bedeutsamen Veränderung. Deshalb werden dort sogenannte „evergreen statements" für die leitenden Manager erstellt, in denen der jeweils neueste Stand angelaufener größerer Veränderungen zusammengefaßt wird. Sie werden laufend umgeschrieben, damit sie tatsächlich „evergreens" bleiben, und die Manager werden aufgefordert, sie während Betriebsversammlungen und informellen Begegnungen mit Angehörigen aller Abteilungen zu zitieren. Diese Kommunikation von ganz oben kann die Managementphilosophie des Unternehmens stärken und allen Beteiligten die Notwendigkeit des Wandels signalisieren.

In Unternehmen, die sich stark der Förderung des akzeptierten weiblichen Managementstils verpflichtet fühlen, können solche Kommunikationen viel dazu beitragen, die Haltung gegenüber dem Wandel zu klären und Verständnis und Unterstützung für ihn bei allen Mitarbeitern zu wecken. Jede auf diese Weise in Umlauf gebrachte informelle Diskussion, Rede oder jedes Rundschreiben verstärken den Beweis, daß es dem Management mit der Förderung alternativer Führungsmethoden ernst ist.

7. Informieren Sie Ihre Kunden über die Haltung des Unternehmens

Die Unterstützung weiblicher Führungsmethoden muß zwar in den Unternehmen beginnen, aber auch außerhalb der Organisation sichtbar werden. Beim Umgang mit Lieferanten, Kundenfirmen und privaten Kunden können die Unternehmen mit weiblichen Managementmethoden ihren Service und die Qualität ihrer Produkte verbessern. Diesen Stil können sie noch fördern, indem sie ausdrücklich die Vorteile anerkennen, die der Organisation erwachsen, wenn man die Frauen ausdrücklich ermutigt, ihrer Natur treu zu bleiben.

Dienstleistungsbetriebe und Firmen mit starker Umsatzorientierung können noch einen Schritt weiter gehen, um ihre Kunden auf die Vorteile des weiblichen Führungsstils aufmerksam zu machen. Ungeachtet anfänglicher Schwierigkeiten könnten sie die Anstellung weiblicher Manager für Dienstleistungsjobs durch die Kunden begünstigen. Denn Kunden, die bei einer anderen Firma die berufliche Kompetenz weiblicher Manager und ihren Beitrag zum Erfolg des Unternehmens beobachten, werden möglicherweise zu eifrigen Befürwortern des weiblichen Managementstils, den sie ursprünglich vielleicht abgelehnt haben.

Viele Kunden haben ein Vorurteil gegenüber weiblichen Managern. Dieses Thema wurde in der Zeitschrift *Adweek* der Werbebranche in einem Artikel unter der Überschrift *„Die Kundenbarriere: Warum so wenige Frauen an die Spitze gelangen“* erörtert. Da wird vor allem der Druck herausgestellt, der so viele Unternehmen veranlaßt, weibliche Angestellte zu benachteiligen, nur um ihren Kunden zu gefallen. *„In den Chefetagen der größeren Agenturen findet man nur wenige Frauen. Während über die Hälfte aller Angestellten und ein Drittel der von den Agenturen beschäftigten Akademiker Frauen sind, besteht eine riesige Disparität in bezug auf Bezahlung und Position im Unternehmen zwischen Männern und Frauen. Die Hauptgründe dafür sind Verhaltensweisen und Vorurteile der Kunden.“*[93] In ihrer Reaktion auf Verhaltensformen von Kunden, die auf unfaire Weise einen Beschäftigten oder eine Gruppe von Beschäftigten diskriminieren, sollten die Unternehmen eine feste Haltung einnehmen. Zwar geht man möglicherweise das Risiko ein, ein Kundenkonto zu verlieren.

Doch die negativen Konsequenzen des Eingehens auf unfaire oder unvernünftige Kundenwünsche können langfristig für die Produktivität und Arbeitsmoral des Unternehmens wesentlich größeren Schaden bringen.

8. Bringen Sie die Unternehmenspolitik auf den neuesten Stand

Viele Unternehmen haben eingesehen, daß einige traditionelle Betriebsmethoden nicht mehr die besten für die Organisation oder ihre Mitarbeiter sind. Angesichts der zunehmenden Notwendigkeit flexibler Arbeitszeiten haben Firmen, die sich diesem Gedanken ursprünglich widersetzten, erkannt, daß viele Jobs billiger und trotzdem in höchster Qualität außerhalb der überlieferten Arbeitszeit von neun bis fünf Uhr ausgeübt werden können. Einige weibliche Manager nutzen verbesserte Technologien, um sowohl den Anforderungen ihrer beruflichen Laufbahn als auch denen der Familie gerecht zu werden. Der Personal Computer beweist diesen Frauen, daß die Arbeit zu Hause kein unrealistischer Traum mehr ist, sondern praktische Realität.

Auch die traditionelle Praxis der Unternehmen bei der Versetzung leitender Angestellter, die früher das Familienleben empfindlich störte, wandelt sich. Da immer mehr Frauen und Männer den Umzug in andere Städte verweigern, weil entweder zweite Familieneinkommen oder die bisherige Lebensqualität dadurch gefährdet wären, sind viele große Unternehmen dabei, ihre Beförderungs- und Versetzungsregelungen zu ändern, um den persönlichen Belangen der Manager und ihrer Familien besser zu entsprechen.

Ein bekanntes und wichtiges Problem berufstätiger Frauen ist die sexuelle Belästigung am Arbeitsplatz. Früher wurde eine Diskussion dieses Themas von vielen Managern schlichtweg abgelehnt, da es für sie überhaupt kein Thema war. Heute nimmt man es in den meisten Unternehmen sehr ernst. Statt wie früher den Schuldigen in Schutz zu nehmen, reagieren sie jetzt mit größerer Sensibilität und Rücksicht auf die Opfer und greifen disziplinarisch ein, wo dies geboten ist. Nancy Crossman, Sonderberaterin der American Stock Exchange, hält es für sehr wichtig, daß Firmen in Fragen sexueller Belästigung eine feste Haltung einnehmen. *„Zwar erkenne ich Anzeichen eines positiven Wandels, doch ist diese Branche immer noch ziemlich altmodisch und von Männern beherrscht, so daß begabte und leistungsfähige Frauen es schwer haben, akzeptiert zu werden. Wir müssen unentwegt daran arbeiten, das Bewußtsein für dieses Problem zu erweitern. Die Angestellten müssen wissen, daß abfällige oder unschickliche Bemerkungen nicht geduldet werden. Frauen sollten eingestellt werden, ohne Rücksicht auf vorhandene oder nichtvorhandene Attraktivität. Das scheinen Kleinigkeiten zu sein, doch sollten sie von den Unternehmen nicht ignoriert, sondern genau so wichtig genommen werden wie andere Themen, die Firmen gegenüber ihren Angestellten betonen."*

Auch in der bedeutsamen Frage des Schwangerschaftsurlaubs ist eine Änderung der Unternehmenspolitik notwendig. Bisher war er (in USA) gesetzlich so geregelt, daß eine Frau bis zu vier Monaten Urlaub zur Betreuung ihres neugeborenen Kindes erhalten kann. Nun sind viele Leute der Ansicht, einer Mutter, die eine noch längere Beurlaubung fordert, sollte die Möglichkeit gegeben werden, danach ihre Tätigkeit ohne Verlust bei der Anrechnung des Dienstalters oder angesammelter Prämien aufzunehmen. Der sehr fortschrittlich denkende Chef eines bedeutenden Unternehmens der Lebensmittelbranche erklärte sich in einem Gespräch mit Forschern der Cornell University zum Thema Frauen und Beruf bereit, eine solche Änderung der Unternehmenspolitik in Erwägung zu ziehen. Er meinte: *„Wir sollten mehr Zeit für die Aufstellung von Lebensplänen aufwenden. Welche Fähigkeiten werden für jede Stufe der Laufbahn wirklich benötigt? Wie paßt das zu den persönlichen Plänen einer Frau? Können wir Regelungen ausarbeiten, die den Frauen ausreichend Zeit zum Austragen und zur Betreuung von Kindern lassen, und* *zwar so, daß sie nach zwei bis drei Jahren ohne Verluste etwa bei ihren Pensionsansprüchen auf ihren alten Arbeitsplatz zurückkehren können?"*[94] Eine Politik des erweiterten Schwangerschaftsurlaubs böte den Unternehmen eine Möglichkeit, langfristig die Früchte ihrer erheblichen Investitionen in die Ausbildung und Fortbildung befähigter weiblicher Führungskräfte zu ernten.

9. Revidieren Sie die Vergütungspläne Ihres Unternehmens

Die Mehrheit der Firmen operiert immer noch mit festen Vergütungsplänen, die die Bedürfnisse lediger Arbeitnehmer, alleinerziehender Elternteile oder Familien, in denen beide Ehepartner berufstätig sind, kaum berücksichtigen. Doch gehen einige Firmen inzwischen dazu über, flexible Pläne aufzustellen, die den Beschäftigten mehr Optionen bieten. In einigen Fällen wird berufstätigen Eltern Tagesbetreuung der Kinder innerhalb des Firmengeländes angeboten. Natürlich wurden diese neuen Optionen von vielen Beschäftigten begeistert begrüßt. Ihnen werden Verbesserungen in einigen Organisationen zugeschrieben, etwa der Rückgang der Abwesenheitsrate vom Arbeitsplatz und die Zunahme der Produktivität.

In den meisten Unternehmen hat man die verschiedenartigen Bedürfnisse der heutigen Arbeitnehmer jedoch noch nicht erkannt. So heißt es in einem Artikel der Zeitschrift *Catalyst* unter der Überschrift *„Veränderte Politik für veränderte Familien"*: *„Die Vergütungspläne der Unternehmen müssen ebenso geändert werden wie die Regierungspolitik gegenüber berufstätigen Familien. Die meisten Unternehmensprogramme sind darauf ausgerichtet, die traditionelle Familie mit einem einzigen Einkommen zu befriedigen – trotz amtlicher Schätzungen, daß dieser Familientyp in den USA nur etwa zwanzig Prozent der Arbeitsfähigen umfaßt. Das bedeutet: Die Unternehmen geben Geld aus für Vergütungen, die in vielen Fällen doppelt anfallen, während sie gleichzeitig versäumen, sich wesentlicher anderer Bedürf-*

nisse ihrer Mitarbeiter anzunehmen. Nehmen wir den Fall einer Familie, in der beide Ehepartner bei verschiedenen Firmen beschäftigt sind. Dann ist diese Familie durch zwei Krankenversicherungen abgesichert, von denen nur eine genutzt werden kann. Dem alleinstehenden Angestellten ohne Familie wird jedoch eine unerwünschte Lebensversicherung aufgezwungen. In beiden Fällen genießen die Beschäftigten nicht den vollen Wert ihres Vergütungspakets. Berücksichtigt man, daß diese Vergütungen bis zu 30 Prozent der Entschädigung eines Angestellten ausmachen können, ist der Verlust beträchtlich. Auch der Arbeitgeber erhält nicht den besten Gegenwert für jeden ausgegebenen Dollar und erntet auch nicht den weniger greifbaren, jedoch wesentlichen Vorteil der Zufriedenheit und Selbstachtung seiner Mitarbeiter.“

In diesem Artikel heißt es weiter: *„Einige wenige Arbeitgeber haben die Kosten dieser Situation erkannt und auf flexiblere Vergütungspläne umgeschaltet. Es gibt viele Möglichkeiten, flexible Vergütungen zu gewähren, und die jeweiligen Pläne der Firmen können sehr unterschiedlich sein. Ihre Wirksamkeit hängen ganz entscheidend von der Fähigkeit ab, den Bedürfnissen einer breitgefächerten Vielfalt von Beschäftigten zu entsprechen. Das Umschalten auf einen flexiblen Vergütungsplan ist ein erster Schritt auf dem Wege zur Anerkennung der wahren Natur der heutigen Arbeitnehmerschaft.“* [95]

Gegenwärtig müssen einige Firmen noch Maßnahmen in einem Bereich ergreifen, der für berufstätige Eltern sehr wichtig ist – bei der Tagesbetreuung von Kindern. Hier besteht zur Zeit ein Vakuum, das viele weibliche Manager zwingt, unter unnötigem Streß zu arbeiten, damit sie die Anforderungen ihres Berufs und die der Familie bewältigen können. Zu dieser Situation bemerkt Lydia Sarfati, Chefin einer großen Kosmetikfirma: *„Ich würde es begrüßen, wenn Unternehmen Tageskindergärten einrichteten, damit Frauen mit ernsthaften Karriereabsichten auf gleicher Grundlage mit Männern konkurrieren können. In der heutigen Geschäftswelt ist es ein großes Handicap für Frauen, Mutter zu sein. Stärkere Kooperation würde wirklich dazu beitragen, die geistigen Abnutzungserscheinungen zu mindern, die Frauen wegen dieser Situation erleiden.“*

10. Fördern Sie das Entstehen von Netzwerken im Unternehmen

Viele Unternehmen sind inzwischen in der Frage der Notwendigkeit weiblicher Managementformen einsichtig geworden und fördern darum zum Teil auch das Entstehen von Zusammenschlüssen weiblicher Angestellter zu Netzwerken. Zur Erleichterung ihrer Tätigkeit werden sogar Schreibhilfen, Redner und sogar finanzielle Zuwendungen gestellt. Die meisten Gruppen treffen sich zwar noch außerhalb der offiziellen Dienststunden und operieren unabhängig voneinander. Die formelle Anerkennung durch die Organisation rechtfertigt jedoch das wachsende Verlangen, die Belange der Frauen durch Bildung zweckdienlicher Gruppen zu fördern. Außerdem stärkt sie die Solidarität der weiblichen Belegschaft zu ihrer Firma und kostet diese nur ein Minimum an Zeit und Geld.

Solche Netzwerke können von außerordentlichem Nutzen für die Diskussion und Lösung von Problemen weiblicher Manager sein. Frauen können die Auswirkungen des Maskulinismus auf ihren eigenen Managementstil besser erkennen, wenn sie dieses Thema in einem abgeschirmten Umfeld diskutieren und vertiefen können. Sie müssen Kontakte mit Frauen haben, die erfolgreich nichttraditionelle Führungsmethoden praktizieren. Durch Konfrontation mit einer Vielfalt von Managementmodellen, darunter speziellen weiblichen Führungsformen, können Netzwerke das Bewußtsein und die Unterstützung für diesen nichttraditionellen Stil stärken und den bestehenden Druck zur Anpassung an maskuline Normen mindern, dem viele Frauen ausgesetzt sind. Kurzum – Netzwerke können Frauen den Rückhalt geben, daß ihnen tatsächlich auch andere Möglichkeiten des Managens zur Verfügung stehen.

11. Seminare zur Erweiterung des Bewußtseins

In vielen Organisationen herrscht die Ansicht vor, Verhaltensänderungen könnten, wenn überhaupt, nur durch einen sehr langsamen und mühsamen Prozeß erfolgen. Und doch kann jeder von uns bezeugen, daß unsere Verhaltensformen gegenüber vielen Fragen sich oft radikal ändern, wenn wir mit neuen Ideen konfrontiert werden, mehr Tatsachen zur Kenntnis zu nehmen oder eine starke emotionale Erfahrung machen.

Wir leben heute in einer Umwelt, in der Wandel eine alles durchdringende und akzeptierte Tatsache des Lebens ist. Wegen der Tiefe und schnellen Aufeinanderfolge des Wandels ist es unmöglich, mit einem starren und fixierten Fundus von Anschauungen effektiv zu funktionieren. Da die Welt um uns sich stetig wandelt und uns zu neuem Denken und neuem Handeln herausfordert, müssen auch unsere Verhaltensformen sich wandeln. Die Organisationen können Managern helfen, wirkungsvoll mit dem Wandel umzugehen – und mit der bedeutenden Rolle, die weibliche Führungsfähigkeiten dabei spielen können – etwa durch Veranstaltung von Seminaren zur Bewußtseinserweiterung und zum besseren Verständnis der Führungsprobleme unserer Zeit.

Können Sie sich irgendeine Organisation vorstellen, die sich für ein neues, ausgeklügeltes EDV-System entscheidet, es überall im Unternehmen installiert, jedoch nicht seine Angestellten für die richtige Bedienung ausbildet? Bei der Einführung technologischer Veränderungen bemühen die meisten Firmen sich sehr um die entsprechende Umschulung ihrer Beschäftigten. Die Notwendigkeit der Umschulung und der Zustimmung der Mitarbeiter zum technologischen Wandel wird innerhalb des Wirtschaftslebens weithin verstanden und akzeptiert. Wenn es jedoch darum geht, Frauen ins Management zu übernehmen, haben bisher nur wenige Unternehmer daran gedacht, ihre Mitarbeiter auf diesen ebenfalls auffallenden Wandel vorzubereiten. Statt vorauszusetzen, daß alle Mitarbeiter der Organisation für diese Idee gewonnen und auch geschult sein müssen, wurden nur die in Frage kommenden Frauen selbst umgeschult. Die meisten Unternehmen nahmen einfach an, bei den männlichen Mitarbeitern sei ein echter Verhaltenswandel nicht notwendig, oder er würde sich über einen langen Zeitraum erstrecken.

Diese Annahme war jedoch falsch. Seitdem Frauen Ende der sechziger Jahre erstmalig Führungsrollen übernahmen, ist zunehmend deutlich geworden, wie wichtig die Unterstützung dieses bedeutsamen Wandels durch die gesamte Belegschaft ist. In Organisationen, die das erkannten, machen Frauen nicht nur ihren Weg als Manager, sondern sie blühen dort richtig auf. Einige von ihnen sind sich des besonderen Beitrags bewußt, den sie als Frauen leisten können, und werden von Kollegen und ganz offiziell auch von ihrer Organisation ermutigt, ihren ganz persönlichen und natürlichen Führungsstil zu praktizieren.

Bevor weibliche Führungsmethoden in Organisationen wirklich anerkannt und voll entwickelt werden können, müssen Männer und Frauen ihr bisheriges Verhalten ändern. An die Stelle der Forderung nach Anpassung muß eine Unternehmenspolitik und -praxis treten, die auf Integration abzielt. Die Organisationen müssen das ungeheure und bisher kaum genutzte Potential der Frauen erkennen, deren Fähigkeiten noch gar nicht voll genutzt werden. Im Gegensatz zu einer weitverbreiteten Meinung erfordert dieser Wandel nicht viele Jahre. Er würde sich innerhalb weniger Monate vollziehen, sobald ein Unternehmen sich deutlich zu weiblichen Managementmethoden bekennt.

Die Unternehmen übersehen häufig eine Aktivität, die das Tempo des Wandels noch beschleunigen kann – Managementfortbildung. Wenn weibliche Methoden und weiblicher Führungsstil als gleichwertig anerkannt werden sollen, dann müssen die Firmen ihre Methoden der Aus- und Fortbildung von Managern überdenken. Bewußtseinserweiternde Seminare können die Manager von der Notwendigkeit des Führungswandels und den schädlichen Folgen des Maskulinismus überzeugen. Außerdem können sie dem einzelnen behilflich sein, sich über seine eigenen Gefühle und Reaktionen auf dieses sensible und komplexe Thema klar zu werden und sich auf den Wandel vorzubereiten.

In Firmen, die eine solche Bewußtseinsschulung anbieten, konzentrieren die Sitzungen sich auf die Auswirkungen des Maskulinismus auf das Arbeitsumfeld. Das Thema wird auf zwei Ebenen angesprochen: auf der Ebene der Unternehmenskultur und der individuellen Welt jedes einzelnen Teilnehmers. Diskussionen kleiner Gruppen, Übungen, provokative Filme und Artikel fördern bei Managern das Bewußtsein und Verständnis für die mannigfachen Geschehnisse, die ihren persönlichen Managementstil beeinflussen und formen. Die Seminarleiter schaffen ein offenes, nicht-defensives Umfeld für Diskussionen und Nachdenken und helfen den teilnehmenden Männern und Frauen, die Thematik nach allen Seiten und in ihrer ganzen Tiefe zu erkunden.

In Diskussionen kleiner Gruppen werden Themen definiert und erörtert wie etwa Sozialisation, Sexualität am Arbeitsplatz, die Normen und Traditionen des Maskulinismus im Unternehmen, maskuline und feminine Führungsstile, die Nutzung von Macht und die Frage der Anpassung. Die Teilnehmer werden angeregt, ihre entsprechenden Gedanken und Gefühle zu überprüfen, um größere Klarheit über ihre eigene Position zu erlangen und dabei festzustellen, ob sie den Ansichten anderer ähnlich ist oder von ihnen abweicht. Daher kommt es zu einer Bewußtseinserweiterung. Bei vielen Männern und Frauen kommen plötzlich seit langem verdrängte starke Gefühle zum Vorschein. In einigen Fällen führt das zu einer Katharsis, in anderen zur Konfrontation. Mit Hilfe neuer Einsichten und Informationen beginnen Männer und Frauen alte Verhaltensweisen und Anschauungen zu überprüfen. Dann mag einigen die Erkenntnis kommen, sie müßten sich persönlich ändern, um den neuen Anforderungen an ihre Rolle als Manager, Eltern, Ehemann, Ehefrau, Freund(in) oder Kollege(in) gerecht zu werden.

Infolge der sehr persönlichen Erfahrungen im Seminar für Bewußtseinserweiterung ist es nicht selten, daß Teilnehmer in sehr kurzer Zeit zu neuen Einsichten und kraftvollen neuen Anstößen gelangten. Und obwohl die meisten Programme nur drei oder vier Tage dauern, ist es durchaus üblich, daß die Teilnehmer während dieser kurzen Periode ein spürbares seelisch/geistiges Wachstum erleben. Manchen bieten diese drei oder vier Tage eine seltene Gelegenheit zu ruhigem Nachdenken. Denn hier haben viele Manager zum ersten Male die Möglichkeit, die Thematik wirklich zu Ende zu denken – statt immer nur auf sie zu reagieren. Diese Erfahrung bedeutet für sie so etwas wie das Einatmen von reinem Sauerstoff. Die Ideen beginnen Formen anzunehmen: Strittige Fragen, die vorher verwirrt hatten, werden plötzlich deutlicher, und alte Probleme und Sorgen sind auf einmal viel weniger schwer zu lösen. Es ist eine Ausnahme, wenn jemand das Seminar verläßt, ohne von den dortigen Erfahrungen beeinflußt oder weiterhin nicht gewillt zu sein, sich für den Wandel und eine größere Akzeptanz der Frauen innerhalb der Organisation einzusetzen.

Organisationen können für weibliche Manager und ihren besonderen Führungsstil ein günstigeres Klima schaffen, wenn sie die in diesem Kapitel beschriebenen Praktiken, Programme und Fortbildungsmöglichkeiten zur festen Einrichtung machen. Sie sollten sich nicht nur auf die Anwerbung und Einstellung von Frauen konzentrieren, sondern eine vielschichtigere Methode anwenden. Die Notwendigkeit des Wandels in der Unternehmenspolitik, der täglichen betrieblichen Praxis und der Leistungsnormen muß auf allen Unternehmensebenen gepredigt werden und darf nicht nur bei der Einstellung von Personal deutlich werden. Im Zuge dieser Veränderungen wird es entsprechende Veränderungen bei der Arbeitsmoral, der Produktivität und der allgemeinen Qualität am Arbeitsplatz geben. Dieses Buch konzentriert sich zwar speziell auf weibliche Manager, doch werden die beschriebenen Aktivitäten sich nicht nur positiv auf diese auswirken, sondern praktisch auf jeden einzelnen Beschäftigten innerhalb der Unternehmensstruktur. Die für diesen Wandel zu ergreifenden Maßnahmen sind einfach und gradlinig. Sie erfordern vom einzelnen und den Organisationen Energie und innere Anteilnahme, brauchen aber keine Lebensspanne für ihre Verwirklichung. Dort, wo die Nutzung der weiblichen Führungsfähigkeiten als erstrebenswertes Ziel angesehen wird, können die entsprechenden Bemühungen von heute sofortige Ergebnisse bringen.

Kapitel 16

Weibliche Führungskräfte und die Zukunft

Bei einer Konferenz wurde vor kurzem der Topmanager eines der größten Unternehmen des Landes gefragt, welchen Posten er seiner Ansicht nach heute bekleiden würde, wäre er als Frau geboren worden. Ohne zu zögern antwortete er: „Genau den, den ich heute innehabe!“ Die Aufrichtigkeit dieser Antwort kann man zwar kaum bezweifeln, wohl aber ihre Richtigkeit. Denn diese Antwort wird in zahllosen Studien und Umfragen unter Tausenden von weiblichen Managern widerlegt.

Trotz der gegenwärtig existierenden Hindernisse wird seine Bemerkung zweifellos irgendwann einmal wahr werden. Angesichts der Tatsache, daß Frauen gegenwärtig mehr als 40 Prozent der arbeitenden Bevölkerung stellen und Hunderttausende von weiblichen Managern verantwortliche Posten in Unternehmen innehaben, ist die schließliche Akzeptanz weiblicher Führungsfähigkeit unvermeidlich. Die Feststellung der Unausweichlichkeit garantiert jedoch nicht, daß dies schnell geschehen wird. Wird die Akzeptanz weiblicher Führungsfähigkeiten schnell genug Wirklichkeit werden, damit die jetzige oder zumindest die nachfolgende Generation weiblicher Manager davon profitieren kann? Werden die Unternehmen die reiche Ernte dieses alternativen Führungsstils noch in diesem Jahrzehnt oder bis zum Ende des Jahrhunderts einfahren?

Während die Antworten auf diese Fragen noch unklar sind, ist eines gewiß: Das volle Potential weiblicher Führungsfähigkeit läßt sich nur verwirklichen, wenn eine große Anzahl weiblicher Manager ihre echte Identität zeigt, ihre besonderen Begabungen nutzt und sich dem Ziel verschreibt, in ihren Unternehmen einen positiven Wandel herbeizuführen. Dazu brauchen sie die Hilfe aufgeklärter männlicher Manager, die mitwirken, um diesen Wandel in ihren Firmen durchzusetzen.

„Business as usual“

Im Hinblick auf die Zukunft weiblicher Manager stehen die Unternehmen heute an einer wichtigen Wegscheide. Entscheiden sie sich für die alte Devise „business as usual“, dann stehen die weiblichen Manager ganz gewiß auf der Verliererseite. Warten fortschrittlich denkende Männer und Frauen darauf, daß *andere* den Wandel bewirken, dann dürfte eine ganze Generation begabter weiblicher Manager geopfert werden. In einer neuen Studie über die Gehälter der Frauen sagt die Rand Corporation voraus, Frauen würden um das Jahr 2000 nur 74 Cents jedes von Männern verdienten Dollars verdienen.[96] Daraus läßt sich schließen, was begabte und hart arbeitende Frauen zu erwarten haben, wenn der Wandel sich im augenblicklichen Tempo fortsetzt.

Auch andere Statistiken unterstreichen die geschlechtsspezifische Lücke in den Gehaltspraktiken der Unternehmen. In einem Artikel der Wochenzeitschrift *Time* heißt es: *„Mehr als ein Drittel aller Bewerber um den akademischen Titel des M.B.A. sind Frauen, jedoch stellen sie nur fünf Prozent der leitenden Manager der fünfzig führenden amerikanischen Unternehmen: die Zahlen stagnieren.“*[97] Natürlich ist wahr, daß die Frauen einen langen Weg zu bewältigen hatten, doch ist ebenso wahr, daß ihre Reise noch lange nicht beendet ist. Gleichberechtigung wird erst dann erreicht sein, wenn die Organisationen weibliches Management als Alternative zum traditionellen Managementstil akzeptieren.

Organisatorische Vorteile weiblichen Managements

Ermutigt eine Organisation ihre weiblichen Angestellten, alle Fähigkeiten für effektives Managen einzusetzen, dann kann sie ihre Kapazität zur Lösung von Problemen und Steigerung der Produktivität verbessern. Jim Henderson von der Firma Nynex sagt dazu: *„Mehr Frauen im Management ist gleichbedeutend mit einer Verbesserung des Durchschnitts. Alle arbeiten dann irgendwie besser."* Wächst das Reservoir weiblicher Begabungen im Management, dann können die Firmen größere menschliche Ressourcen anzapfen. Außerdem vermehrt sich der Fluß kreativer Ideen, wenn Männer und Frauen die Probleme aus ihrer jeweiligen besonderen Sicht anpacken.

Dr. Estelle Ramey von der Medizinischen Fakultät der Georgetown University beschreibt diesen Zuwachs an kreativem Potential: *„Wissenschaftler wissen, daß nichts wertvoller ist als das Vorbringen verschiedener Arten von Gedanken zur Lösung eines Problems, vor allem, wenn es sich um ein sehr komplexes Problem handelt. Hätte man die sehr seltene Genialität menschlicher Gehirne, auch der weiblichen, bereits voll genutzt – dann verfügten wir vielleicht heute schon über ein Heilmittel gegen den Krebs oder gegen das Altern der Blutgefäße. Hervorragende Köpfe sind selten. Können wir es uns leisten, einige davon nicht zu beachten?"*

Natürlich lautet die Antwort auf ihre Frage Nein. Und doch zeugt der gegenwärtige Stand der Dinge in unseren Organisationen davon, daß die Fähigkeiten vieler Frauen in Wirklichkeit *tatsächlich* unbeachtet vergeudet bleiben? Dabei ist die Geschäftswelt der größte Verlierer, denn Homogenität im Management führt nicht zu gesteigerter Produktivität. Sie schreibt lediglich den Status quo fest und vermindert in einigen Bereichen sogar das Potential für Kreativität.

Humanisierung des Arbeitsplatzes

Es wurde bereits viel zur besonderen Rolle der Frauen bei der Humanisierung des Arbeitsplatzes gesagt. Ihr bedeutender Beitrag kann darin bestehen, daß sie mehr Wert auf den Aufbau guter zwischenmenschlicher Beziehungen legen und die Prioritäten des Berufs mit anderen Interessen und persönlichen Zielsetzungen besser in Einklang bringen. Sie können aufzeigen, daß beruflicher Erfolg und ein zufriedenstellendes Privatleben sich gleichzeitig verwirklichen lassen.

Auch Männer können gewinnen, wenn sie dem Beispiel der Frauen in diesem Bereich folgen. Denn das maskuline Konzept hat schon oft Männer gehemmt und eingeengt und ihnen wenig Zeit für ihr Privatleben gelassen. In einem Essay mit dem Titel „*Corporate Man*“ (Der Mensch im Dienste des Unternehmens) schreibt John Kenneth Galbraith: „*Alle Überlegungen des Lebens und der umfassenderen gesellschaftlichen Existenz des modernen Angehörigen eines Unternehmens . . . beginnen und enden im allgemeinen mit der Wirkung einer alles umfassenden Kraft. Das ist die Organisation. Ihr widmet er alle seine Energien, zu Lasten der Familie, der Freunde, des Sexuallebens, der Erholung und manchmal auch der Gesundheit sowie der wirksamen Kontrolle über seinen Alkoholverbrauch.*“[98]

Es gibt kaum einen Zweifel, daß Männer und Frauen im heutigen Geschäftsunternehmen aus einer neuen Definition effektiven Managements Nutzen ziehen könnten – einer Definition, die weibliche ebenso wie traditionelle männliche Eigenschaften hervorhebt. Am meisten hätten die Organisationen zu gewinnen, wenn dieser Wandel voll verwirklicht würde. Doch hängen sein Tempo und die daraus erwachsenden Vorteile von den Bemühungen einzelner und der Institutionen ab.

Zur Förderung weiblichen Managements ist nichts weniger als totaler Einsatz dafür erforderlich. Es bedarf stetiger Aufmerksamkeit und Unterstützung durch fortschrittlich denkende Männer, Frauen und Institutionen. Die potentiellen Vorteile sind groß, die Herausforderungen aber ebenfalls beträchtlich.

Die Herausforderung der Frauen wird darin bestehen, innerhalb der Organisationen, für die sie tätig sind, ihre eigene Stimme zu finden und ihre eigenen Wertvorstellungen in die Institutionen einzubringen. Mit den Worten von Dr. Donna Shalala: *„In den 1980er Jahren müssen Frauen, die Macht ausüben und erwarten, daß man auf sie hört, mehr sein als nur Vorbilder für andere – sie müssen sich für die Sache aller Frauen, der Minderheiten und der Armen einsetzen. Eine Frau an der Macht muß ihre Position mit neuer Sensibilität ausüben. Man erwartet von uns, daß wir den Wandel vorantreiben, daß wir die Institutionen humaner gestalten, für die wir Verantwortung tragen."*

Die Herausforderung der Männer heißt, die Bedeutung von „anders aber gleichberechtigt" zu verstehen und entsprechend zu handeln. Walter Blass von der Firma AT & T formulierte das so: *„Die Antwort auf Freuds Frage ‚Was wollen die Frauen eigentlich?' ist meines Erachtens, gleich und doch anders sein. Gleich möchten sie im Sinne von gleicher Behandlung sein. Gegenüber den Eltern heißt gleich, auch Gelegenheiten zum Risiko zu erhalten . . . in der Erziehung bestünde es in der Erlaubnis, sich selbst für Sprachen, Mathematik, Maschinenbau oder Chirurgie entscheiden zu können. Und im Management wäre es die Erlaubnis, Jobs in der Produktion wie im Büro anzunehmen . . .*

Anders möchten sie sein in dem Sinne, daß ihr Stil sich von dem uns vertrauten Stil der Männer unterscheidet. Anders in der Kleidung, der Sprache, der Leitung von dienstlichen Besprechungen oder in den Beziehungen zu Untergebenen. Wer von uns Männern in Europa gearbeitet hat, weiß, daß einige unserer amerikanischen Methoden weithin akzeptiert werden, während andere radikal einheimischen Sitten angepaßt werden müssen.

Wir lernen immer mehr von Ausländern . . . Vielleicht müssen wir erst noch zur Kenntnis nehmen, daß wir mitten unter uns eine Subkultur haben, von der wir viel lernen können, wenn wir ihre Gleichheit und Andersartigkeit erkennen."

Heute wächst in vielen Unternehmen Anerkennung der andersartigen aber gleichwertigen Effizienz weiblichen Managements. Damit dieser Stil sich jedoch fortentwickeln und gedeihen kann, müssen ihn alle fortschrittlich denkenden Manager und Institutionen unterstützen. In ähnlicher Weise braucht die Wirtschaft, wenn sie in der Zukunft wachsen und gedeihen will, die aktive Mitwirkung aller Beschäftigten – einschließlich der weiblichen Führungskräfte. Nun ist die Zeit zum Handeln gekommen – für die Männer, die Frauen und die Organisationen. Die Begabungen und das Leistungspotential der Frauen dürfen nicht länger unbeachtet bleiben. Um unserer Zukunft willen muß weibliche Führungsfähigkeit jetzt gefördert und entwickelt werden.

In liebevollem Gedenken an
Dr. Harold Kellner,
dessen Genie leuchtete wie eine
strahlende Kerze an einem regnerischen Tage.

Danksagung

Nachdem dieses Buch nunmehr endgültig abgeschlossen ist, fällt es mir schwer, im Gedächtnis nochmals die zahllosen Stunden des Nachdenkens und der Diskussionen aufzuführen, die der Niederschrift des Manuskripts vorangingen. Lebhaft kann ich mir dagegen die vielen Freunde und Kollegen ins Gedächtnis zurückrufen, die mir während des ganzen Weges behilflich waren, indem sie meine Thesen und Annahmen in Frage stellten und mich zwangen, meine Ideen immer wieder zu überdenken. Sie ließen mich an ihren Erkenntnissen darüber teilhaben, welche komplexen Probleme die berufstätige Frau heute zu bewältigen hat, und ermutigten mich bei meinem Vorhaben. Sie gaben mir jene Unterstützung, deren ich so sehr bedurfte, um dieses Projekt durchzuziehen. Es bereitet mir außerordentliche Freude, ihnen allen dafür zu danken.

Ich beginne mit meiner lieben Freundin Bernardette Hogan, der ich für ihre Ideen, Großzügigkeit und nie endende Unterstützung danke. Ferner danke ich Pat Ferro und Amy Coughlin, die mir dabei halfen, die Kernthesen des Buches herauszuarbeiten. Mein Dank gilt auch den vielen Männern und Frauen, die sich mir für Interviews zur Verfügung stellten und auf den folgenden Seiten zitiert werden. Das gleiche gilt den Familien Downey und Loden für ihren Enthusiasmus und ihr Interesse. Joe Potts und Marilynn Swenson vom NTL gaben mir viele gute Hinweise. Ich danke meinem Agenten Beth Backman, der bei so manchem Auf und Ab dieses Projekts treu bei der Stange blieb. Und ich danke meiner Lektorin Elisabeth Scharlatt, die mir half, meine eigene Ausdrucksform zu finden, und mich ermutigte, „die Fakten für sich selbst sprechen zu lassen".

Unter denen, die mir moralisch zur Seite standen, gilt mein Dank Tom Attea, Cook Brogan, Clare Brown, Kitty Dearie, der Delta Consulting Group, Pat Dolan, Marcia Feldhaus, Wendy Fleder, Dave Hackett, Terry Limpert, Bob Maul, Vinnie McGuire, Nan Meltzer, Maruta Miluns, Richie Orange, Pat Ryan, Charlie Seahshore und ganz besonders Sara Stone. Besonders ehrenvoll möchte ich zwei Frauen hervorheben, die für mich bedeutsame Rollenmodelle waren und die meines Erachtens das symbolisieren, was weibliche Führungskraft tatsächlich darstellt: Dr. Estelle Ramey und Edith Whitfield Seashore.

Abschließend möchte ich John Loden dafür danken, daß er „einzigartig unter den Männern" war. Seine Energie, seine Aufrichtigkeit, seine Intelligenz, sein Interesse und seine redaktionellen Fähigkeiten spielten bei der Arbeit an diesem Buch eine hervorragende Rolle. Am meisten danke ich ihm für seine nie erlahmende Unterstützung und dafür, daß er die Weisheit und Gnade besitzt zu erkennen, wieviel besser unsere Welt dastehen wird, wenn sie weiblicher Führungskraft breiten Raum läßt.

Literaturverzeichnis

1. Kapitel

1. Louise Bernikow, „We're Dancing as Fast as We Can", *Savvy* (April 1984), S. 42.
2. Wendy Cooper, „Conquering Wall Street: Women Investment Bankers", *Working Woman* (Januar 1984), S. 66.
3. „Poll Says Most Women Perceive Job Sex Bias", *The New York Times* (15. August 1982), S. 28.

2. Kapitel

4. Betty Friedan, „Twenty Years After the Feminine Mystique", *The New York Times Magazine* (27. Februar 1983), S. 35.
5. Betty Lehan Harragan, *Games Mother Never Taught You: Corporate Gamesmanship for Women* (New York: Warner Books, 1978), S. 38.
6. Michael Maccoby, *The Gamesman: Winning and Losing the Career Game* (New York: Bantam Books, 1978), S. 40–41.
7. Harragan, 1978, S. 55.
8. Maccoby, 1978, S. 41.
9. Steve Farnsworth, „Women Fill One-Third of Executive Posts", *The Washington Post*, Teil I (11. April 1984), S. 16.
10. Susan Fraker, „Why Women Aren't Getting to the Top", *Fortune* (16. April 1984), S. 40.
11. *Ebenda*
12. Natasha Josefowitz, *Paths to Power* (Reading, Mass.: Addison-Wesley, 1980), S. 46.
13. Jay Cocks, „How Long Till Equality?" *Time* (12. Juli 1982), S. 23.
14. Patricia O'Toole, „So You Want to Start a Business", *Vogue* (November 1982), S. 90.

3. Kapitel

15. Robert B. Reich, *The Next American Frontier* (New York: Times Books, 1983), S. 118.
16. Robert B. Reich, „The Next American Frontier", *The Atlantic Monthly* (März 1983), S. 45.
17. Daniel Yankelovich, „New Rules in American Life: Searching for Self-Fulfillment in a World Turned Upside Down", *Psychology Today* (April 1981), S. 78.
18. William Serrin, „Study Says Work Ethic Is Alive but Neglected", *The New York Times* (5. September 1983), S. 8.
19. Ann Crittenden, „The Age of ‚Me First' Management", *The New York Times*, (19. August 1984), S. 1.

20. George E. Breen, „Middle Management Morale in the ‚80's", *AMA Survey Report* (New York: AMA Publications Division, 1983), S. 12.
21. Reich, „The Next American Frontier", 1983, S. 49.
22. Rosabeth Moss Kanter, *The Change Masters: Innovation for Productivity in the American Corporation* (New York: Simon & Schuster, 1983), S. 41.
23. William G. Ouchi, *Theory Z.: How American Business Can Meet the Japanese Challenge* (Reading, Mass.: Addison-Wesley, 1981), S. 43.
24. Kanter, 1983, S. 167.
25. George F. Telfer, „Motorola Gears Up Productivity to Meet the Japanese Head-On", *The Journal of Commerce* (3. August 1981), S. 1 A.
26. John Naisbitt, *Megatrends: Ten New Directions Transforming Our Lives* (New York: Warner Books, 1982), S. 14.
27. Michael Maccoby, „Management and Leadership", *The Mitre Lecture Series* (McLean, Va.: The Mitre Corporation, 8. April 1980), S. 13.
28. James MacGregor Burns, *Leadership* (New York: Harper & Row, 1979), S. 455.
29. Michael Maccoby, „The Leader", *The Sloan Management Review* (Cambridge, Mass.: Herbst 1983), S. 61.
30. Lynn Rosener and Peter Schwartz, „Women, Leadership and the 1980's: What Kind of Leaders Do We Need?" *The Report: Round Table on New Leadership in the Public Interest* (New York: NOW Legal Defense and Education Fund, 24. Oktober 1980), S. 25.

4. Kapitel

32. John Naisbitt, *Megatrends: Ten New Directions Transforming Our Lives* (New York: Warner Books, 1982), S. 182.
33. *Ebenda,* S. 159–60.
34. Thomas J. Peters and Robert H. Waterman, Jr., *In Search of Excellence: Lessons from America's Best-Run Companies* (New York: Harper & Row, 1982), S. 45–46.
35. Jacklin and Maccoby in Francine E. Gordon and Myra H. Strober, *Bringing Women into Management* (New York: McGraw-Hill, 1975), S. 25.
36. Jo Durden-Smith and Diane DeSimone, *Sex and the Brain* (New York: Arbor House, 1983), S. 59.
37. Gordon Allport, Philip Vernon, and Gardner Lindzey, *Study of Values Manual* (Boston: Houghton Mifflin, 1970), S. 12.
38. *Ebenda*
39. Carol Gilligan, *In a Different Voice: Psychological Theory and Women's Development* (Cambridge, Mass.: Harvard University Press, 1982), S. 29.
40. Betty Friedan, „Twenty Years After the Feminine Mystique", *The New York Times Magazine* (27. Februar 1983), S. 56.
41. Lois Wyse, *The Six-Figure Woman (and How to Be One)* (New York: Linden/Simon & Schuster, 1983).
42. „Life at the Top", *Vogue* (August 1983), S. 282.
43. *Ebenda,* S. 375–76.
44. Michael Korda, „Emotions in a Woman's Briefcase", *SELF* (September 1983), S. 60.

5. Kapitel

45. Lynn Rosener and Peter Schwartz, „Women, Leadership and the 1980's: What Kind of Leaders Do We Need?" *The Report: Round Table on New Leadership in the Public Interest* (New York: NOW Legal Defense and Education Fund, 29. Oktober 1980), S. 26.

6. Kapitel

46. Anne Harlan and Carol Weiss, „Moving Up: Women in Managerial Careers", Wellesley College Center for Research on Women, Working Paper #86 (Wellesley, Mass.: September 1981), S. 58.
47. Louise Bernikow, „We're Dancing as Fast as We Can", *Savvy* (April 1984), S. 42.
48. George E. Breen, „Middle Management Morale in the ‚80's", *AMA Survey Report* (New York: AMA Publications Division, 1983), S. 40.
49. Barry Posner and Warren Schmidt, „Managerial Values in Perspective", *AMA Survey Report* (New York: AMA Publications Division, 1983), S. 17–19.
50. „Profile of Women Senior Executives", Publication of Korn/Ferry International (New York: 1982), S. 9–23.

7. Kapitel

51. Margaret Hennig and Anne Jardim, *The Managerial Woman* (New York: Pocket Books, 1978), S. 51.
52. Betty Lehan Harragan, *Games Mother Never Taught You: Corporate Gamesmanship for Women* (New York: Warner Books, 1978), S. 67.
53. Carol Gilligan, *In a Different Voice: Psychological Theory and Women's Development* (Cambridge, Mass.: Harvard University Press, 1982), S. 63.
54. J. Clayton Lafferty and Alonzo Pond, *The Desert Survival Situation* (Plymouth, Mich.: Human Synergistics, 1974).
55. Rosabeth Moss Kanter, *The Change Masters* (New York: Simon & Schuster, 1983), S. 257.

8. Kapitel

56. Thomas J. Peters and Robert H. Waterman, Jr., *In Search of Excellence: Lessons From America's Best-Run Companies* (New York: Harper & Row, 1982), S. 289.
57. William Hunter, „The Visible Manager", *Savvy* (Dezember 1983), S. 72.
58. Mary Kay Ash, *On People Management* (New York: Warner Books, 1984), S. 6.
59. Mary Brown Parlee, „Getting a Word in Sex-Wise", *Across the Board* (New York: The Conference Board, Inc., September 1984), S. 8.
60. D. H. Zimmerman and C. West, „Sex Roles, Interruptions and Silences in Conversations", in B. Thorne and N. Henly (Hrsg.), *Language and Sex: Difference*

and Dominance (Rowley, Mass.: Newbury House, 1975), S. 105.
61. Robert Rosenthal, Judith A. Hall, Robin M. DiMatteo, Peter L. Rogers, and Dane Archer, *Sensitivity to Nonverbal Communication: The Pons Test* (Baltimore: The Johns Hopkins University Press, 1979), S. 153.
62. *Ebenda* S. 163.
63. Jo Durden-Smith and Diane DeSimone, *Sex and the Brain* (New York: Arbor House, 1983), S. 73.
64. William G. Ouchi, *Theory Z.: How American Business Can Meet the Japanese Challenge* (Reading, Mass.: Addison-Wesley, 1981), S. 108.
65. Michael Maccoby, *The Gamesman: Winning and Losing the Career Game* (New York: Bantam Books, 1978), S. 189.
66. Margaret Henning and Anne Jardim, *The Managerial Woman* (New York: Pocket Books, 1978), S. 205–6.
67. Mary Brown Parlee, „Getting a Word in Sex-Wise“, *Across the Board* (New York: The Conference Board, Inc., September 1984), S. 7–8.
68. Ouchi, 1981, S. 9.
69. Lorraine Davis, „Between Us“, *Vogue* (März 1983), S. 172.
70. Barry Posner and Warren Schmidt, „Managerial Values in Perspektive“, *AMA Survey Report* (New York: AMA Publications Division, 1983), S. 17.
71. *Ebenda,* S. 18.

9. Kapitel

72. Ralph H. Kilmann and Kenneth W. Thomas, „The Thomas-Kilmann Conflict Mode Instrument“ (Tuxedo, N. Y.: Xicom, 1974).

10. Kapitel

73. Weston H. Agor, *Intuitive Management: Integrating Left and Right Brain Management Skills* (Englewood Cliffs, N. J.: Prentice-Hall, 1984), S. 3.
74. Thomas J. Peters and Robert H. Waterman, Jr., *In Search of Excellence: Lessons from America's Best-Run Companies* (New York: Harper & Row, 1982), S. 31.
75. Patrice Steadman, „Hotel Chief Tells How to Survive“, *El Paso Times* (November 1982).
76. Agor, 1984, S. 25.
77. Michael L. Johnson, „Women: Born to Manage“, *Industry Week* (4. August 1975), S. 22–26.
78. Michael A. Guillen, „The Intuitive Edge“, *Psychology Today* (August 1984), S. 68.

11. Kapitel

79. Jeff Meer, „Organized Women Managers“, *Psychology Today* (August 1984), S. 71.

80. Lois M. Verbrugge, „Women's Social Roles and Health", Hrsg. P. Berman and E. Ramey, NIH Pub. Nr. 82-2298 (Bethesda, Md.: National Institute of Child Health and Human Development, April 1982), S. 56.
81. *Ebenda*, S. 65.
82. „Profile of Senior Women Executives", Publication of Korn/Ferry International (November 1982), S. 9.

12. Kapitel

83. George E. Breen, „Middle Management Morale in the ‚80's", *AMA Survey Report* (New York: AMA Publications Division, 1983), S. 18.
84. Carol A. Bridgewater, „Women's Puny Promotions", *Psychology Today* (Februar 1983), S. 16.
85. K. J. Wills, „What's New at the Columbia Business School: Losing the Salary Game", *The New York Times*, (20. Februar 1983), S. 27.
86. Martha G. Burrow, „Developing Women Managers: What Needs to Be Done?" *AMA Survey Report* (New York: AMA Publications Division, 1978), S. 12.

15. Kapitel

87. „Women and Work: Looking for Jobs and Justice", *National Voter* (Frühjahr 1983), S. 3–4.
88. Claire Safran, „Corporate Women: Just How Far Have We Come?" *Working Woman* (März 1984), S. 99.
89. Jaye Scholl, „Savvy Corporations of the Year", *Savvy* (Juni 1983), S. 37.
90. *Ebenda*.
91. Tamar Lewin, „Women in Board Rooms Are Still the Exceptions", *The New York Times* (5. Juli 1984), S. C 1.
92. *Ebenda*, S. C 8.
93. Michael Cooper and Maria Fisher, „The Client Barrier: Why So Few Women Reach the Top", *Adweek* (8. November 1982), S. 38.
94. Safran, 1984, S. 103.
95. „Changing Policies for Changing Families", *Catalyst Career and Family Bulletin* (Herbst 1981), S. 1–2.

16. Kapitel

96. William Serrin, „Experts Say Job Bias Against Women Persists", *The New York Times* (25. November 1984), S. 32.
97. Jay Cocks, „How Long Till Equality?" *Time* (12. Juli 1982), S. 20.
98. John Kenneth Galbraith, „Corporate Man", *The New York Times Magazine* (22. Januar 1984), S. 39.

Stichwortverzeichnis